AF454248

Akira Nitta

Myth of Samsara V

Japanese Buddhism and the theory of Karmic Retribution
Japanese Edition

サンサーラ
──輪廻という神話──

第 5 巻

第 4 部　日本仏教と因果応報（中）
第 3 章　日本文学と因果応報（1）

新田　章

Texnai

はじめに

　本書『サンサーラ IV』第 4 部（上）で論じたことを簡単に整理しておこう。
　最初の第 1 章で我々が論じたのは「神仏習合」の展開であった。これは外来宗教としての仏教が「日本仏教」として成立するとともに、在来の神祇信仰が「神道」として成立する過程であった。この神と仏との対立と和解、習合と分離の過程は多様な形を取りながら今なお継続中である。この過程をここでは敢て仏教の「日本化」と言い換えることにしよう。するとこの仏教の日本化は、第 2 章で見たように、仏教の「教相」の面に焦点を当てた場合、仏教諸宗派の密教化として現れたのであった。これはまた、基本的には二元論的であるはずの浄土教の場合には、一元論化という形を取った。どの場合も、要するに始覚に対して本覚を重視する「本覚思想」に傾いたということなのだが、密教（台密・東密）の場合には「即身成仏」がそれであり、浄土門（親鸞と一遍）の場合は「即得往生」がそれである。その他、禅宗も日蓮宗も基本的に同様の傾向を示したことは既に見てきた通りである。他方、「事相」の面（これについては以下で指摘する積もりであるため、さほど言及しなかったのだが）から見れば、平安時代初期以降、それ以前から山岳修行と結びついていた雑密が空海などの純密の影響を受け、また道教・陰陽道とも結びついて呪医としての修験者や陰陽師を生んだ。その一方で、中央では摂関家内部の権力闘争、地方では受領階級の苛烈な搾取による擾乱などにより、しかも末法思想の影響を受けて、特に藤原摂関期から院政期にかけて続々と往生人や持経者の伝記類を生んでゆく。それらの一大集成が『今昔物語集』となった。これらの説話物語に現れた因果思想はどのような特徴を持ち、それはそれぞれの時代の人々のどのような考えを反映しているのであろうか。またそれは、日本仏教の高度な教学、特に鎌倉仏教のそれとどのように関係しているのだろうか。
　奈良時代から平安時代までの、いわゆる古代文学における因果思想が最も明瞭に現れているのは仏教説話の類においてである。そもそも日本人が仏教に寄せた関心は、ブッダに成ることではなく現世安穏・後生安楽であった。日本人は前者を薬師などの仏像や密教僧・陰陽師・修験者などの呪術者に期待し、後者を阿弥陀如来や観音菩薩に期待した。これら仏教説話が諸国遍歴の聖（唱導僧・談義僧）たちによって民衆教化のための種本として用いられた以上、それらの中に現れた因果思想は、なるほど仏教の世俗化としての現世中心主義という面を濃厚にもっている。だが事はそれほど簡単ではない。最初期の『日本霊異記』においてさえ、既に因果応報思想の日本化つまり変質や逸脱が生じているのである。それは更に各種の往生伝や『法華験記』が編集される過程で顕著となり、善人往生・善人正機から悪人往生へ、更には悪人往生から悪人正機へと展開してゆく。その場合、編集者は厖大な往生譚を採集・収録したわけだが、それらはいかにして創作され、真実として定着・流布したのだろうか。言い換えれば、「モノ語り」はいかにして「物語」になるのだろうか。この点が重要なのは、その構造とメカニズムが、実は伝説や昔話、ひいては現代の呪術・祈禱に至るまで変わらないと考えられるからである。その際大きな役割を演じているのは「夢告」と「託宣」である。以上がこの第3章、第1節で扱われる諸問題である。

　続く第2節で論じられるのは、「かな文学」である。その主たる系譜はいわゆる「作り物語」であるが、これは当然ながら「虚構」である。虚構としての物語が、これまた虚構としての因果応報を道具として単に用いるだけならば、底の浅い荒唐無稽な話に堕することは目に見えている。従って、作り物語の作者は虚構によっていかに真実を描くかに腐心するはずである。『竹取物語』『源氏物語』、そして輪廻転生をモティーフにした『浜松中納言物語』の作者は自分の作品をいかに構想し、そこにいかなる真実を描こうとしたのか。その際無視できないのは、彼ら・彼女らの無常なる現実への眼差しである。平安文学は「無常感」から「無常観」への深化と言い換えてもよい。作者たち、特に紫式部は「無常観」と格闘することによって『源氏物語』を創作した。すると我々は日本文学における無常観の進展を見ておかなければならないが、そのためには『古今和歌集』以後の勅撰和歌集と日記文学を論じておく必要がある。なお、平安文学に特徴的

4

な因果応報思想絡みの観念は「宿世」である。この語の多用は何を意味しているのか。そして、ここでもまた「夢告」が大きな役割を演じていることが確認されるのだが、「夢告」にせよ「託宣」にせよ、一体これらは因果思想とどう関係するのであろうか。いずれにせよ、古代文学は因果思想と密着している。ただし、それをはみ出している人物もいた。彼ら・彼女らこそ中世を先取りした人物である。

　さて、次は中世文学であるが、「中世」を私は因果超脱を志向した時代と捉え、続く近世から現代までを再び因果思想に頽落した時代と捉える。勿論、後者は古代的因果思想への単なる先祖返りであるはずはない。因果超脱が鎌倉仏教の根本動向であることは上巻で既述した通りだが、様々な文学ジャンルにそれは反映している。特に顕著な人物と作品を挙げれば、鴨長明の仏教説話『発心集』と随筆『方丈記』、兼好法師の『徒然草』、歌人としては西行の和歌群と彼の歌論、そしてまた西行に仮託された仏教説話『撰集抄』である。また（ここからは本書第Ⅵ巻「日本仏教と因果応報」（下）で扱われるが）、当初「盛者必衰の理」つまり驕る平家の破滅という悪因悪果の因果応報を編集理念とした軍記物語の『平家物語』は、かな文学の「宿世」に代わる「運命」という語によって中世を切り拓いた。その結果、作者自身と登場人物である平家武者たちの絶対の「今」に定位した生き方・死に方が因果の切断として、因果応報の理念を裏切ることとなった。この因果を切断する契機としての「偶然性」や「今」、異質な物どうしの出逢いの瞬間の重視（いわゆる「一期一会」）こそは中世仏教の本覚思想と軌を一にしており、芸術ジャンルとしては「連歌」に典型的に現れ、江戸初期の松尾芭蕉の風雅の誠も貫いてゆく。また、仏教的唱導の夢幻説話の影響を濃厚に受けていた能楽も、世阿弥の複式夢幻能によって作劇上も因果思想を乗り越えて行く。以上が第3節における論述の課題である。

　ところが仏教は近世になり、江戸幕府の宗教統制としての寺檀制度（檀家制度）の影響の下に、保護を受けると同時に自由な活動を制限された。しかし他方、印刷技術の発達と貨幣経済の浸透によって仏書も商品として流通する。それと同時に仏教諸宗派による唱導も盛んになると、因果応報思想も民衆の間に世俗化しつつ定着する。特に影響の大きかったのは『因果物語』であり、それの「因果歴然の理」である。実説を強調する一群の「因果の物語」はいかにして創作されたのだろうか。「累物」と呼ばれる、怪談に大きな影響を及ぼした『死霊解脱物語聞書』の成立は第1節末尾で解明済みの、「モノ語り」が「物語」へと生成するメカニズムと全く同一である。勿論、江戸時代の民衆が因果を物語の理念として受け容れたからといって、それを素朴に信じていたわけではない。この点で民衆は因果論に対してアンビヴァレントな態度を取っていた。確かに仏教は庶民大衆の生活の中に広く深く浸透し、如来も観音も不動も地蔵も親しく身近になり、また盂蘭盆会や春秋の彼岸、仏寺の縁日や開帳、説経、初午に代表される稲荷の祭礼とあれば争って参詣し、墓参に出かけ、講を作っては諸寺の参詣や巡礼の旅に出た。江戸の大衆文化は仏教や流行神信仰と手を結んでいた。仏教は享楽の対象と化したのである。大衆は神仏の登場する芸能、例えば歌舞伎に熱狂したし、生活のごく身近なところで感覚的に彼岸の実在を信じ、堕地獄を恐れていた。だが、その一方で信心に深入りすることを戒め、やがて仏教的因果応報が所詮は勧善懲悪の道徳にすぎないことを見抜く者も現れた。すると江戸末期の文芸の担い手たち、例えば四世鶴屋南北や曲亭馬琴は不条理極まりない現実の人生の中の真実を描こうとして、儒教的指導理念としての勧善懲悪という制約の下に、民衆に浸透した有効な人生解釈としての因果論を、言わば逆手にとることで作品創作を行なった。精緻な技巧を施したのもその1つの現れである。現代ではあからさまな勧善懲悪や因果物語を構想することこそ避けるだろうが、創作上のこうした方向性は現代文学においてもさして変わっていないように思われる。というのは「勧善懲悪」は儒教道徳に限らず倫理道徳の基本であるし、殊に「因果」は仏教的な因果応報・業報輪廻という狭い意味を持つだけでなく、人間の存在構造に深く根ざした普遍的信仰だからである。実際に、排仏論に回った近世の思想・宗教は、儒教も国学も神道もほぼ例外なく因果を説いている。そして仏教の他界観・因果観に止めを刺したのは近代自然科学という名の因果論だった。原因―結果の関係を意味する「因果」は、その実些かも真理ではなくむしろ虚構或いは要請にすぎない。それにもかかわらず人間の血肉と化しているのである。

　我々は誰しも言語を用いて考え、語り、書き記す。それは絶対無分節（仏教で言えば無分別智によってのみ直覚される無自性空）の全一的現実を分節化（仏教で言う分別）すること、要するに主語―述語などの文法規則に則り、論理的に、つまり因果律や根拠律（根拠と帰結）に則って生きざるをえないということである。さもなければ我々は認識も行為も、つまりは社会生活を営むことができない。言語がこうした構造をもつ以上、言語は、意図的に嘘をつくまでもなく、現実から乖離する虚の側面と現実に即する実の側面、虚と実、嘘と真の両面を必然的にもつ。これは口承文学であれ文字文学であれ、全ての文学が本質的に虚構だということである。とすれば、意図的に虚構を用いることで真実を描こうとする小説家は、当然、文学の2重の虚構性に自覚的であらざるをえまい。単なる因果物語が稚拙で人の心を打つ文学作品となりえないのも、結局はその虚構性の底の浅さによる。すると人間性の底にまで届く普遍的な作品の作者であろうとすれば、因果を物語の構想上必須の前提とするだけでなく、因果を超脱或いは切断するのでなければならない。これは因果の連続と非連続との緊張関係と言い換えることもできる。優れた文学は何らかの形でそのような構造を持っている。早くは井原西鶴が、後には南北や馬琴が既にそれを充分自覚していた。現代の作家もその創作に際して、ふんだんにプロットを仕込み、伏線を多様に張り巡らせ、読者の興味を最後の頁まで引っ張る工夫を必要としているだろうが、そうした技巧上の問題以前に、テーマ自体が因果を用いつつ因果を超え、因果を超えつつ因果に戻るような文学作品の創作であってこそ初めて人間の共感を喚ぶであろう。いずれにせよ、因果は何らかの形で超脱されねばならない。かくしてこの第3章の後半部、即ち第4節以下は、近世の仏教文学における因果観、儒学・国学・神道の仏教批判、これらの因果思想への態度とその問題点、近代仏教の問題点、現代日本文学と因果思想との関わり、最後に現代日本人と科学的因果律との関わりなどの諸問題に論及することになるはずである。ともかく、「因果」という問題は、単に仏教の因果応報のみにとどまらない広がりと深さとをもっているのである。

日本仏教と因果応報　中巻　目次

第 3 章
日本文学と因果応報

第 1 節　説話物語と因果応報

　仏教説話の嚆矢は、周知の通り、平安時代初期に私度僧景戒の編集に成る『日本現報善悪霊異記』である。そして、『日本霊異記』から『今昔物語集』まで、否、『今昔』以後までの説話物語は基本的には全て因果応報譚である。だが、『日本霊異記』には既に因果思想に関して日本的な変質・逸脱が現れているのである。否、日本的な変質・逸脱を言うのであれば、既に奈良時代の民衆の「仏教信仰」のあり方そのものがインド仏教の、更には中国仏教の変質であり、それらからの逸脱なのであった。日本文学における仏教的因果応報思想の変質を論ずるに際し、「薬師信仰」の受容を行論の糸口とすることにしよう。

1　仏教信仰の変質

　インドで始まった「薬師信仰」は中国、日本へと伝わる過程で変質してゆく[1]。その変質とは、端的に言えば "現世利益的要素の増大" なのだが、驚くべきは、その際用いられた道仏習合（中国）と神仏習合（日本）の論理の奇妙さである。

　紀元数世紀頃、バイシャジュヤグル（Bhaiṣajyaguru 医療の師）という名のブッダが登場した。彼はまだ菩薩のとき 12 の本願を立てて修行し、遂にブッダとなったのだが、その第 1 願は、あまねく衆生がブッダに成るよう助力する、というものだった。そこで彼は衆生がブッダに成りやすくしようと、病気や貧窮や愚鈍や無知などの障害を取り除くことに奔走する。「医療の師」と呼ばれる所以である。だがここで重要なのは、バイシャジュヤグルの関心は、飽くまでも衆生をブッダにさせることにあるのであって、衆生により充実した人生を送らせることにあるわけでも、病気治療を専門とするわけでも、ましてや不治の病を治療するわけでもないということで

1　本項は、小林信彦「薬師信仰」（『日本文学と仏教 第 7 巻 霊地』岩波書店、1995 年）103-119 頁を参照する。

ある。そもそも人生は充実させるに値しない。仏教では善悪業とその報いとを厳密に対応させるために三世思想を説き、また肉体が死ぬ度に新たな肉体に移転しつつ存続する「心[*2]」を構想したのだが、この「心」が輪廻転生の主体であるから、衆生は「心」を消滅させない限り、つまりブッダに成らない限り、業報輪廻は脱することができないからである。それに、いかに神通力を具えたブッダでも衆生に肉体の不死を与えることはできないし、そもそも肉体という物体の永続性などという発想からして仏教の原則（諸行無常）に反している。このバイシャジュヤグルはインドではさほど重要なブッダではなかったが、中国に入ると「薬師」と呼ばれて大いに人気を博する。

　中国の薬師には 2 つの面がある。第 1 は未来の災難を予除する超越者としての薬師であり、第 2 は究極の医療専門家としての薬師である。

　先ず第 1 の薬師について。——中国人は大乗仏教徒の守るべき「心がけ」（菩薩戒）を整理して『梵網経』を編纂した。この梵網戒に違反する行為が「罪」であり、その「罰」として堕地獄などが科せられる。だが、これを免れる方法が発明された。悔いて罪を告白する、という方法である。罪が重い場合は仏や菩薩の「像」の前で告白し、軽い場合は僧侶の前で告白する。これを「懺悔」という。懺悔して罪を帳消しにすることで未来の災難を防ぎ（消災）、死を先送り（延寿）しようとするのである。明らかにこれは道教の影響であろう。ともかく、その際に懺悔する相手として選ばれたのが薬師仏であった。これを「薬師懺悔」といい、その儀式つまり「薬

2　アビダルマ仏教において「心」は「結生識」などから後の唯識仏教の「アーラヤ識」まで様々に論じられてきたが、要するに心的エネルギーと考えればよいだろう。ただし、その心的エネルギーが元の身体の死後、自己同一性を持たずに（仏教は無我・非我説を原則とし、自己同一性を持つとすればアートマン（我）と変わらないから）新たな五蘊の仮和合としての身体に次々と移転することが「輪廻」であるとすると、それは同一の「私」の輪廻ではないことになり、それから解脱をする必要も無いことになる。また、輪廻と解脱の二元論はゴータマ・ブッダからすれば二見の謬見であり、比喩的に言えばそれこそが高次の〈輪廻〉であって、そのものの超脱こそが仏教にとって究極の課題となるはずである。以上のようなアポリアを抱えているのが仏教の業報輪廻説である。これは仏教のアポリアというよりは、アビダルマ論師以後の仏教学者自身が持ち込んだアポリアである。私自身はゴータマ・ブッダが輪廻説を説いたとは考えない。この点に関しては本書第 2 章でも論じた通りであるが、インド仏教に関しては『サンサーラ 第2 部 インドの輪廻思想』（テクネ、2014 年）を参照のこと。

師斎」は災難予防の呪術として中国人に好まれ、民衆の間に広く浸透していった。

　ところでインド仏教の業報輪廻説では、一般に死者の「心」は死後49日以内に前世の善悪業に応じて六道（或いは五道）のどこかに転生するとされるのだが、『バイシャジュヤグル・スートラ』によると、死ぬ直前に身内の人々がバイシャジュヤグルに礼拝すれば、死後7日目ないし49日目に、死者の「心」は再び人界に帰ってきて、新たに生じた胚に移動する。しかも、心が移動した時、通常は前世の記憶を失っているのだが、この場合はバイシャジュヤグルのお蔭で「前世を思い出す能力」を身につけている。そうなると、前の肉体に宿っていた時のことや地獄に行ったことを思い出すことができるので、悪業と苦果との対応を経験的に理解しているため、今生では悪事を犯さなくなる。その分だけブッダへの道に近づくことができるというわけである。インドのバイシャジュヤグル信仰の段階で強調されていたのはこのことだった。

　ところが、『バイシャジュヤグル・スートラ』の漢訳経典である『薬師経』になると、その対応箇所で説かれているのは「蘇生呪術」である。「心」が次の肉体に移動するという話は中国人に誤解されて、心が「元の肉体」に戻るという話に変えられた。人間の肉体の存続という構想自体、「心の移転」を前提とする仏教とは相容れないが、不老不死を願う中国人にとってはむしろ当然の追求目標だったのである。かくしてバイシャジュヤグルは道教の影響の下に、危篤状態の病人を死から救い出す「薬師」に変身した。これが先に挙げた中国の薬師の第2の面、究極の医療専門家としての薬師である。両面ともそうだが、中国の薬師ではバイシャジュヤグルの現世利益的な機能が強調されたと言える。しかし、人々をブッダにしようとするバイシャジュヤグル本来の機能も、建前としては意識されていた。

　ところが、中国の薬師は、日本に入ると更に変質する。道教と習合した中国の薬師呪術が伝えられたのは7世紀後半であり、天武天皇が重病に罹った時、快復を図るために『薬師経』が読誦された。以後この習慣が定着し、聖武天皇の時代には天皇が病気になる度に行なわれるようになる。この儀式は「懺悔」または「悔過」と呼ばれるが、「つみ」の告白は行なわれず、ただ経典の読誦のみが行なわれた。中国では、「心がけ」（菩薩戒）に違反した場合に「懺悔」が行なわれ、「罪」を告白することで「罪」（因）が惹き起こす将来の「災禍」（果）を未然に防いだ[*3]。ところが、日本人は中国での原則を継承せずに、病気治療のための呪術そのものを「懺悔」または「悔過」と呼んだ。ここには日本側の特殊事情、つまり在来の神祇信仰との絡みがあるらしい。

　薬師呪術が導入される以前の日本では「はらへ」（祓）が行なわれていたこと、それは懲罰儀式であり、やがて「おほはらへ」（大祓）として国家行事になってゆくことについては、本書「第 1 章　神と仏」で既に触れた。さて、この「はらへ」は元々「つみ」を処理するための儀式で、「わざはひ」には効果が無かった。ところが律令制度の成立によって懲罰儀式としての「はらへ」は存在理由を失ったため、この旧式の儀式が生き延びるには、その有効範囲を拡大せねばならなくなった。そこで注目されたのが中国の「薬師懺悔」だった。「罪」を消すことによって「災禍」を予除するというこの二段構造は、「はらへ」を「わざはひ」用に転換するのに格好のモデルだったのである。つまり、「はらへ」の儀式によって「つみ」を消していた日本人は、仏教国家の確立を目指す過程で中国から「懺悔」の儀式を摂取し、「懺悔」の体系から「罪」（つみ）と「災禍」（わざはひ）との結びつきという都合の良いところだけを引き抜いて、この新しい儀式を災禍（わざはひ）消滅のために使用した。そして、「つみ」の消滅が同時に「わざはひ」をも消滅させるとなれば、「つみ」の消滅専用の儀式だった「はらへ」は「わざはひ」の消滅にも及ぶことになる。かくして旧来の「はらへ」は「おほはらへ」（大祓）に昇格した。これは中国陳の文帝の「薬師懺悔」と同様に国家行事になった。中国の道仏習合によって成立した「薬師懺悔」は、更に日本の神仏習合によって「おほはらへ」となったのである。

　日本の「薬師悔過」では告白文を読まない。これは、「懺悔」の対象となった「罪」は菩薩戒への違反であるから「仏」や「菩薩」の像の前で告白す

3　ただし、既に病気に罹ってしまった場合、つまり果が現れてしまった場合は、この方法では手遅れなのであるから、『薬師経』による治療呪術が行なわれるが、これは罪（因）の除去としての「懺悔」を伴わない。この点については、小林信彦、同上、108 頁。

ることでしか解消できない、とする中国的「薬師懺悔」の原則（業報因果）を著しく逸脱した行為である。この背景には日本人独特の神祇信仰があったと考えられる。日本人が恐れたのは業報因果の法則が貫徹されることなどではなく、怒り狂うと人間に「わざはひ」を見舞う「かみ」の存在だったからである。「わざはひ」が「かみ」の怒りの結果であるとすれば、「かみ」を宥めさえすれば「わざはひ」を消すことができる。とすれば「かみ」を宥めるには「つみ」を「はらへ」ばよい。しかも、「つみ」とは「かみ」の嫌がることをすることだと思われた。だから「つみ」は、ことさら告白などしなくても、経文や呪文を唱えるだけで簡単に「はらふ」ことができる一時的な付着物にすぎなかった。要するに、中国での「罪」と日本での「つみ」とは決定的に違っていたのである。

　「はらへ」が「おほはらへ」となるに伴い、中国式の「薬師懺悔」は日本式の「薬師悔過」へと変質した。中国式を継承して薬師像が置かれ経典の読誦が行なわれたが、勿論その用途はまったく違っていた。薬師像は告白の相手ではなく、宥めるべき「かみ」の形代であったし、経典の読誦は「罪」の告白のためではなく、「つみ」を一掃して外来の「かみ」を宥めるために行なわれた。外国語文献である『薬師経』が読誦されたのも、呪文としてであった。「薬師悔過」は新形式の「はらへ」であり、そのとき読誦された経典は新形式の「のりと」であり、招集された僧侶たちは、外来の「かみ」を宥める新種の神職に他ならなかったのである。この「薬師悔過」は日本の宗教習俗に大きな変化をもたらした。やがて、政治的敗残者の怨みを抱いて死んだ「タマ」（御霊）が災害を起こすとか、生霊・死霊のような「タマ」や正体不明の「タマ」（もののけ）が死や病気をもたらすとかと信じられ、そういう不届きな「タマ」への対処を迫られるようになったとき、やはり注目されたのは懺悔を伴わない日本式の「薬師悔過」だった。9世紀になると「薬師悔過」は『大般若経』の読誦とセットにされ、3日間にわたって昼は『大般若経』を読誦し、夜は「薬師悔過」を行なうという基本パターンが成立した。恐ろしい「タマ」の力を抑制するための複合的呪術が開発されたのである。その背後にあったのは『大般若経』に超自然的な力を認める日本独自の発想であり、この600巻という巨大経典を使って天災を予防する技術は 8 世紀前半に開発されていた。しかも「薬師悔過」という新形式の「はらへ」は、やがて望ましくないものを「はらふ」だけでなく、望ましいことをもたらすことにまで職能を拡大した。薬師は子どもに恵まれない夫婦には子宝を、財の乏しい者には財を与えたまう万能の救済者として日本中で信仰された。薬師には更に、その名の如く病気に苦しむ人々の願いに応えるという中国薬師の第 2 の面が復活した。こうしてすっかり日本に定着した薬師は説話などにも登場するようになる。

　『日本霊異記』中巻第 39 話は、遠江国で或る僧が左右の耳の欠けた薬師の木像を砂の中から掘り出して補修する話だが、砂に埋まった薬師像が苦痛を声に出して訴えたり、それどころか修理され、お堂を造って安置・供養されて嬉しがったり、返礼として人々の願いを逐一叶えてやったりしている。下巻第 11 話は、奈良の蓼原の里に住む貧しく盲目の女が、熱心に薬師の木像に祈願したところ、2 日後に薬師像の胸に桃の脂のようなものが出ており、それを食べたら忽ち目が開いたという話である。説話ではないが、『更級日記』にも、少女時代の筆者が等身の薬師仏に額づいて、早く上京させて物語をある限り全部読ませてください、と祈る場面が描かれている。薬師だけではない。やはり『日本霊異記』の下巻第 28 話には、紀伊国の貴志の里で、何千匹もの蟻に頸を食われ落とされた「弥勒の丈六の仏像」の「タマ」（霊）が痛みを訴えて呻き声を上げ、修造・供養された話が載っている。これらに登場している「仏」はただの木像にすぎない。木像にすぎない仏が超自然的な力を具え、痛みを感じたり口を利いたりする。これは仏教伝来当時から今日まで変わらない。仏様と言えば「仏像」であるか、さもなければ「ホトケ」つまり死者の「タマ」（霊）のことである。こうした信仰が仏教の基本的立場と相容れないことは言うまでもない。普く衆生をブッダにするために尽力するバイシャジュヤグルの面影はこの薬師像には全く認められない。祈願する女は自分の目が開いて日常生活を不自由なく送れるようになりたいだけであり、また床に額をついて祈る少女は、「東路の道の果てよりも、なほ奥つ方」では入手困難な物語を上京してできるだけ多く読めるようになりたいだけであって、自ら悟りを開いてブッダに成ることなど考えもしていない。日本人が信仰してきたのは仏像という人工的構造物であり、日本人の関心事はブッダに成ることではなく、日常生活の障害がその都度解消されること（現世安穏）であり、現世においてそれが不可能であると痛感した場合は死後における安楽な生活を手に入れること（後生安楽）だった。日本人は前者を薬師などの仏像や密教僧・陰陽師・修験者などの呪術者に期待し、後者を阿弥陀如来や観音菩薩に期待した。

　このような仏教信仰が一般化した大きな要因は、既に明らかなように、日本人の「タマ」信仰にあるだろう。人間のように感情を持ち口を利くのは薬師や弥勒の仏像の「タマ」だけではない。『古事記』上巻では「稲羽」の「菟」も（恐らくは鰐も）「雉子」も人語を話しているし、『日本書紀』巻第二「神代下」では、皇孫瓊瓊杵尊が国譲りのため下ろうとする「葦原中國」が「草木咸［ことごとく］に能く言語［ものいふこと］有り[*4]」というような国だ、言われている。このような記述は枚挙に暇が無い。要するに、動物だけでなく、草も木も山も岩も感情を持ち、言葉を話すのである。そう言えば、貫之は「花に鳴く鶯、水に住む蛙の声を聞けば、生きとし生けるもの、いずれか歌をよまざりける」（『古今和歌集 仮名序』）と詠んでいるのだった。草木国土悉皆成仏を説く天台本覚思想の淵源も、遡ればこの辺にあるのかも知れない。ともかく、日本人は人や生物だけでなく、無生物にも仏像のような人工構造物にも、室町時代以降は道具類にも、この世のありとあらゆる物の1つ1つに皆「タマ」が宿っている、更にはこの世ならざるもの（死霊や御霊）も「タマ」であると信じていた。これら神霊・生霊・死霊・御霊・動物霊・もののけなどの様々な「タマ」は人と同じような感情を持ち、それを言葉に発したり、怒りや不満があれば天変地異や疫病や飢饉を惹き起こし、満足すれば財や福徳を授けてくれたりする。しかも勝手に相手を選んでは取り憑いて、勝手に自分の思いを遂げようとする。インド仏教では善悪業とその報いとの対応は必然的であり、三世にわたって流転する「心」もそれを前提として構想されているから、そ

4　校注者 坂本太郎・家永三郎・井上光貞・大野晋『日本書紀 上　日本古典文学大系』（岩波書店、昭和 42 年）の当該箇所（134 頁）には、「草や木もそれぞれに精霊を持っていて、物を言って、人間をおびやかした意」と注記されている。

の「心」が肉体の死ごとに新たな肉体に移るとしても、その移動はその「心」の勝手にはならない。業報因果の法則によって必然的に決定されるのである。ところが日本の「タマ」は他の肉体に意のままに憑依して、好き勝手に振舞う。乗っ取られた（憑依された）「タマ」と肉体は、乗っ取った（憑依した）「タマ」の操り人形である。これではインド発祥の因果応報説が日本において変質しなかった方がむしろおかしいというものだろう。飛び切り優れた学僧以外の日本人が仏教の正確な業報因果を知らず、従って成仏をさえ求めず、現世利益と後生安楽を願うことに終始したとすれば、当然、日本人の「因果応報」観念の内実はインドのそれだけでなく、中国のそれとも似て非なるものだということになるのではないか。

　問題は、憑依した「タマ」の語る言葉を聞いたのは誰か、往生した「タマ」の言葉を誰がどうやって聞いたか、であろう。当然、聞いた者がいてその話を記録した者がいるから説話や往生伝として残っているのであろう。伝承の過程で様々な変容は無論あったのだろうけれども。それは説話物語を生み出した母集団の信仰形態と見事に重なっていると思われるのだが、以下では、先ず『日本霊異記』に現れた日本的因果応報説の特徴を成す諸契機を取り出した後で、次に、往生伝・法華験記を含めた平安時代の説話文学の構造を検討し、最後に、それの生成のメカニズムを追究することにしたい。

2　景戒『日本霊異記』

（1）景戒とその時代

　日本最古の仏教説話集である『日本国現報善悪霊異記』（以下では『霊異記』と略称）は上巻序で、「善悪の報［むくい］は、影の形に随ふが如し。苦楽の響ハ、谷の音［こえ］に応ふるが如し。・・・善悪の状［さま］を呈［あらは］すにあらずは、何を以てか、曲執（ごくしふ――悪に取り憑かれていること）を直［ただ］して是非を定めむ。因果の報を示すにあらずは、何に由りてか、悪心を改めて善道を修めむ。・・・祈［ネガ］ハクハ奇

記を覧 ［み］ む者 ［ひと］、邪を却けて正に入れ。諸悪莫作、諸善奉行。[5]」と記す。「因果の報」「善悪の報」の事実を示すことで、現世での生活を「善道」へと導く規範にしようというわけである。

　どうやら著者もまた因果応報を信じているらしい。だが、問題はその性格である。日本の仏教信仰が既に変質しているように、『霊異記』の因果思想も変質しているはずだからである。そこには著者景戒（生没年不詳）の時代と彼の生き方が大きく影を落としているように思われる。景戒とはいったい何者であり、彼はどんな時代を生きたのか。景戒に関する史料は『霊異記』以外に無く、同書に見える記述のみから彼の事績を纏めてみるしかない。

　延暦6年（787）下巻序を書く（下巻序）。因みに、上・中・下巻の序ともに「諾楽 ［なら］ の右京の薬師寺の沙門景戒」と名のっている。景戒自身の登場する下巻第38話によると、同じ延暦6年、景戒は僧でありながら俗生活を営み、妻子を持ちながらもそれを養う財にも乏しく、心安からぬ状態にあった。延暦7年、夢に自分の火葬の姿を見る。延暦14年（795）12月30日、伝燈位の第3位である伝燈住位[6]を得た。その2年後の延暦16年夏、4月、5月に自分の造った仏堂に狐の変異があり、それが予兆だったのだろう（と景戒は思った）、12月17日に息子が死んだ。延暦18年11月、12月には景戒の家で狐が鳴いたりニイニイゼミが鳴くという変異があり、それが予兆だったのだろう（と景戒は思った）、同19年正月12日と25日、彼の大切な家財である馬が2頭死んだ。他方、下巻第12話と第21話には、景戒が大和国薬師寺で自ら見聞したらしい話が収められているため、称徳天皇の時代（764-770）にはどうやら薬師寺の僧となっていたようだし、また『霊異記』に紀伊国名草郡の大伴氏に関する記述が多いこと、同郡粟村の近くに住んで貴志村の貴志寺の行者でもあったと推測されることなどから、彼は名草郡の大伴氏の出身で、薬師寺僧となってからも普段は紀伊

5　引用文の訓読および現代語訳は、校注・訳者 中田祝夫『日本霊異記』（日本古典文学全集、小学館、昭和50年）に拠る。

6　僧位には伝燈位と修行位の別があり、各々に、上から法師位、満位、住位、入位の4種あった。

国に住んで半僧半俗の生活を続けていたと思われる[*7]。なお、『霊異記』に収録された説話の類型的な標題の分析から、延暦 6 年に編まれたのが『霊異記』の原撰本で、これがその後増補されて現存本の形態に変わったのだろう[*8]。そしてこれと下巻最終第 39 話の年代とを併せて考えれば、現存本の完成は弘仁 13 年（822）の頃かと思われる。

　下巻序に、「正像の二つを過ぎて、末法に入れり。・・・ 代を観［のぞ］むに、善を修する者は、石の峯の花の若し（稀少である）。悪を作す者は、土の山の毛［くさ］に似たり（数多い）。」とあるように、景戒は末法思想[*9]の持ち主だった。

　ここで景戒の生きた時代を素描してみよう[*10]。史書には、宝亀元年（770）から延暦 10 年（791）までの 21 年間のうち 14 年間に飢饉・疫病の記事が見える。飢饉は慢性化し、乞食が餓死することも珍しくなかった（上巻第 4 話）。疫病が起こると多数の百姓が死んだ。謀反人長屋王の骨が移葬された土佐国では多くの百姓が死ぬという出来事があり、その時、王の毒気で国内の百姓が皆死んでしまうと百姓たちが訴えた、という話が載っている（中巻第 1 話）。疫病が起こったときには、山海の珍味を門の左右に置き、疫病神を饗応している（中巻第 25 話）。聖武天皇の恭仁京、称徳天皇の西京、桓武天皇の長岡京・平安京と、都の造営が相次ぎ、東大寺（中巻第 21 話・下巻第 26 話）や西大寺（下巻第 36 話）など国家的大寺院が建立された。これらは莫大な国費を蕩尽し、夥しい数の民を労役にかり立てた。また、宝亀 5 年（774）の蝦夷に対する武力鎮圧は、激しい抵抗に遭って延暦 24 年（805）の中止まで続くのだが、多くの民を兵役と労役に駆り立てて死傷させ、生活を窮乏させた。また、天皇集権と権力闘争による政情不安も相次ぐ。皇太子道祖［ふなど］親王・黄文［きふみ］王・塩焼王・

7　以上については、中田祝夫『日本霊異記』（上掲）「解説」、加藤謙吉「古代交通路と景戒の足跡」（小峰和明・篠川賢編『日本霊異記を読む』吉川弘文館、平成 16 年、所収）82 頁を参照。

8　出雲路修「日本霊異記」（『日本文学と仏教 第 2 巻 因果』岩波書店、1994 年）46 頁。

9　景戒の考える末法初年は中国的（552 年）でも日本的（1052 年）でもなく、従って釈迦の入滅の年次に関しても該当する説が無いということについては、中田祝夫、上掲書、257 頁の欄外註 7 を見よ。

10　以下の記述の多くは、中田祝夫、上掲書、10-12 頁に拠っている。

大炊［おおい］天皇（＝淳仁天皇）、また藤原仲麻呂とその一族が孝謙天皇に殺され、重祚した称徳天皇は道鏡と通じてこれを法皇にした（下巻第38話）。更には光仁天皇時代の他戸［おさべ］親王の獄死、桓武天皇時代の早良［さわら］親王の絶食死、これらは事実上の誅殺であった。桓武天皇の延暦4年には藤原種継が暗殺されている（同話）。

　農民生活に目を移すと、公地公民制・班田制の破綻が既に始まっている。彼らを苦しめたのは、特に兵役・雑徭・出挙だった。百済を救うため派兵され、同地で捕えられて唐まで連行された越智直が観音像を祈念して無事に帰国できた話（上巻第17話）や、長期にわたる防人としての勤務を逃れるために母を殺そうとした不孝非道の吉志火麻呂［きしのひまろ］が悪報を受けて死んだ話（中巻第3話）では、その前提に兵役の重い負担があった。越前の浮浪人（戸籍から消え、浮浪者扱いになっている者）の長が浮浪人を捜し出しては雑役に追い使い、税物や労役を強要した話（下巻第14話）は雑徭の例だが、出挙の例は数多い。他田舎人蝦夷［おさだのとねりえびす］（下巻第22話）、田中真人広虫女［たなかのまひとひろむしめ］（下巻第26話）、物部古丸［もののべのふるまろ］（下巻第35話）などは、非理に私出挙を行なって悪報を受けている。瞻保［みやす］は、実の母に稲籾を貸し、母が返せないと知るや非道な振舞いをし、結局は親不孝の悪報で狂気に陥って妻子ともども死ぬことになるのだが、瞻保が狂気の中で取った行動は、興味深いことに貸借の証文を焼くことであった。実の親子の間に物の貸借関係の厳しい葛藤があったことは現代人の我々からすれば意外だが、親子の人間関係に関しては、律令制の戸籍に個々人の身体的特徴が逐一記載されていたことからも、律令制は家族という最小単位に基づく共同体から、個人を単位とした国家へと人々を組み込もうとしたことが判るし、貸借関係の厳しい葛藤は、動産の貯蓄が不可能だった時代の反映だろうと思われる。貸借関係では他にも、自分の建立した寺の物を借りて返さず牛になる説話（上巻第10話）を始めとして数多く、ここには僧物・仏物・人物・神物の厳格な区別、僧物を俗人が用いることの禁忌などが現れている。2つの秤や桝を使い分けることで不当な利益を得る悪事も語られている（下巻第22話、第26話）。また、この時代は家の没落も早かった。

奈良の右京、殖槻寺のほとりの里の娘は、富豪の家に生まれたが、父母亡き後は奴婢が逃散し、牛馬が死に、困窮に陥っている（中巻第 34 話）。盗品を市で売り捌く盗人もいた（上巻第 34 話、第 35 話、下巻第 27 話）。しかも権力者の横暴は凄まじい。或る国司は郡司の長の着ている美しい上着を、お前には相応しくない、と取り上げているし（中巻第 27 話）、また或る国司は労役で人夫を徴発し、官営の鉄山を掘らせている（下巻第 13 話）。強者が他人の財を強奪したり、他人の妻を強姦し（上巻第 30 話）ても、受けるのは冥界での罰にすぎないという理不尽さである。

（2）私度僧の文学

　このような理不尽に苦しむ農民が取らざるをえなかった第 1 の道は逃亡だった。ただし、公民の身分を捨てて本貫の土地を離れて逃亡することは生活の場を捨て去ることであるから、逃亡は名目で、実際は在地のまま寺院や貴族の荘園に労働力として吸収されていたのかもしれない。第 2 の道は僧侶になることだった。勿論、正式の僧侶になるには受戒得度せねばならず、年分度者の定員も限られていたから、貧しい農民は正式の得度を受けずに僧となり、乞食の生活を送った。これを自度の沙弥、或いは私度僧と言う。

　景戒はそのような「自度の沙弥[*11]」の自覚を持ち、民衆と繋がり、民衆から後援されながら信仰に生きる私度僧たちに共感した。これは景戒が「薬師寺の沙門景戒」と名のっていることと必ずしも矛盾しない。確かに、薬師寺僧を名のったのが一応薬師寺で受戒したからなのか、それとも薬師寺で僧として生活したことがあったからなのか判らないし、また、妻子がいるにもかかわらず伝燈住位の僧位を得ることができたのは、当時普通に行なわれていたように、景戒もやはり薬師寺に貢進していたからであるのかどうか、それも判らない。しかし、この問題に関しては次の 3 点を考慮すべきだろう。第 1 に、未得度の乞食僧とは別のもう 1 つの沙弥、即ち「殷

11　「沙弥」は本来受戒すべく修行中の僧を指すが、当時は未得度の乞食僧をも指した。

富力田の輩（有力戸主・豪族）の出身で止住して沙弥を称した人々[*12]」の
存在であり、第 2 に、『霊異記』収録の説話（全 116 話——上巻 35 話、中
巻 42 話、下巻 39 話）の情報源として考えられる景戒の出身家系のネット
ワーク、第 3 に、同じく情報源として考えられる景戒の所属集団のネット
ワークである。勿論、これら 3 点は密接に絡んでいると思われる。

　第 1 点について。——未得度の乞食僧とは別のもう 1 つの沙弥とは、
中田祝夫によれば[*13]、利刈優婆塞（中巻第 19 話）、牟婁沙弥（下巻第 10 話）、
沙弥信行（下巻第 17 話）のように、「熱心な求道の人々」である。景戒が
私度の沙弥に強い共感を抱いていたことは確かだが、景戒にとって沙弥
とは非公認・無資格だからといって「私度」ではなく、自主的に自ら得度
した「自度」であって、そこに彼の、普通の私度僧と一緒にされたくない、
という自負心もあったようだ。だから、彼が半僧半俗の沙弥の悪行につい
て口を極めて難じている（上巻第 27 話）のは、同じ沙弥でありながら景
戒自身は厳しく身を律する生活を送っていたから出た言葉だろう。彼は下
巻第 38 話で生活苦を訴えていたが、貴重な馬を 2 頭以上所有し、私堂す
ら有していたことを考えると、彼の記述を額面通りに受け取ることはでき
ない。たぶん彼は有力氏族か有力戸主の出だったのだろう。さもなければ、
あれほどの文筆（因みに『霊異記』の原文は漢文である）の教養を身につ
けているはずがないし、入手困難と思われる記録文献を独自に手にできる
はずがない。

　そこで第 2 に彼の出自が問題となる[*14]のだが、『霊異記』には紀伊国名
草郡の大伴氏に関する記述が多いこと、特に上巻第 5 話に「本記」として
紀伊国名草郡宇治の大伴連らの先祖である大部屋栖野古連公［おおともの
やすのこのむらじのきみ］の伝を記載していること、また、各説話の伝承
者と目される人物には大伴氏の関係者が多く、景戒が大伴氏の出身だと仮
定すると、古代の大豪族である大伴氏の勢力は日本全国に及んでいるため、
西は肥後国から東は上総国まで広範囲に及ぶ説話も入手しやすかっただろ

12　中田祝夫、同書、13-14 頁。

13　同上。

14　この点については、中田、同書、12-13 頁を参照。

うこと、以上から彼が紀伊国名草郡の大伴氏の出身者であると考えてもよいように思われる。

　しかしながら、景戒の仏教信仰のあり方への影響から見て最も重要なのは第 3 点、景戒はいかなる集団に属していたのか、である。ここで浮上する人物が行基（668-749）である。景戒が行基に傾倒していることは、『霊異記』で 2 つ以上の説話に登場する僅か 4 名［聖徳太子（4 話）、道照（2 話）、行基（7 話）、善珠（2 話）］のうち、行基が突出して多いことからも判ろう。その行基を景戒はどう捉えているか。行基の正伝は『行基大僧正墓誌』や『続日本紀』（天平 21 年 2 月）に見えるが、『霊異記』所載の伝（中巻第 7 話）はそれらとは異なっており、行基を敢て「沙弥」と捉えている。だが勿論、ただの沙弥ではない。「内には菩薩の儀［すがた］を密［ひそ］め、外には声聞の形を現す」、つまり既に菩薩の位にいるが、それは内に隠して、外見は修行者の姿をしている、と言うのである。そのような沙弥としての行基は、僧尼令によって仏教の民間布教が厳禁されていた時代に、階層を問わずに民衆を教化し、土木工事などの社会事業を行なった。そこには行基の教団が東大寺造営に貢献したという事績も含まれていたはずである。或いは鎮護国家仏教の枠に留まって教学の研究や儀式の執行のみを事とし、或いは皇族・貴族に取り入って私腹を肥やす官寺の僧侶とは対照的に、民衆のため、また民衆とともにある行基の生き方に景戒は共感した。それはまた、沙弥景戒の行基への自己投影でもあったはずである。行基の事績を語る説話が『霊異記』中巻に集中している（中巻第 2 話、第 7 話、第 8 話、第 12 話、第 29 話、第 30 話）だけでなく、その中巻にはまた、畿内を中心として遠くは遠江国や讃岐国にまで及ぶ比較的広範囲の説話が収録されている。行基が「畿内に道場を建立すること凡そ四十九処、諸州にまた往々にして存せり[*15]」と記されていることから察するに、それらの説話は景戒自身が行基の教団に属していて、諸国を遍歴しながら集めたものかもしれない。『霊異記』の説話に登場する地名が、多くの場合、行基

15　やや後の文献ではあるが、慶滋保胤『日本往生極楽記』（『往生伝・法華験記』（日本思想大系、岩波書店、1974 年、所収）17 頁。ほぼ同じ記述は、鎮源『大日本国法華験記』（同）52 頁にも見られるが、これは『日本往生極楽記』に依拠している以上当然である。

教団の遍歴した土地と重複していることは事実であるから、『霊異記』説話の背後に行基教団のネットワークを想定しても間違いではあるまい。沙弥や私度僧を重視する景戒の態度は、「賤形の沙弥」の中には「隠身の聖人」（仏や菩薩の化身）が交じっているかもしれないから、「袈裟を著たる類［ともがら］は、賤形と雖も、恐りずはあるべからず」というものだった。いかに賤しい姿をした沙弥でも、これを重んじないと、長屋王が賤形の沙弥の頭を打ったことで破滅したように、恐ろしい罰が待ち受けているぞ、と言うのである（中巻第1話）。しかも景戒は行基を「文殊師利菩薩の反化（＝化身）」（上巻第5話）と述べ、「凡夫の肉眼」には見えないものを見抜く「明眼」を具えた「聖人」「化身の聖」「隠身の聖」（中巻第29話）、言わば超能力者と見なしている。聖武天皇の時代が、末法たる景戒自身の時代から、聖皇の徳が明らかな理想の時代として追憶されたのも、それが行基の活躍した時代だったからだろう。私度僧景戒の仏教信仰を支えていたのが、律令制下の悲惨な現実に苦しむ民衆への布教のため、社会事業のために粉骨砕身する行基とその私度僧教団であり、またそれを援助する民衆だったとしたら、景戒は『霊異記』を、遍歴する私度僧教団の民衆唱導のための種本として書き記したのかもしれない。

　以上、『霊異記』の背景を駆け足で見てきたわけだが、要するに、『霊異記』とは徹頭徹尾「私度僧」の文学なのである。

（3）説話構成と現報重視

　それでは『霊異記』において「因果応報」とは何を意味するのであろうか。それは、「善を作せば福［さひはひ］来り、悪を作せば災［わざはひ］来るといふこと」（下巻第22話）だと景戒は言う。この規定は拍子抜けするほどありきたりで、『霊異記』以後の全ての説話集でも変わることはないと思われるが、日本的特徴が現れるのはここから先である。

　『霊異記』は、上巻序で景戒が記しているように、中国唐代の仏教説話集である唐臨の『冥報記』を手本として編集された。しかしながら、『冥報記』が『霊異記』を考える上で重要なのは、『冥報記』の個々の説話が『霊

異記』の原拠となったからではない。そうではなく、説話集全体の構成と
その理念を受け継いでいるからである。『冥報記』は霊験譚 53 話を収めて
おり、構成上の柱となっているのは、中国唐代に実際に流布していた次の
2 つの信仰である。

　　(1)　三世にわたる因果応報・輪廻転生の信仰。
　　(2)　仏・菩薩と不可思議な世界の存在への信仰。

　ただし付言すれば、後者における仏・菩薩は生死輪廻の苦を離脱し、
神通力を持ち、信者に福を与え、信者の苦を除く超人間的な神々と見なさ
れている。道教の影響である。
　要するに『冥報記』は、(1)「報応」と (2)「霊異」との 2 本立てなのだが、
景戒はこれを継承して、(1)「現報善悪」と (2)「霊異」とを説話集構成
上の 2 本柱に据えた。『霊異記』が正式なタイトルを『日本国現報善悪霊
異記』とする所以である。このタイトルから、本書は "日本国の現報善悪
と霊異とを記したもの" を意味していることになる。更に重要なのは、『冥
報記』から景戒が継承した説話構成上の理念である。
　ここで『冥報記』について簡単に触れておく。既に詳論したことでも
ある[16]から要約に留めざるをえない。廬山の慧遠 (334-416) は『三報
論』において、現報 (現世の善悪の業の報いを現世で受けること)・生報
(現世の業の報いを来世に生まれて受けること)・後報 (二生、三生、百生、
千生を経て初めてその報いを受けること) の三報を説き、現世だけを見て
いても因果応報の理は明らかにならない、と説いて生報・後報を重視した。
これに対して、唐臨は同じく三報を説きながらも、慧遠とは違って、現世
こそ因果の理が明らかにされる場である、と説いて現報を重視した。説話
集全体の構成とこの現報重視の理念をこそ景戒は『冥報記』から継承した
のである。このことは『霊異記』所収説話の標題のうち、4 種類の類型を
挙げるだけで一目瞭然である。

16　拙著『サンサーラ 第 3 部 中国仏教と輪廻転生』(テクネ、2014 年) の 110-111 頁。

　（1）現報善悪
　　　①得現報縁（現報を得し縁）
　　　②現得善悪報縁（現に善悪の報[*17]を得し縁）
　　　③現得悪報縁（現に悪報を得し縁）
　（2）霊異
　　　④示異表縁（異［めずら］しき表［しるし］を示しし縁）

　　出雲路修は、これら 4 種類の標題をもつ説話を現行の『霊異記』から順序を変えずに抽出するなら、そこには独立性の強い 1 つの説話集が現出し、それこそが『日本国現報善悪霊異記』の名にふさわしい原撰本であり、これが後に増補されて現存本の形態へと変わったのだろう[*18]、と推測している。その当否は措くとして、出雲路は本稿のテーマにとってもっと大切なことに言及している[*19]。以下は、私見を交えた乱暴な要約である。

　　上掲の 4 種類の標題のうち「現報善悪」に対応する①②③は「現報」を報の善悪から 3 分したもので、①は善い報、②は善い報と悪い報の両方、③は悪い報である。①②③の標題では善悪の果は詳述されず、ただ単に「現報善悪」と形式的・抽象的に表現されているだけである。1 例を挙げると、上巻第 5 話の標題は「信敬三宝得現報縁」（三宝を信敬［しんぎゃう］しまつりて現報を得し縁）なのであって、例えば「信敬三宝獲得福寿縁」（三宝を信敬［しんぎゃう］しまつりて福寿を獲得せし縁）とはなっていない。このことは、善悪の因が具体的・個別的に表現されている（上巻第 5 話の例で言えば「信敬三宝」）のと際立った対照をなしている。標題のこうしたあり方によって、読者は、いかなる行為が善い報を、いかなる行為が悪い報をもたらすかを知ることができる。だがこのことは、善い報（果）を

17　「善悪の報」とは善の報と悪の報との両方のことであるが、大事なことは、善に対しては善の報いを、悪に対しては悪の報いを 2 つとも受けるということであって、善悪の両者が相殺されてゼロになることは無いということである。この点については、笠原一男編著『罪と罰』（教育社、1980 年）17 頁を参照のこと。

18　出雲路修、上掲論文、46 頁。

19　同、46-52 頁。

もたらす行為が善で、悪い報（果）をもたらす行為が悪だとトートロジーを述べているにすぎず、このように抽象的な報（果）によって因としての行為の「善悪」が把握されるとき、その善悪は功利的な色彩を帯びてくる。「しかし、因果応報の説話というものは結局は功利的なものであって、これは『霊異記』特有の性格なのではない[20]」と出雲路は付言する。

　確かにこの指摘は正しい。だが、事柄を性急に一般化しすぎているように思う。と言うのは、本来仏教における第一義は業報因果（輪廻）の解脱、つまり成仏であり、そうであればこそ因果応報は解脱・成仏と対概念を成していて、この対概念の二項対立図式そのものを超脱することが如何にして可能であるかという究極の難問が待ち構えているはずで、単純に因果応報説話の功利性を指摘するだけでは不充分だからである。ともかく、予想されていたこととは言え、『霊異記』においては因果応報が独立していて、これと対を成すべき解脱、つまり「ブッダに成ること」という仏教の第一義がスッポリと抜け落ちている。善悪業とその報との対応を説く『霊異記』の因果応報が「功利的」で道徳的・世俗的なものに留まっているのも、三世にわたる生死への執著を断ち切ろう（成仏）という気など初めから無いから、ましてや三世という鎖を断ち切ることが悟りだと気づいていないからである。『霊異記』の根底にあるのは、むしろ現世での日常生活の障害がその都度解消されること（現世安穏）と、死後には楽土に往生すること（後生善処）への願いである。景戒は民衆の置かれた悲惨な境遇に接し、彼らの切実な願いを知っていたはずだ。『霊異記』の「現報」重視はそこに由来しているだろう。

　他方、『霊異記』において「生報」説話は、「異［めずら］しき表［しるし］を示しし縁」という形式の標題をもつ説話、即ち奇異説話（霊異）として位置づけられている。これは、仏の力の具体的な現れとしての超自然的な現象が描かれた説話であって、「現報説話」と同列には扱われていない。「生報」説話が因果応報説話としてではなく、奇異説話（霊異）として把握されているのは、そこでは個人の三世因果よりも、前生を知る不

20　同、49頁。

思議さに焦点が合わされているからである。だからそれは前世での行為を詳述する説話である。ところが「生報」説話は、「異［めずら］しき表［しるし］を示しし縁」という標題を与えられることで、現世の説話へと変容した。或る人の前世での行為が仏の力によって現世（むしろ、今ここ）の人々の前に明らかにされた説話、になったのである。現報を重視する景戒の立場としては当然の変容だった[*21]。しかも、民衆に仏教を解りやすく説くには、霊異は単なる霊異であってはならない。ありえない霊異であると同時に、当然有りうる現実でなければ、特にそれが唱導のための説話として利用された場合は説得力をもたない。年代、場所、人名などを可能な限り明示しようとしたのも現実性の強調ゆえである。

　後者の類型の具体例を1つだけ要約して挙げておくことにしよう。それは、「憶［こころ］に法花経を持し、現報もて奇［くす］しき表［しるし］を示しし縁」（上巻第18話）であるが、標題からして「生報」の「現報」への変容が知られる。

　　大和国葛上郡の或る持経者（法華経の修行者）が法華経のうち1字だけ覚えることがどうしてもできなかったため、観音菩薩に悔過すると、或る日の夢に或る人が現れて、「お前は前世で紀伊国和気郡の日下部の猴［さる］という者の子だったが、或る時、法華経を読んでいて燈で経文の1字を焼いてしまったため、その字だけは覚えることができなかった。すぐにその家に行ってみよ」と告げた。彼は両親に事情を話し、了解を得て、実際にその家に行ってみると、全てが夢の通りであり、その家に住む老夫婦といろいろ語り合ううちに、老夫婦も「若［も］し、死にし昔の我が子の霊［たま］か」と言い、客と老夫婦とは互いに前世での親子であることを確認した。客は、夫婦の子が住んでいたという堂の中に入って、法華経を開いてみると、まさしく覚えることのできなかった文字のところが焼け失せていた。そこで経の一部を焼いた前世での罪を懺悔し、焼けた

21　同、49-52頁。

所を直すと、完全に覚えることができた。この親と子は改めて親子
の契りを結び、2 組 4 人の親に孝養を尽くした。

　ここで、持経者の前世の両親が持経者と語り合ううちに、この客人は、
もしかしたら死んだ我が子の「霊」ではないか、と言っていることに注意
せねばならない。仏教教学は肉体が死ぬ度に新たな肉体に移転しつつ存続
する「心[22]」を構想したのだったが、『霊異記』では、どうやら「心」で
はなく「肉体」の姿・形が「霊」（タマ）と見なされているようだし、従っ
て「心」の業報輪廻ではなく、むしろ自己同一的な主体である「タマ」が
宿主を替える輪廻転生が考えられているように思われる。なお、後の『大
日本国法華験記』巻上、第 31 話「醍醐の僧恵増法師」は、『霊異記』の
この説話と同工異曲だが、「この比丘を見、幷にその声を聞きて、夫妻共
に言はく、我が子還り来れり。面貌全く似たり。音声異ならずといへり。」
となっているし、『大日本国法華験記』を承けた『今昔物語集』巻第 14 の
第 12 話の当該箇所でも、「恵増ヲ見ルニ、先年失セニシ子ノ僧ニ似テ更ニ
不替ズ。夫妻共ニ、我ガ子返来ニタリ、ト云テ（後略）」と簡略化されて
こそいるが、やはり生まれ変わるのは「心」ではなく「肉体」だと思われ
ているという以上の推測を裏づけている。これが日本の「タマ」信仰と習
合した民間仏教の大前提であることは間違いないだろう。
　それはともかく、景戒はこの説話を論評して、「過現の二生、重ねて本
経を誦しぬ」と観音の威力を讃えているが、この説話では現世の果から前
世の因が突き止められているだけでなく、前世の出来事が、"夢告"を媒
介として、この持経者と老夫婦の現世での出来事となっている。景戒が最
後に、『善悪因縁経』の説く「過去の因を知らむと欲はば、其の現在の果
を見よ。未来の報いを知らむと欲はば、其の現在の業を見よ」を引用して
いるところにも、その現報重視が現れている。

22　ここで言われている「心」は確かに存続し続ける心的エネルギーだが、「我」のよ
うな自己同一的実体ではなく、生まれ変わる度に"同じだが異なる"合同な図形のよう
なものと考えられている。

（4）三世思想の変質

　以上のような「現報」重視の姿勢と因果応報の現世利益的側面の強調は、仏教の因果説の重要な前提である「三世思想」を変質させずにはおかないはずである。実際にそれは『霊異記』において既に始まっており、その因果応報思想の日本的性格は徐々に顕著になってゆく。三世思想の変質を纏めれば、(a)「前世の抽象化」、(b)「現世と来世の空間化」、(c)「来世の現世化」となるように思われる。

　先ずは『霊異記』から、(a)「前世の抽象化」の例話である、「耳の聞こえなくなった人が方広経典に帰依し敬って、報いを得、両方の耳とも聞こえるようになった話」（上巻第8話）を引用することから始めよう。それはこのような話である。

　　小墾田の宮で天下をお治めになった推古天皇の御代に、衣縫伴造義通という者がいた。突然重い病にかかって、耳が両方とも聞こえなくなり、悪質のできものが全身にできて、長年治らなかった。そして思うことには、「宿業［すくごふ］の招く所なり、但［ただ］に現報のみには非じ（＝この病は前世の罪の報いによるものであろう。単に自分が現世で行なったことの報いだけによるものではあるまい）。長生して人の為に厭はれむよりは、善を行ひて遄［スミヤカ］ニ死なむには如かじ（＝だからいたずらに長生きして世間の人に嫌われるよりは、むしろ善行を積んで後世の菩提を祈り、早く死ぬのにこしたことはない）」と、こう悟った。そこで義通は土地を掃き清め、仏堂を飾り、義禅師という僧を招き迎えた。まず身を清め、香水で体を洗い流して、方広経を読み一心に祈った。すると不思議な霊感を覚えて、禅師にむかい、「たった今、わたしの片方の耳に一人の菩薩様の御名が聞こえてきます。ですからお坊様、どうかご苦労さまですが、しばらくしんぼうしてもっとこの菩薩様を拝んでください」と頼んだ。そこで禅師がさらに礼拝読誦すると、もう片耳は聞こえるようになっていた。義通は非常に喜んで、重ねてもっと拝んでくれるように頼み、禅師がさらに礼拝読誦すると、両方の耳が、ともに聞こえるようになった。このことを聞いた遠近の者は、みな驚き、不思議がらぬ人はいなかった。これで、仏を信じ念ずれば、必ず仏に通じてその反応があるということは、嘘ではないことがわかるであろう。

　「宿業の招く所なり、但に現報のみには非じ」という一文の中の「宿業」という一語に、(a)「前世の抽象化」は端的に現れている。現代語訳では「前世の罪」となっているが、これは意訳であって、直訳すれば「前世の行為」である。そもそも仏教の三世因果の思想では、或る人の現世での状況を結果として捉え、その原因をその人の前世での具体的行為へと追及していくのだが、この説話では両耳が聞こえなくなった原因が、ただ単に「宿業」だと語られるだけで、前世で彼が何をやったから現世で耳が聞こえなくなったのか、その前世での行為が全く語られていないのである。それは個人の業因と業果とを厳密に対応させようとする発想が欠如しているからであろう。上掲の持経者の説話（上巻第18話）もそうであるが、「奇異説話（霊異）」においては、不思議なことが起こるのが現世であり、それの約束がなされたのが前世である、と漠然と思われているだけである。この傾向はやがて「宿世」「前の世の契り」「前の世の報い」などの和語を生むほど決定的となり、それらは女流日記文学や『源氏物語』や『平家物語』などでも頻繁に用いられる。

　しかも、ベルクソン哲学を持ち出すまでもなく、時間の抽象化は即ち時間の空間化であるから、「前世の抽象化」は (b)「現世と来世の空間化」ないしは「三世の空間化」をもたらす。つまり、我々が今生きているここが現世であり、現世の境界外に前世と来世という異界があり、それらの異界から不思議な出来事がやって来るというイメージである。この観念がいつまで遡りうるかは分からないが、我々は皆あの世からこの世へやって来て、またこの世からあの世へ去って行くという観念の名残ではなかろうか。その際、"やって来る" も "去って行く" も、同一人（同じ「タマ」）の場所の移動と考えられている。本書第1章で見たように、古代日本では "あの世〟はこの世と地続きで、この世と並存すると思われていた。あの世は万人にとって共通の故郷のようなものだった。とすると前世と来世は同じ場所だということになってしまうが、三世の場合には、当然、前世と来世は異なる場所としてイメージされるわけである。この、前世と来世は同じ場所だった、という推測があながち的外れでないことは、後の説話ではあるが、大江匡房の『続本朝往生記』が「大江為基朝臣」の往生について、「・・・一旦泉（＝黄泉）に帰りぬ。俄にして蘇息せり。[23]」（圏点引用者）と記されていることからも知られる。日本人は、誤解を恐れずに言えば、前世—現世—来世の三世とは場所ではなくて心的エネルギーが業（因）と報（果）の必然的相続関係が取る 3 つの形式である、というインド仏教的観念に無縁であり続けてきたのではないか。もっとも、そのインドにも須弥山宇宙論があり、六道（五道）が場所と見なされている以上、「三世の空間化」は必ずしも日本的変質とまでは言えないかもしれない。

　(c)「来世の現世化」もすんなり理解できよう。例えば、阿弥陀仏は現在、この我々のいる娑婆世界から十万億仏土隔たった西方極楽世界で法を説いておられるが、念仏行者にとっては死後に、つまり未来に往生するのであるから、来世に往って生まれるはずの極楽は現世でもある。このことは極楽と対を成す地獄にも言える。平安時代、浄土教が流行すると来世の現世化もまた一般化する。そのとき「蘇生」や「夢」や「憑霊」が大きな役割を演じるのだが、『霊異記』でもそれは既に現れている。ここでは(b)「現世と来世の空間化」と(c)「来世の現世化」とが一体化している例を見てみよう。長大な説話（上巻第 5 話）なので必要な部分だけを要約する。

　　聖徳太子の腹心の侍臣だった大部屋栖野古は推古 33 年 12 月 8 日に急死するも 3 日後に「蘇甦」して、妻子に次のように語った。「五色の雲が立ち込めており、その雲の道を行くと、道のほとりに黄金の山が見え、薨去した太子が立って待っておられる。一緒に山の頂に上ってゆくと 1 人の僧がいて、太子は僧に屋栖野古の紹介をす

23　『往生伝・法華験記』（上掲）、247 頁。

る。太子は僧に、屋栖野古は今から 8 日後に剣の難に遭うから、仙薬を飲ませてやってほしい、と申す。僧は手に巻いた玉の環から玉を 1 つ取って与えて飲ませ、「南無妙徳菩薩」と 3 度唱えて礼拝させよ、と太子に言う。太子は、お前は帰宅して仏を造る場所を清掃せよ、自分は宮に帰って仏像造りに取りかかろう、と仰る。そこで自分は先の道を帰ってきた。ふと気づくと生き返っていた。」と。

　景戒のコメントによれば、8 日を過ぎて剣の難に遭うとは、屋栖野古が蘇我入鹿の乱に遭うこと、しかも「八日とは八年なり」で、冥界の 8 日はこの世の 8 年に相当すること、妙徳菩薩とは文殊菩薩で、黄金の山は五台山、宮に帰って仏像を造るとは、聖徳太子が聖武天皇に生まれ変わって大仏を造営なさること、その時尽力した行基大徳は文殊菩薩の化身である。

　死んだ人間が生き返るという設定自体が「来世の現世化」だろうが、それはともかく、ここでは明らかに、死んでから蘇生するまでの時間が空間化されて「あの世」として表象され、「この世」から区別されている。死ぬことは「タマ」のこの世からあの世への場所の移動であり、蘇生は「タマ」のあの世からこの世への場所の移動である。あの世とこの世が 2 つの世界として表象されていることは、あの世の 8 日がこの世の 8 年に相当する、と言われていることからも分かる。来世（死者の世界）と現世（生者の世界）は、なるほど相異なる 2 つの世界だが、それらは現世で並存していると思われているのである。

　以上、『霊異記』における因果応報の特徴が、「現報」の重視と「現世利益的側面の強調」、更に「三世思想」の変質としての(a)「前世の抽象化」、(b)「現世と来世の空間化」、(c)「来世の現世化」にあることを確認した。これらは後の説話文学だけでなく、作り物語の方向をも規定する。例えば、後の『浜松中納言物語』は日本と中国とを跨ぐ国際的な輪廻転生譚であるが、転生の業因が曖昧というより不明（いわゆる"宿世"）であるだけでなく、上の(a)(b)(c)の 3 要素が見事なまでに揃っている。既に本書第 2 章で、後の鎌倉仏教の親鸞や一遍の即得往生、道元の因果同時を知っている我々は、『霊異記』の因果思想が、いかに当時の民衆の悲惨な境遇を反映しているにせよ、やはりその素朴な通俗性に失望を禁じえないが、しかし中世仏教もまた現報重視と現世重視という仏教の日本化の延長線上にあることは間違いない。ただし、それを究極にまで推し進めたというよりは、質的に転換したと言う方が適切ではあるだろう。例えば一遍によれば、悟りと迷いは不二一如であり、往生とは浄土という場所に生じることではなく、また行くモノも来るモノも無い。不生不滅、不来不去である。地獄や極楽、餓鬼、畜生、修羅や天という世界が我々のいる今此処と違った場所であるとか、そこへ堕ちたり生まれたり、行ったり来たりするとかと表象すること、そのこと自体が生死輪廻であり、既に虚構（フィクション）なのである。ここに極楽往生や堕獄がモノ語りになる下図は描かれている。

　もしも中世の仏教説話が中世仏教の因果思想（因果同時・一如・不二）の反映であるとするなら、それは従来の因果思想と虚構（フィクション）性を超脱ないし転換する要素を含んでいるはずだろう。そこで我々は以上の成果を踏まえた上で、『霊異記』以後の平安時代の仏教説話を根本で規定している往生論の特質を追うことにしたい。

3　平安時代の説話文学

（1）平安仏教概観

　ところで、予め断っておかねばならないことがある。第 1 に、ここに言う平安時代の説話文学とは、往生論や法華験記を含んだ仏教説話文学を意味しているということであり [24]、第 2 に、これらを取り上げるのは、著者の大半が僧侶ではなく在家であって、説話の登場人物にも在家が多く、たとえ僧侶の場合でも、持経者や聖のような民間の修行者が多いからである。

24　往生伝や法華験記の類をも仏教説話の中に入れたのは、それらが先行する『霊異記』や『三宝絵詞』から影響を受けつつ後続の往生伝に影響を与え、ともに説話文学の一大集成である『今昔物語集』に流れ込んでゆくからである。なお、それら相互の影響関係については、『往生伝・法華験記』（上掲）に収められている各テクストの欄外註と補注、および巻末の井上光貞による「文献解題」を参照せよ。

従って第 3 に、当時の民衆の信仰の有り方を理解する手がかりが与えられると思うからである。ともかく、その主な作品を列挙すれば以下のようになる。

景　　戒	『日本国現報善悪霊異記』	原撰本－延暦 6 年（787） 現存本－弘仁 13 年（822）頃
源 為憲	『三宝絵詞』	永観 2 年（984）
慶滋保胤	『日本往生極楽記』	永観 2 年（984）－永観 3 年／ 寛和元年（985）
鎮　　源	『大日本国法華験記』	長久年間（1040-44）
大江匡房	『続本朝往生伝』	康和 5 年（1103）頃
同	『本朝神仙伝』	不詳、ただし天永 2 年（1111）よりも以前
三善為康	『拾遺往生伝』	巻上・巻中－嘉承 2 年（1107） 巻下－天永 2（1111）以後
同	『後拾遺往生伝』	巻上－保安 4 年（1123） 巻中－長承 3 年（1134）頃 巻下－保延 3 年（1137）以後
編者不詳	『今昔物語集』	不詳、ただし保安元年（1120）の前後か？
蓮　　禅	『三外往生記』	保延 5 年（1139）以後
藤原宗友	『本朝新修往生記』	仁平元年（1151）

先ず、時代背景と宗教の流れを見ておこう[25]。

　平安時代の初期、桓武天皇によって律令制の再建が試みられた。だがそれも不首尾に終わり、9 世紀後半には荘園制に基づく摂関政治の時代に入る。それとともに宗教もまた国家中心の体制が崩れてゆき、皇室の行事も国家的な祭祀から天皇の私的な祭祀となってゆく。また、特に人口の密集

25　この点に関しては、末木文美士『日本宗教史』岩波新書、2006 年、60-64 頁に拠る。

する都での悪疫の流行、打ち続く旱魃や豪雨などの天災、藤原氏による他氏の排斥と没落、摂関家内部の覇権争いなどによって、貴族は個人や家を中心とした除病延命得富の祈禱に心を寄せるようになった。そして、これに最もよく対応したのが密教である。密教は「教相」と「事相」の両面から成る。教相は教理の研究であり、前章で詳しく述べたように五大院安然（841-904?）の頃にはほぼ完成し、以後は様々な修法から成る事相が複雑に展開してゆく。東密は小野流と広沢流に分かれ、それが更に細かく枝分かれし、台密は最澄に始まる根本大師流、円仁を始祖とする慈覚大師流、円珍を始祖とする智証大師流に分かれ、更に慈覚大師流が細かく枝分かれして、全体で台密十三派となる。

　平安中期になると、密教を中心とする仏教の他に、式内二十二社（伊勢を筆頭に、石清水、賀茂など）を中心とした神祇信仰、更には陰陽道や山岳信仰も盛んになり、これらが複雑に絡み合う。陰陽道は、元来中国の陰陽五行説に基づくが、日本では道教の影響を受けて独自の発展を遂げる。律令制下において、中務省の陰陽寮に属した官人は陰陽師と呼ばれ、天文・暦・占筮・地相などを司っていたが、10世紀頃になると、本来の職掌を逸脱して占術・呪術をも行なうようになる。陰陽頭以下、陰陽寮の上級職は賀茂氏と安倍氏とによって世襲され、安倍晴明（921-1005）のように伝説化された陰陽師も現れる一方で、道摩法師のような非官人の陰陽師も現れて、陰陽道は呪術的宗教となり、更に中世には民間で個人的な占術・呪術を行なう声聞師を生むに至る。貴族社会は激しい権力闘争や複雑な人間関係の場で、怨霊やモノノケが跳梁跋扈し、それに対処する様々な呪法が盛んに行なわれた。特に病気や出産など生命に関わる大事には様々な加持祈禱が為された。怨敵を呪詛するための六字河臨法という行法も陰陽道の影響下で発展した。また、物忌・方違えは穢れの観念の肥大化に伴って貴族の生活の中で日常化してゆく。穢れはこの頃から禁忌となり、仏教にも影響を与える。特に死穢と血穢は厳しく忌まれ、それが女性差別を助長するようになった（例えば、複数の往生伝には、法力・験力のある僧が月経中の女性の縫った衣であると察知して着るのを拒んだ、という記述が見える）。陰陽道は、神祇信仰や仏教、特に密教と深く関係し、新しい儀礼を生み出した。その 1 つが、9 つの星の動きなどで運勢を占う宿曜道で、また これに関連して星宿信仰も盛んになり、特に北斗七星の 1 つを生まれ年によって本命星として重んじるようになった。

　他方、この頃山岳信仰も一層発展し、後の修験道の原型を形成するに至る。土着の山岳信仰は奈良時代には既に役行者（役小角[*26]）のような伝説的な験者を生んで仏教に摂取されており、比叡山や高野山に修行の場を求めた最澄や空海も山岳信仰とは関係が深かった。山岳修行は密教的な呪力を身につけるものとして密教の興隆とともに益々盛んになる。特に紀伊半島の険しい山岳地帯は山岳修行の霊地とされ、吉野と熊野を結ぶ大峯山系に修行者が集まった。やがて中世には修験道へと体系化され、天台宗系の本山派と真言宗系の当山派に系列化される。厳しい山岳修行の発展とともに、霊験あらたかな全国各地の霊場には貴族を始めとする人々が盛んに巡礼するようになった。最も盛んなのはやはり熊野で、院政期には法皇・上皇を始め、貴族たちの熊野詣が相次いだ。また、那智の青岸渡寺を一番札所とする西国三十三所の観音巡礼も院政期に始まる。一時衰退していた高野山や比叡山も平安中期に復興されたが、高野山の復興には弘法大師信仰が伴っていた。それは、即身成仏した弘法大師は、高野山で禅定に入ったまま弥勒仏の下生を待っているという信仰であるが、これは高野山を聖地化するのに大いに寄与した。

　これらの信仰は複雑に絡み合いながらも、或る程度役割分担が為されていたと見てよい。つまり、死に関する儀礼は仏教が独占し、現世利益的な面は仏教・神祇信仰・陰陽道がそれぞれに関わったが、そのうちの子孫繁栄や立身出世などの積極面には神祇が関わり、疫災の除去などの消極面は

26　後世、修験道の開祖とされる役行者は、『霊異記』上巻第 28 話「孔雀王の咒法を修持して異しき験力を得、以て現に仙と作りて天を飛びし縁」に、「大和国葛木上郡茅原の村」出身の「役の優婆塞」として登場する。仏法を信じて修行し、孔雀経の呪法を修め、不思議な験術を身につけ、鬼神を自在に使役したとか、文武天皇に讒言した葛城山の一言主の大神を捕縛したとか、昼は伊豆の島で修行し、夜は富士山に行って修行したとか、遂に仙人になって天に飛び去ったとか、と記されている。
　役優婆塞のことは『続日本紀』文武 3 年 5 月条、『霊異記』（上記）の他に、源為康『三宝絵詞』巻中にも見え、大江匡房『本朝神仙伝』第 3 の役優婆塞伝は、伝末に「都良香の吉野山記」に依拠した旨を記しているが、『三宝絵詞』と『扶桑略記』大宝元年条の役公伝に近い。『今昔物語集』巻 11、第 3 話は主に『三宝絵詞』に拠ったと見られる。

陰陽道が、そして仏教は両面に関わった。こうした信仰の根本に在るのは、先にも述べた「現世安穏、後生善処」であった。浄土教は恵心僧都源信（942-1017）の『往生要集』によって基礎が築かれ、末法思想の影響も与って平安中期から院政期にかけて盛んになるが、それは以上のような大きな流れの中の出来事であった。

　上掲の一連の往生伝・験記も、当然のことながらそのような状況の中で書かれた。しかも、源信の『往生要集』と慶滋保胤（933-1002）の『日本往生極楽記』とは、ほぼ同時期の成立であり、彼ら両者の間には個人的交流もあった[*27]。更に、鎌倉時代以後、より厳密に言うなら法然以後に往生伝は衰退し、再び盛んになる江戸初期まで途絶する。しかし、江戸時代の往生伝は浄土系諸宗の民衆教化のために編纂されたものであって、平安時代のそれとは性格がまったく異なる。これらを考え併せるならば、往生伝は平安期の浄土教の盛衰と命運をともにしたと言える。

（2）慶滋保胤『日本往生極楽記』

　それでは往生伝の先駆者、慶滋保胤は何を意図して往生伝を編んだのか。彼は『極楽記』の序文で、こう記している。——「予少き日より弥陀仏を念じ、行年四十より以降、その志いよいよ劇し」。行住坐臥、常に名号を唱え、弥陀仏の姿を思い浮かべた。弥陀の像や浄土の図には必ず礼拝しし、極楽往生を願う道俗男女がいれば必ず結縁した。極楽往生の功徳や因縁を説いた経論疏には必ず眼を通した。中国の迦才（7世紀中頃の唐僧）の撰した『浄土論[*28]』という本の中の「もし現に往生の者を記せずは、

27　源信は『往生要集』大文第七「念仏の利益」と大文第十「問答料簡」において、往生人の伝として中国の『浄土論』と『瑞応伝』とを挙げており、また大文第七「念仏の利益」の第六「引例勧信」では両伝を挙げた後で、「我が朝において往生せる者も、亦其の数有り。具には、慶氏の『日本往生記』に在り。」と記している。後者の記述から、『往生要集』の完成（985）までには既に『日本往生極楽記』の稿本が成立していたことが判る。たぶん『往生要集』と『極楽記』とは勧学会（後出）での源信と保胤との深い交友関係を背景に、ほぼ同時並行で撰述が為されたのだろう。源信は『往生要集』で経論引用による念仏理論の体系化を行ない、保胤は『極楽記』で往生人の例証を行なったと思われる。

28　迦才の『往生論』は、罪悪の凡夫も念仏によって極楽往生できることを多くの経

その心を勧進することを得じ」という言葉に共感した。また、唐の『瑞応伝[*29]』が載せる 40 余人の中の「牛を屠り鶏を販［ひさ］ぐ者」が「善知識に逢ひて十念に往生」したという、いわゆる〈悪人往生〉の実例に触れて、「予この輩を見るごとに、いよいよその（一層往生の）志を固くせり」。そして今、日本の国史や別伝等を調べてみると、「異相往生」（往生の時に奇瑞などを示すこと）した者が 40 人ばかりいたので、それらに感歎し、彼らの操行を聊か記した次第である。「後にこの記を見る者、疑惑を生ずることなかれ。願はくは、我一切衆生とともに、安楽国に往生せむ。」

　要するに保胤は、『浄土論』と『瑞応伝』とが記している、いわゆる〈悪人往生〉から強烈な印象を受けたので日本の「異相往生」人の伝を記した、と言うのだが、実は保胤の『極楽記』に見えるのは「異相往生」だけで、〈悪人往生〉は皆無である。なぜこのような羊頭狗肉めいた事態に立ち至ったのか。このことは彼の著書の性格と彼の信仰の有り方、ひいては平安期の仏教説話全体の特徴を考える上で重要なポイントだと思われる。この点について些か言及しよう。

　先ず注目すべきは、平安期の往生伝の編者たちに共通する身分である。浄土信仰の往生伝に対して法華信仰を強調する『法華験記』の著者、鎮源（生没年不詳）が叡山横川の首楞厳院沙門であり、「若き日に源信をとりまく人々の一人であったと推測される[*30]」天台僧であるから除外するとして、往生伝の編者は、速水侑の指摘によれば、いずれも「文人貴族[*31]」だった。文人貴族とは、文章道を中心とする大学の学生・教官や、大学の業を終えた文筆官僚で、貴族社会の知識層を形成するが、身分は中下級貴族にとどまる者たちのことである。因みに、慶滋保胤は陰陽家の賀茂忠行の第二子[*32]に生まれ、文章博士菅原文時に師事し、『極楽記』編述を始めた頃

論を引いて論じた後に、その実例として比丘から優婆塞まで 20 人の往生人の伝記を列記したものである。唐代の成立。

29　文諗・少康の『往生西方浄土瑞応伝』は往生人の伝記のみを載せたもので、それの改補版である『往生西方浄土瑞応刪伝』が現存し、48 項 53 人の伝を収めてある。

30　『往生伝・法華験記』（上掲）「文献解題」719 頁。

31　速水侑「往生伝」（『日本文学と仏教 第 3 巻 現世と来世』岩波書店、1994 年）91-92 頁を参照。

32　慶滋保胤の兄は優れた陰陽家の賀茂保憲で陰陽道の方向を決定した人物であり、

は従五位下大内記、文筆官僚として公文書の起草などに当たっていた。大江匡房（1041-1111）は正二位権中納言にまで昇進するが、元々儒学で有名な江家の出であり、藤原氏などからすれば卑官の家柄で、文人貴族に属する。三善為康（1049-1139）は地方の郡司層の出身で、最晩年にやっと正四位下諸陵頭算博士となるから、結局は中流の文人官僚で終わった。『三外往生記』の編者、蓮禅は出家こそしたが、所詮は詩文に巧みな文人であり、『本朝新修往生記』の編者、藤原宗友も文人貴族である。しかも、為康・蓮禅・宗友の背後には文人貴族たちの信仰グループがあった。

　彼ら文人貴族の置かれていた立場や境遇については、本書のテーマを逸脱するため、必要最小限度の要約だけで済ませることにする。平安時代初期の9世紀前半、律令制再建を目指していた時代、中下級貴族の子弟は、上級貴族に対して唯一誇りうる漢詩文の才で国家や政治に資する価値を有していると思うことができた。こうして形成された「文章経国思想」は、貴族社会で公的に承認された理念となり、文筆官僚として仕える一群の文人貴族の階層が形成されていく。ところが、10世紀を境に律令国家が変質し摂関政治が成立すると、文章経国思想もまた衰退し、文人貴族はその存在理由を喪失してゆく。当然、彼らの矜持と自負は宙に浮き、屈折した生き方になることが予想できる。保胤はそうした転換期に生きた文人貴族の典型であった。

　傷ついた自意識を癒すべく、彼らは「公ごと」と「私ごと」の二重生活へと向かう。『池亭記』で保胤が述べたのは、公の制約とは無縁の、現世を超えた信仰の世界（弥陀を念じ、法華経を読誦する生活）である。これが彼の来世願望の基礎となったのだが、このような信仰の世界を彼が見出した背景には、自身が中心となって康保元年（964）に発足した「勧学会」があった。これは文人貴族と天台僧との交流の場として生まれたものだが、この漢詩文と仏道（天台浄土教の発展に伴う山の念仏と従来の法華経読誦

かの安倍晴明の師であった。兄が家督を継いだためもあろうが、弟の慶滋保胤が陰陽家に生まれながら往生を願って『極楽記』を書き、出家して寂心となるのは一見すると対照的な生き方だが、既に触れたように、密教・陰陽道・浄土教・神祇信仰は時代を共有して形成されたのであり、従ってまた、次項で述べるように、それらは少なくとも説話の形成、即ちモノ語りのメカニズムに関して類似している。

との並存）との混淆は、文人貴族の理想とした白居易の狂言綺語観にも通ずるもので、来世願望の念仏結社としては不純にすぎた。このような不徹底な来世願望に転換をもたらしたのは空也（903-972）の往生だった。当時（そして今も）、市聖空也の念仏は死霊鎮送的な験者の念仏だと思われており、そういう了解を基に、空也は称名念仏による浄土往生の功徳を説き、来世欣求の信仰を鼓吹した、と受け取られた。上述したように、保胤は『極楽記』序文で、「行年四十より以降」称名と観想の念仏に励むようになった、と記しているのだったが、保胤の四十歳は空也が往生した天禄3 年（972）に当たっている。空也の活躍に感銘を受けた勧学会のメンバーから推されて、源為憲は『空也誄』を執筆した。そこには勧学会の空也観がよく現れている。その特徴は、空也の奇瑞霊応の数々と、それに対する畏敬と讃歎の念である。空也の利他行つまり菩薩道実践の高邁な志については抽象的表現しか用いていないのに対し、験者としての空也から生ずる奇瑞は記述が具体的で[*33]、空也の浄土欣求も信心の深さとしてよりは、奇瑞の一環として語られている。空也の勧める念仏往生が人々を納得させたのも、空也が卓越した験者だったからであり、従って空也自身の極楽往生にも必ずや奇瑞の表事があるはずだと思われた。果たせるかな、『空也誄』は空也の示した奇瑞霊異の数々を承けて、最後に空也入滅の際の表事を述べる。息が絶える時、音楽が空から聞こえ、香気が室に満ち、死後もなお香炉を捧げて端坐していた、と。

　儒教的合理主義に立っていたかつての文人貴族たちなら、僧位や僧職をもたない一民間布教者の霊験譚など、迷信として嘲笑するか黙殺しただろう。だが、現実世界での存在理由を喪失した彼らの眼は現世の外に向かうようになる。その時、空也の存在が彼らを捕えた。空也は「如来使」と見なされ、入滅時の「表事」は彼らに極楽往生を確信させるとともに、彼らの来世願望に明確な目標を与えた。その意味で為憲の『空也誄』は最初の往生伝である。そして、往生伝としての『空也誄』に強く影響されて撰述

33　例えば、不動不眠の苦行によって生身の観音と会ったこと、神泉苑における老狐との奇譚、蚯と蛙を救済した験力の凄さ、閻羅王（閻魔大王）に書を呈した話、空也の法会に文殊が来臨した奇跡など。

されたのが保胤の『極楽記』であった。このことは、保胤の空也伝（『極楽記』第17）が『空也誄』に類似していることからも明白である。なお、『極楽記』全42伝中、聖徳太子と行基菩薩の伝を除いた40伝の大部分の人は保胤の同時代人と見られ、また空也伝に言うように、「天慶（938-947）以往」は世俗の念仏者は稀で、浄土教は延喜（901-923）・天暦（947-957）頃から漸く広まり始めたということを考慮に入れると、源信と協力関係にあった保胤は自ら浄土教興隆の一翼を担ったことになり、彼は『極楽記』に、浄土教勃興期の念仏者についての「故老」からの聞き書きや自身の見聞を収めたと見てよい。

　ところが、皮肉なことに、厭離穢土欣求浄土の往生人の伝記集成『極楽記』を撰述していたとおぼしき永観2年（984）から翌3年は、文筆官僚保胤にとって燦然と輝く充実期であった。と言うのも、荘園整理令の発布などの革新的政策を掲げる花山新政（永観2年－寛和2年、984-986）が始まり、大内記の保胤も公文書作成などでその一角を占めたであろうからである。彼に一時的にせよ文人貴族としての誇りが戻ったことは、『極楽記』の巻頭に「朝散大夫行著作郎慶保胤撰」（従五位下大内記慶滋保胤撰の意）などという、現世否定的であるべき著述に凡そ不似合いな唐風の肩書を記していることからも判る。収録された伝の配列が律令的身分秩序に基づいている点にも、彼の官人としての自意識が垣間見える。その彼は、寛和2年に一転して出家してしまう[*34]。このことで自意識の屈折が深刻度を増したのか、それとも逆に今度こそそれを超脱したのかは判らない。ともあれ、『極楽記』がこの決定的挫折直前の幸福な時期に編集されたことと、そこに描かれた往生人たちの現世否定と来世願望とが抽象的で曖昧なこととは無関係ではないだろう。そしてこれが、先に私が提起しておいた問い、中

34　保胤が突然出家したのは、花山天皇が藤原兼家・道兼父子の策謀で出家譲位する2ヶ月前のことだが、恐らく新政が頓挫する兆候か何かが既にあり、文筆官僚としての将来に見切りをつけたからであろう。『極楽記』の稿本は既に成立していたはずだから、この出家と『極楽記』における往生人たちの描かれ方とは無関係だろうと思う。ところで、彼が出家して横川入ると同時に勧学会は解散し、今度は横川に二十五三昧会が結成される。その発願文や起請文から、源信と保胤が二十五三昧会の結成の中心となったことは明白だから、両者の交友は続いていることが判る。だがこのことからは、保胤が出家前の官人としての自意識、彼の往生にとっての最大の障碍であるはずのものを超脱できたかどうかまでは判らない。

国の『浄土論』と『瑞応伝』の悪人往生伝から刺激を受けて日本の悪人往生伝を書こうとしたはずの保胤が、なぜ「異相往生」だけを書き、〈悪人往生〉を書かなかったのか、に対する第 1 の、しかし表面的な答えである。

　なるほど、保胤が悪人往生伝をまったく記さなかったのは、彼の知識が中国の往生伝から得た間接的な情報だったからということもあるだろう。だが、悪人往生を云々する以前に、『極楽記』全体を通読すれば解ることだが、「故老」からの聞き書きや自身の見聞を収めているはずの『極楽記』の描く往生には、全く生々しさが感じられない。往生人たちの現世否定・来世願望が極めて抽象的なのである。第 30 話に、「光孝天皇の孫」が 3 人の子を立て続けに亡くし、夫も亡くして「寡婦として世の無常を観じ、出家して尼となりぬ」と言われているのを例外として、往生人がなぜ来世往生を希求したのか、その点の具体的記述が見られないのである。例えば第 28 話の「沙弥薬運」など、「一生の間阿弥陀経を読誦し、兼て仏の号を唱へたり」とは言うが、果たして来世を願っていたかどうかさえ解らない。神も仏も無い不条理な世の中に在って、神仏への信仰を持ち続けるほど強くも善人でもなかったはずの者が、紆余曲折の果てに神仏からの働きかけで信仰を取り戻し、救済を切に願って往生を遂げたというのが、恐らくは現実の往生人の姿であったはずだろう。それなのに、『極楽記』の描く往生人はと言えば、皆一様に生まれつき正直で柔和で慈悲があり、そういう善人であったがゆえに往生を遂げることができた、という典型的な善因善果に基づく〈善人往生〉の陳腐な話ばかりなのである。これは、『一乗要訣』の著者でもあった源信の『往生要集』を表面的にしか理解していなかった証拠でもある[35]。保胤の関心は、穢土と浄土との一如相即、凡夫と弥陀との本来空寂・一体無礙を悟ろうとするよりも、むしろ念仏者の入滅前の「夢」に往生の告知があったとか、入滅後知人の「夢」に死者が現れて自分の往生を語ったとか[36]、臨終時に奇瑞を示したとかのような「異相往生」にあっ

35　源信の教学については、本書第 2 章第 4 節第 1 項の「(1) 源信」を参照されたい。『極楽記』は、浄土教の本質を理解するのが、当時最高の教養を持っていた文人貴族にとってさえ、いかに難しかったかの例証であろう。

36　夢告については、『極楽記』の 2, 3, 4, 6, 7, 11, 12, 13, 14, 16, 18, 20, 21, 25, 26, 28 で語られている。聖徳太子と行基菩薩の伝を除く全 40 伝のうち、実に 16 伝の多さ

たのである。その根底にあるのは『空也誄』と同じく奇瑞の表事への好奇心である。この点で保胤の往生伝は、彼の自意識の捌け口としての来世願望によって生み出されたフィクションに過ぎなかった。そして、この屈折した自意識（尤も、屈折していない自意識は形容矛盾であろうが）こそが、彼に〈悪人往生〉を書かせなかったのだろうというのが、先の問いに対する第2の、より根本的な答えである。ほぼ完璧な善人の完璧な往生を描くならまだしも、悪人の往生を描くことなど、保胤の文人貴族としてのプライドが許さなかったのだ。

　『極楽記』の中で最も有名なものの1つ、藤原義孝伝（第34話[*37]）を紹介して、『法華験記』に進むことにしよう。

　　右近衛少将藤原義孝は、太政大臣贈正一位謙徳公（藤原伊尹）の第4子である。深く仏教に帰依して、終には香りの強い野菜や肉類を断った。役所勤めの間も法華経を誦していた。天延2年の秋、天然痘で亡くなった。亡くなる間際に方便品を誦した。息絶えた後、不思議な香りが部屋に満ちた。同じ右近衛府の少将藤原高遠は義孝の善友だった。義孝が亡くなった後間もなく、義孝は高遠の「夢の裏に」現れ、連れだって歩いているのだが、一向に生前と変わらぬ様子である。（高遠の夢の中で）義孝は、

　　　　しかばかりちぎりしものをわたりがはかへるほどには
　　　　かへすべしやは

という一句を詠んだ。また、

　　　　昔は契りき蓬莱宮の裏の月に　今は遊ぶ極楽界の中の風に

という詩を詠んだ。

である。

37　なお、藤原義孝に関する『法華験記』第103話、『扶桑略記』天延2年条の記述は『極楽記』を簡略化したものであり、他に『大鏡』巻3、伊尹の条、『今昔物語集』巻15、第42話にもあるが増広が著しく別系統の資料を用いていると思われる。例えば『大鏡』では、「しかばかり・・・」の歌を夢で聞いたのは「母北の方」となっている。この点については、後述128-129頁を参照のこと。

　義孝（954-974）は 21 歳の若さで亡くなっているのだが、深く仏教に帰依した事情も、香りの強い野菜や肉類を断つまでに至った事情もわからない。わかるのは、親友の夢枕に立って、「枕返し」（通常の葬儀）をされたから三途の川を戻って来られなくなってしまった、という恨み節を言ったことと、極楽往生をしたらしいことだけである。この伝から「夢告」の部分をカットしたら、どうなるだろうか。

（3）鎮源『大日本国法華験記』

　さて、保胤の『極楽記』は、約半世紀後に編まれた鎮源の『法華験記』に影響を及ぼした。前者の伝のうち 10 伝が後者の素材となっているし、配列と構成も菩薩・比丘・在家沙弥・比丘尼・優婆塞・優婆夷となっている点は同じで、その後に異類（蛇・鼠・猿・野干・道祖神・蛇）を収めている点だけが違う。阿弥陀仏信仰が中心の『極楽記』その他の往生伝と、法華経信仰が中心の『法華験記』との間に継承・類似関係があることは、後世の浄土宗と日蓮宗との対立を知っている現代人の我々には奇異な印象を与えるかもしれないが、浄土教は元々天台宗の常行三昧に由来しており、天台宗本来の法華信仰と矛盾することなく統一されている場合が多い。既に源信は法華一乗を説く『一乗要訣』と浄土教の理論書『往生要集』を書いている。また『法華験記』には、法華経読誦による滅罪に専念した持経者が極楽往生した話が複数見える。余談だが、中世には、台密だけでなく東密でも念仏を唱えるようになるし、高野山の下級僧侶で半俗半僧の高野聖は時宗化したのである。ただし、法華経信仰の功徳を強調する『法華験記』は意図的に浄土信仰の要素を薄めてはいる。だが、これは念仏の功徳を強調する往生伝が逆に法華信仰の要素を薄めているのと同じことで、編者の立場の違いの現れにすぎない。

　『法華験記』は『極楽記』とともに天台宗に由来すること、また現世否定・来世願望が基調をなしていること、更には夢告の果たしている役割の大きさ（ただし、夢告は他の往生伝・説話にも夥しく、これ自体 1 つの大きなテーマである）、これら 3 点で共通しているのではあるが、幾つか対照的な点もある[*38]。

　第1に、『極楽記』が念仏者の伝の集成であるのに対して、『法華験記』は持経者の説話の集成である。撰者「首楞厳院沙門鎮源」は「序」冒頭で「竊に以ひみれば、法華経は、久遠本地の実証にして、皆成仏道の正軌なり」と述べる。法華経の持経者の修行の中心は「若受持読誦之伴、若聴聞書写之類」であり、特に読誦である。『法華験記』の場合、これは実質的に『三宝絵詞』に言う「法華懺法」を意味していると思われる。事実、法華経を読誦しての罪障を懺悔し、後生善処（この点では浄土教と一致する）と輪廻からの解脱を願う話が多い。中には死んで髑髏になってもなお深夜に読誦の声が絶えない、という話もある。『霊異記』にも法華経信仰の説話が多いのに、大部分が写経や聞法の功徳であるのと大いに違う。

　第2に、『法華験記』では（著者が見ていないはずの）『霊異記』の世界に戻ったかのように、業報因果、輪廻転生が随所で語られる。地獄の責苦や閻羅王の裁判、人が畜生に転生する話も多い。『極楽記』にこの種の話がほとんど無いのと対照的である。また、蘇生譚も多い（『霊異記』では全116話のうち12話、『法華験記』では全129話のうち7話——8, 28, 31, 32, 70, 97, 110）。これは前世の業と現世の関係に眼が行っているということであり、現世での念仏修行と死後の往生との関係に眼が行っている『極楽記』とは対照的である。ただし、「宿業」（26, 36, 40, 78）、「宿世（の因、の報）」（26, 30, 73, 77, 122, 127）、「宿因」（48, 54, 58, 77, 80, 82, 93）、「宿縁」（18）、「宿報」（27, 122）、「宿善」（47, 53）、「宿習」（24）などの因果応報絡みの語句が多用されているものの、『霊異記』の場合と同様に、『法華験記』でも業因と業果との関係は曖昧で漠然としている事例が多い。ここに因果思想の日本化の進展が見られることは言うまでも無い。

　第3に、『法華験記』には、『極楽記』とは違って、山岳修行の話が夥しく収められている。修行の舞台はほとんど全国の霊山に及んでいる。あまりにも多い比叡山と無名の山を除けば、山城では愛太子山（16, 21, 34, 39, 55, 56, 66）、大和では大峰・金峰山などの吉野山（10, 11, 35, 44, 49, 56, 60,

---

38　基本的には『往生伝・法華験記』（上掲）724-728頁を参照し、私見を加えた。

80, 92, 93)・葛城山（92）、紀伊では熊野山（9, 11, 13, 14, 60, 80, 92, 129）・宍背山（13）、近江では葛河（5, 18）と比良山（18）、播磨では書写山（40, 45）と雪彦山（74）、加賀では白山（89）、越中では立山（89, 124）、伯耆では大山（80）、越後では鳌取山（47）と国上山（79, 81）、下野では二荒山（59）などである。『法華験記』の描く持経者たちは 3 年、7 年、15 年などと年限を決めて、或いは一生これらの山岳に籠って修行するのだが、或いは庵を結び、或いは洞穴に籠り、粗衣を纏い、断食を続け、このような苦行の結果、験力を身につけて魔縁を降伏したり、羽化して空を飛んだり、信じがたいほどの長寿を得たり、鉢や瓶を飛ばして食物を持ってこさせたり、水を汲ませたりする能力を得たりしている。また、多くの護法や童子（20話以上に登場する）に護られたり、鬼神や羅刹を意のままに使役したり、鳥獣も慣れ親しんで食物を運んで来たりする様が語られている。また上記の山々は後の修験道の霊場になってゆくものも多く、彼ら山々を渡り歩く持経者は修験の行者と実質的に同一であり、また第 44 話の「叡山西塔宝幢院の陽勝仙人」が大江匡房の『本朝神仙伝』にも登場するように、彼らには神仙のイメージがある。また、忘れられてならないことは、彼らが同時に密教僧でもあるということであり、また彼らを守護する「護法」や「童子」が、陰陽道に言う「式神（識神）」に相当するということである。従って、加持祈禱の際に必須の託宣或いは憑霊についても（29, 37, 82, 86）、占術についても（36, 42）語られている。『法華験記』においては顕教（法華一乗）・密教・修験・神仙説・呪術が一体なのである。

　第 4 に、『法華験記』には神祇信仰がしばしば見られる。大和では蔵王大菩薩（56, 86, 93）、山城では石清水八幡宮（21）・賀茂明神（70）・稲荷（80）・松尾明神（86）、摂津では住吉明神（80, 86）、近江では比叡山王社（3）、紀伊では熊野権現（86, 129）・美奈倍郷の道祖神（128）、伯耆では大山大智明菩薩（80）、豊前では宇佐八神宮（3, 98）、筑前では香椎明神（116）・香春社（3）、越後では国上山地主神（81）、信濃では信濃神（125）であり、これらは当時の神仏習合の進展の有り方を示している。

　以上の 4 点を纏めると、『法華験記』には平安仏教の縮図が見られると言ってよい。後に『今昔物語集』が『法華験記』全 129 話のうち 105 話を採用したのも頷かれる。

　ところで、日本文学の因果応報思想史上、現報善悪を重視した『霊異記』は現世における善因善果、悪因悪果の貫徹を当然と見なしたので、「悪人往生」など入り込む余地は皆無だった。しかし、平安仏教の 2 本柱、現世安穏・後生善処の後者を志向した『極楽記』になると、確かに悪人往生伝を編もうという意図は生じたが、これは果たされること無く、「善人往生」の奇瑞などの表事ばかりを収めた。それでは、『法華験記』はどうか。ここでもまた善人で埋め尽くされており、善因善果の原則は確かに踏襲されている。ただし善人とは即ち持経者であって、しかもただの持経者でもいけない。それは仙人になったり、極楽や兜率天に往生したりしうるのでなければならない。そのために現世で求められる厳しい条件は深山幽谷での苦行や、正直・柔和・慈悲に象徴される人柄と生活態度だった。しかし、そもそも人間的・倫理的・宗教的条件を身につけて仏の救いに与りうる者など、果たしてどれだけいるだろうか。己の欲する善は行なわず、己の欲せざる悪を行なうのが人というものだからである。世の中は救われざる悪人だらけなのである。ところが、『法華験記』は、悪人でも救われた事例を僅かだが収めている。つまり『法華験記』は、因果応報の原則を破った事例を収録した日本文学史上最初の説話集だということになる。

　『法華験記』第 102 話「左近中将源雅通」を引くことにしよう。

　　左近中将源雅通は、生まれつき正直で、心に諂いが無かった。だが、煩悩に牽かれて数々の悪事を犯した。鳥獣の殺生もした。国司のときには邪見放逸を犯し、朝廷で出世したときには煩悩悪業が好まないのに集まった。しかし彼は若いときから法華経を信仰していた。特に（悪人の成仏、畜生・女人の成仏を説く）提婆品を、毎日 20 遍欠かさず誦し、中でも「浄心信敬、不生疑惑者、不堕地獄、餓鬼畜生、生十方仏前、所生之処、常聞此経、若生人天中、受勝妙楽、若在仏前、蓮花化生」の句を口ずさんでいた。やがて雅通が臨終の時を迎えると、この「浄心信敬」の句を唱えるだけで入滅した。
　　雅通と師檀関係にあった（通称）皮聖が仏前で眠りに落ち、「夢に見らく」（夢に見たことには）、"五色の雲が雅通の寝殿にたなびき、光明が輝き、辺りに芳香が立ち込めていた。妙なる楽の音が雲の中から聞こえ、天から花が降り注ぎ、その中を雅通は西に向かってゆっくりと去っていった"。夢から覚めて、これが雅通の往生の姿であると確信した。聖は夢の虚実を知ろうとして雅通邸を訪ねてみると、昨夜戌の刻に雅通が入滅したということだった。世間の人々は雅通が往生を遂げたのだと語り合った。

　ところが右京大夫藤原道雅はこれを信じずに、こう悪口を言った。"雅通は一生の間殺生不善を行なった。何の善根があって往生できたのか。もし雅通が往生できたというなら、極楽往生しようとする者は、殺生放逸、邪見不善を好むべきなのか"、と。或る時、道雅は六波羅蜜寺に参詣して説教を聴いた。道雅の車の前に 3 人の尼が佇んでいた。その中の 1 人が涙を流して、"私は貧しく年老いて、善根を何 1 つ作らなかった。徒にこうした一生を過ごしたならば、三途を巡るだけだろう。このことを昼夜歎き悲しみ、三宝に祈っていたところ、昨夜「夢みらく」、1 人の宿徳の老僧がいて、汝、歎くなかれ、ただ念仏を修して「直心ならば」、きっと極楽往生するだろう。雅通は、「ただ内心を直しくして、法華を持せしが故に、善根をつくらずといへども、既に往生することを得たり」云々と言った"、と語った。更に尼は、"「この夢を見て」雅通が極楽に往生したのは事実なのだ"、と告げた。道雅は「老尼の夢を聞きて」、初めて信心を起こして、今までの疑惑を晴らした。

　藤原道雅は、悪人が罰を受けることなく善人と同様に往生できるということを認めなかった。彼は善因善果・悪因悪果の伝統的な因果応報を信じていたわけである。もし悪人でも罰を受けずに極楽往生できるなら、往生を求める者はあらゆる悪事を好めというのか、と道雅は批判する。この反論は極論だし、非論理的でもあるが、彼の主張したいことは解る。道雅は、悪人でも往生するという悪人往生は道理に適っていない、と言いたいのだ。これは常識的には正しい。ところが、老尼の「夢」に現れた僧によって、心が正直であり、念仏を修し、法華経を信仰すれば、たとえ何1つ善根を作らない悪人でも、罰を受けることなく往生できるという論理を聞かされた。こうして老尼は「夢」の中の僧の言葉によって、道雅は老尼の言葉によって、古い因果応報の論理を捨てさせられたのである。ここには、世俗生活の悪は往生不可能、善のみ往生可能という従来の「善人往生」の論理が否定され、善はもちろん往生可能だが、悪も往生可能だとする「悪人往生」へと展開してゆく過程が示されている。ただし、無条件に悪が許されるわけではない。要するに、人間生活における悪がいかに深かろうと、法華経読誦や念仏のような宗教的善の前には罰せられる条件とはならない、逆に、宗教的条件が1つでも満たされれば極楽往生できる、と言うのである。だが、これはどう考えても非論理的であるし、宗教は所詮非論理的なのだ、と言って済ましうる事柄でもない。お気づきだろうか。このような非論理がまかり通ったそもそもの切っ掛けが、皮聖の「夢」を周囲の人々が信じ、尼の「夢」の中の僧の言葉を尼自身が信じたことにあるということを。前者の、実際に雅通邸に行ってみたら夢の内容と現実とが一致していた、というのは偶然かもしれないし、後者など「夢」の中に出てきた僧の言葉が正しいという保証は何1つとして無いのである。要するに、これもまたフィクションなのだ。『極楽記』の藤原義孝伝の場合もそうだったが、源雅通往生譚の場合も編者1人の逞しい妄想の産物などではなくて、当時そういうことを信仰していた人々の、言わば共同幻想の産物だと見るべきであろう。その根本的問題がどこにあるかは後で解明することとして、雅通の往生の条件として「直心」や「ただ内心を直しくして、法華を持せし故」が挙げられていることには注意を払う必要がある。悪人にもなお善人たる条件が必要とされたのだ。ここには根強い善悪二元論がある。

　とすれば、普遍的な救済論を構築する上での障害は、救済されるには何らかの意味で善人でなければいけないが、人間は量的にも質的にも煩悩に満ち満ちた悪人ばかりだ、ということではなかろうか。そういう悪人でも往生できることを示す説話が『法華験記』に2つある。それは第97話「阿武の大夫沙弥修覚」と第114話「赤穂郡の盗人多々寸丸」とである。編者鎮源は、悪業を帳消しにする法華経読誦の有り難さを強調するばかりで、事の重大さに一向に気づいていないようだが、ともかく紹介しよう。ひょっとしたら『法華験記』所収の説話は、当時既に存在していた法華経信仰の功徳や観音の霊験・利益を説く唱導僧・聖によって、民衆教化の方便として利用されていたのかもしれない。

　長門国の阿武大夫入道沙弥修覚は、在俗生活の中で猛悪不善、殺生放逸にして、善心が全く無かった。権勢と財産が有り余るほどなのに、悪業の限りを尽くしていた。そのような彼も年老いて病を受け、死を迎えようとしていた。修覚は大勢の法師を集めて法華経を転読させ、除病延命を祈らせたが、遂に死んでしまった。法師たちは皆帰ってしまったが、そこに 1 人の持経者がいた。彼は修覚の後世の抜苦のために、死人に向かって法華経を誦した。法華経第 8 巻の「是人命終、為千仏授手、令不恐怖、不堕悪趣、即往兜率天上、弥勒菩薩所、弥勒菩薩、有卅二相、大菩薩衆、所共囲遶」の文に至ったとき、死人は息を吹き返した。起き上がって合掌し、この文を聞いて涙を流し歓喜して、僧に 6, 7 遍繰り返し読ませた。修覚は聖人に向かって、"あの世に向かっていると、悪鬼が追い駆けてきて引っ張って行きましたが、この文を誦したとき、天童子がやって来て私を引き戻し、人界に向かわせたのです"、と語った。そのとき修覚の病気も治ってしまった。修覚は直ちに道心を発して、剃髪出家した。

　その後修覚は多年法華経を信仰して、一心に読経を続けた。道心堅固で、最後まで悪心を止め、作善を志した。やがてこの世の最後に様々な善根を積み、諸々の沙門を請じて法華経を読誦させた。修覚自身も読誦し、一心に念仏し、臨終正念に住して死んだ。傍らの僧が「夢に見らく」、修覚が、"自分は法華経の力によって兜率天に往生できた"、と語った、と。

　播磨国赤穂郡に一群の盗賊がいた。往来する人の物を奪い、国々を巡って人の物を盗んだ。やがて国を挙げてこの盗人たちを捕縛した。或る者は首を切られ、足を切られ、或る者は生きながら牢獄に入れられた。その中に 1 人の盗人がいた。年は 20 歳余り、強力で勇猛だった。縄で縛り、弓で射たが、矢は跳ね返ってきて、全く体に刺さらない。3 度射たが、矢は刺さらなかった。弓の名手に射させたが、総て跳ね返ってきた。人々は大いに怪しんで、盗人にそのわけを尋ねると、答えて言う、"この矢は刺さったが、全く痛くない。これは観音が助けてくれたのだ。自分は少年の時から法華経の第 8 巻を信仰していて、また毎月 18 日には精進している。昨日の夜、「夢みらく」、僧が自分に告げて、"汝は身を慎んで精進し、よく法華経を読誦して、観音を称念した。我は汝に代わって弓矢を受けよう"、と言った。この夢が覚めた後、今このような苦しい目に遭った。これで解った、夢告のように、観音が自分の代わりに、この苦難を受けてくださったのだ"、と。若い盗人はこう語り終えて、大声で泣いた。居合わせた人々は皆涙を流して、観音の大悲の徳行を感歎し、すぐに盗人を許してやった。その国の追捕使はこの盗人を多々寸丸と名づけて従者とした。

（4）大江匡房『続本朝往生伝』

　以上の悪人往生の例によって、我々は、当時の人々が生前に行なった悪・罪に対する報い・罰が、平生の信仰は勿論のこと、臨終時における懺悔や仏事、しかも他者による法華経読誦によってさえ免れうると思うに至ったことを知る。ここでは既に善因善果・悪因悪果の原則が崩れている。だが、因果応報の原則は更に崩壊して行き着くところまで行く。大江匡房『続本朝往生伝』にはそれを示す格好の例話が 2 つあるのだが、それを引く前に『続本朝往生伝』について簡単に見ておくことにしたい[39]。

　編者大江匡房の『続本朝往生伝』全 42 伝は、構成からして『極楽記』や『法華験記』、及びこれらを踏襲した三善為康の『拾遺往生伝』巻中、巻下と違っている。これらが仏教的な「七衆」の配列を採っているのとは対照的

39　『往生伝・法華験記』（上掲）731-734 頁を参照する。

に、専ら世俗的、或いは官僚的な身分意識に立っている。即ち、国王・公卿・僧網・凡僧・殿上・地下・婦女である。『続本朝往生伝』は『極楽記』を継承しているため、『極楽記』と人物の重複が無いのは当然だが、往生人に対する態度は他の往生伝とはかなり異質で、『法華験記』の持経者に対する態度とも異質である。特に、第 1 話の一条天皇、第 2 話の後三条天皇の 2 人を巻初に配置したのは、編者の個人的な意図はともかく、内容的には必然性を欠いていると言うべきで、伝の過半は往生伝と無関係であり、実際、両天皇とも日常生活では求道的な願生者ではなかった。ただ、編者にとっては、臨終に熱心に念仏したから往生間違いなし、と言うのである。王朝文化の盛時を現出した英明なる一条天皇、自分を抜擢してくれた後三条天皇に対する阿諛追従の現れと見るべきだろう。また他にも、他の往生伝には見られない特異な要素が『続本朝往生伝』にはある。1 つは、占術・相人的要素である。例えば、第 26 話覚真伝だが、鞍馬寺の覚真が年老いて閻魔天を供養した。これは自分の命期、生処、死時、貧乏を免れることができるかを教えてほしかったからである。或る日の「夢」に、鞍馬寺の別当が山から下りてきて、左京の春日小路と左衛門町の間の地区に到り、西辺の第八門に入るのを見た。覚真はこれを判じて、自分が別当と同じ享年の、春、極楽の下品下生に往生すること、貧乏は免れることを知った。死期を判じる話は第 27 話の延慶伝にも見える。もう 1 つは、今引いた覚真伝にも見えたが、匡房が往生の階位に強い関心を示していることである。例えば、第 9 話源信伝（下品）、第 19 話良範伝（上品上生）、第 32 話大江為基（下品下生）、第 42 話源忠遠妻（中品下生）。匡房の浄土信仰は他の往生伝編者と比べるとかなり異質だが、これはこれで院政期の貴族社会の浄土教の有り方を示している。

　さて、予告通り 2 つの伝、「源章任」（第 35 話）と「源頼義」（第 36 話）とを引くことにしよう。

　但馬守源章任は、近江守源高雅の第 2 子だった。母は従三位藤原基子で、後一条院の乳母だった。章任は若い頃から才能を発揮する時運に恵まれ、蔵人の五位に叙せられた。近衛少将、右馬頭を経て、美作・丹波・伊予・但馬の4ヶ国の国司を歴任した。家は大いに富み、珍貨は蔵に満ち溢れ、米穀は地に敷くほどであり、庄園・家地は天下に布き満ちるほどだった。言わば日本の陶朱・猗頓（中国の大金持ち）である。

　章任は毎日阿弥陀経49巻を読むことを往生のための勤めとしていたが、（富貴の人々の往生の条件と見なされていた）寺や塔を建造することはせず、仏事も一切行なわなかった。性格は極めて吝嗇で、国司在任中は貪欲を第一とした。そのような彼も臨終正念して、極楽に来迎を受けたのである。「ここに知りぬ、往生は必ずしも今生の業のみに依らざることを。宿善なりと謂ひつべし。」

　前伊予守源頼義は、代々武勇の家の出で、一生殺生を任務とした。ましてや蝦夷征伐（前九年の役）には鎮守府将軍の任に就き、10年以上ただ戦闘だけに従事した。その間、人の首を取り、生き物の命を断った数は数え切れないほどだった。臨時の恩賞に与って、正四位に叙せられ伊予守に任ぜられた。

　その後、堂を建て仏像を造り、深く罪障を悔いて、多年にわたり念仏し、遂には出家した。頼義が瞑目した後、多くの人々に頼義の「極楽往生の夢あり」。「定めて知りぬ、十悪五逆も猶し迎接を許さるることを。何ぞ況やその余をや。」前話の章任やこの頼義のような悪人でも極楽の来迎を得ていることは、大いに頼もしいことだ。

　編者はそれぞれにコメントを加えて、章任伝では、「ここに知りぬ、往生は必ずしも今生の業のみに依らざることを。宿善なりと謂ひつべし。」と言い、頼義伝では、「定めて知りぬ、十悪五逆も猶し迎接を許さるることを。何ぞ況やその余をや。」と言っている。前者は「前世の宿善」を言い、後者はいわゆる「善人正機」を言っている。前者は、往生の条件を全く欠いた極悪人の往生の根拠であり、後者は、頼義のような十悪五逆の悪人だって往生できる、況や善人をや、と言うのであるから、この2つの伝には平安仏教が辿り着いた往生論、即ち「善人正機論」の究極の姿が現れている、と言える。

　ところで、この 2 つの伝は、どうやら編者自身の経歴と関係があるらしい。つまり、匡房もまた受領として、また大宰権師として、上の 2 人と似た経験をしているようなのである。例えば匡房は延久元年（1069）に美作守になっており、それから 9 年後の承暦元年には、故藤原頼通の御領の千種殿一町を買得している。また大宰権師となって康和 4 年（1102）に帰京した際には、正当に得た物を 1 艘の船に積み、不当に得た物をもう 1 艘に積んで上京した（『古今著聞集』巻 3）と言われている。こういう経歴を考え、また上の 2 人の伝を収録していることから察するに、「前話の章任やこの頼義のような悪人でも極楽の来迎を得ていることは、大いに頼もしいことだ」という匡房のコメントには、彼の赤裸々な往生観が現れていると見ることができよう。

　さて、「宿善」は具体的な内容を欠く単なる語に過ぎず、しかもこの抽象語を根拠として「善人正機」を説くとするなら、これは悪人・凡夫の願望の投射ではなかろうか。「悪人なほ往生す、いかにいはんや善人をや」の「善人正機」から、親鸞の「悪人正機」（「善人なほもて往生す、いはんや悪人をや」）に至るには、或る種の超越、往生論の質的転換が必要とされる。善悪二元論の突破が要求されるのである。「宿善」を持ち出すのは、そうすることで大多数の庶民つまり悪人に往生の希望を持たせるためである、といった説明が為されているが、これは一番肝心な点を忘れている。人を救うのは弥陀なのである。「宿善」という名ばかりの善は、善人でなければ救われず、しかし自分が悪人であることは認めたくなくて、なおかつ救われたいという人の煩悩が拵え上げた条件にすぎない。それは仏を凡夫にまで引き下ろすこと、仏を人間的尺度で測ることである。そこで人間を善人と悪人とに区別しているのは、飽くまでも人間にすぎない。仏からすれば善人も悪人も無い、人間は皆悪人だ、人間であるということ自体が即ち悪である、という透徹した認識が無い。要するに往生伝に現れた浄土教を質的に転換することで中世浄土教が始まるのだが、この点については本書第 2 章で詳述したので再説しない。

（5）　三善為康『拾遺往生伝』『後拾遺往生伝』

　さて、いよいよ平安時代の説話文学と「夢告」との関係を論ずる番である。この「夢告」を最も重視しているのが、三善為康の『拾遺往生伝』『後拾遺往生伝』である。為康は夢告こそが往生を予知すべき表事の最たるものだと確信していた。夢告の重視は中国往生伝に始まり、我が国の往生伝でも一般的であることは先にも見てきた通りだが、為康の場合は際立って多い。それゆえ、為康固有の信仰の有り方を想定すべきだろうが、そこにはやはり院政期という時代相が深く関係していると思われる。「夢告」を中心として為康の往生伝と先行の往生伝との違いに論及することで、「夢告」という表事を支えた院政期の民衆の信仰形態について考えてみたい。

　三善為康は越中国の郡司射水氏の一族に生まれた。年少にして一族の越中権介射水親元の往生を見聞し、これに感動して、往生に深い関心を抱いたと思われる。18 歳の頃に上京し文筆官僚を目指すも、挫折を繰り返した。正六位の位は得ていたものの、52 歳で少内記（正八位相当）を拝任する。勿論、満足すべき職ではなかった。以後の昇進も遅々として進まず、文筆官僚としての一生は極めて不遇だった。律令制下の畿外豪族出身者としては珍しくないが、往生伝作者として見た場合、前代の保胤、同時代の匡房とは大きく異なっている。このような挫折と絶望は、為康の場合、文筆官僚を支えていた文章経国理念の放棄を意味した。彼の信仰は 49 歳頃から急速に強まり、50 歳からは念仏一万遍を唱え、善事を修する毎に極楽に廻向した。その年、『拾遺往生伝』巻頭に記されているような神秘体験（後述）をした彼は省試及科を断念し、来世欣求の信仰を第一義とする生活に入った。皮肉にも、その直後少内記に任官して文筆官僚の末席に連なるが、最早文人貴族としての矜持とは無縁であった。こうした中で彼は『拾遺往生伝』『後拾遺往生伝』を撰述したことになる。

　為康は『拾遺往生伝』巻頭でこう記している。

　　　予慕ふところは極楽なり、帰するところは観音なり。善事を修するごとに、麁細を論ぜず、尽くにその業をもて、かの土に廻向せり。

即ち願を発して曰く、吾順次生において、必ず極楽に往生し、疾く
無生忍を得て、深く諸の三昧に入り、弥陀の願をもて吾が願となし、
普賢の行をもて吾が行となし、観音の心をもて吾が心となし、この
娑婆国土において、当に一切衆生を利すべし。乃至十方世界を利益
すること、またかくのごとくならむといふ。

　ここには、来世での極楽往生を願うことで大乗仏教の菩薩道を実践し
ようという理念が高らかに謳われている。これは極楽欣求と下化衆生の利
他行とを一致させた源信の信仰を髣髴とさせる。だが、こうした信仰を持
つ為康は、自己の浄土往生を果たして確信していたであろうか。彼の生き
た院政期（白河院政後半から鳥羽院政前半）の仏教界では、末法思想の下、
浄土教の爛熟期に当たっていた。豪華絢爛たる阿弥陀堂が次々と建立され
のは功徳主義の現れであろうし、源信・保胤の頃の勧学会・二十五三昧
会の流れを汲む往生講式では歌舞・管弦を交えるように享楽的になり、造
寺造塔を為しえない人々の間では、各種仏行の多数多量を尊ぶ風潮が世を
覆った。念仏も百万遍念仏の興行が流行したことは為康の往生論の随所に
見られるところである。そればかりではない。焼身・入水などの極端な行
為に走る願生者も次々と現れた[*40]。このような風潮によって源信が重視し
た菩提心は覆い隠されてしまった。そうした状況の中で来世を希求する人
は、何によって自己の往生を確信するのだろうか。何らかの「表事」によっ
て証明されうる往生の事実を積み重ねることによる以外に無いだろう。為
康個人の神秘体験を媒介として、「夢告」という表事が大きな意味を持っ
てくるのはそのためである。

　為康は上記の願に続いて、承徳 2 年（1098）8 月 4 日の暁に見た「夢」
に弥陀如来が現前したことを記している。即ち、自分が既に生涯を終えて、
まさに死路に入ろうとしたとき、最後の十念を修し、声を揚げて南無と称
え、西方を見ると、暗夜が自然に破れて光明が忽ち現れた。既に弥陀如来
が丈六の金色の姿を現わしている。高く蓮台の上に坐しておられた如来は、

40　『拾遺往生伝』巻中第 5 話、第 23 話、巻下第 17 話、『後拾遺往生伝』巻上第 4 話、
第 14 話、巻下第 5 話。

徐ろに自分のいる草の庵の前に来られて、金色の手を伸ばして白紙の書を授けたもう。自分は恭しく書を受け取り、仰ぎ見ると、傍らの人が、"汝の命根はまだ尽きないので、この度は浄土へ迎えない。汝には「質直の心」があるので、それを伝えに来たのだ"などと言った、と。彼は忽然として夢から覚め、不思議な気持ちが残った。そしてこのとき彼は「質直の心は浄土の門なり」ということを「夢告」によって知った。法華経寿量品に「柔和質実者、即皆見我身」と言うのは、このことではないかと。しかし彼はまだこの夢が信じ難かったので、再度表事を求めて、康和元年（1099）9月13日、（極楽の東門として信仰を集めていた）四天王寺に参籠し、念仏の行を修し、9日後、百万遍に達した。そこで金堂に詣り、舎利を礼拝した。そして「吾が順次往生の願、弥陀現前の夢、俱に虚妄にあらずは、舎利併せて出現したまふべし」と再三祈請して舎利を写し奉ったところ、「金玉の声」があり、合掌して眼を寄せて見ると、「舎利三粒、数に依りて出現」していた。今や「夢告」こそ表事であると確信した為康は、匡房の『続本朝往生伝』を継承すべく、同様の表事をもつ往生人の伝記集成を決意する。それは、来世を願いながら往生に不安を抱いている人々の往生行を支える利他行であるだけでなく、自己自身の往生の確信をより深めるためであったと思われる。そのことは『後拾遺往生伝』でも、「夢告」が執筆の推進力になっていることからも解る。例えば巻中の序文には、大治2年（1127）に惟宗遠清という学生が見た為康往生の夢が語られている。それによると、1人の老人が西に向かって合掌している。傍らの人に告げて、"諸陵頭の三善為康が今日往生する。その人がそうだ"、と言う。これを見ようとして人々が数多く集まった中を、老人は紫雲に乗って西方に去った。この夢の話を聞いた人は随喜して、口々に「彼の人の決定往生の儀なり」と言った。夢の話は広まり、それを為康に告げに来る人も多かった。そこで為康は「故に黙止することあたはず、後人に示さんがため、予、万一を録して以て巻初に置くとしか云ふ」と結んでいる。また、同巻下でも、保延2年（1136）9月、或る女の見た為康が往生して大蓮華に坐る夢、翌年正月、天台僧永仁の得た為康往生の夢告が語られている。そして藤原宗友の『本朝新修往生伝』には興味深いことが記されている。保延5年6月、病に伏した為康は「来る八月は終焉の期なり」と予告し、8 月 4 日夜、誓願文を捧げ、西に向かって気絶した。それは 40 年前に最初の夢告を得た日と奇しくも同月同日だった。まさしく、夢告に始まり、夢告に終わった、と言うに相応しい人生だった。

　ここで為康の往生伝ならではの「夢告」の話を 1 つだけ挙げておくことにしよう。『拾遺往生伝』巻中、第 24 話はこうである。

　　近江国蒲生郡の一田夫の或る夜の或る夢に、"蔵人所仕人の藤井時武が必ず往生するだろう、上東門裏の宅に行って結縁せよ"、というお告げがあった。田夫が夢から覚めて隣里の人々にこれを告げると、その中の 1 人も同じ夢を見ていた。そこで 2 人は京に上って時武にそれを伝えた。その後、3 人がまた"同じ夢を見た"と時武のところに告げに来たが、淀の津の住人の夢想では、画船 3 隻が海岸にあり、2 隻には人がいたが、1 隻には誰も乗っていなかった。聞けばその船こそ、時武が極楽に行くための船だった。こうして夢想が各人に現れた後、時武は往生の確信を得て死んだのだが、死後その妾の夢に時武が現れて、往生した由を伝えた。

　これを保胤の『極楽記』の夢告が出てくる話と比べると、著しく違うのは、夢告を多数の人々が見ていること、それらの夢に来迎の光景が現れていて具体的だということである。これらの傾向は、続く『三外往生記』にも『本朝新修往生伝』にも見られることを考えると、その背景に、各地に念仏者の集団が生まれ、念仏を通じて集団内だけでなく、他集団との連携も発展してきたことが挙げられる。その証拠として、当時既に聖たちの「別所」（高野山の別所は特に有名である）が成立していた。このような信仰共同体が発達すると、共同体内部では仲間の往生を予告しあったり、往生の瑞相の表事を願ったりすることが盛んに行なわれていたに相違なく、それら共同体のネットワークが成立していたとすれば、前にも触れたように、彼ら願生者は共同幻想に陥っていたと思われる。更にはまた、極楽浄土の姿や来迎の有様を描いた浄土教絵画の発達も夢想の具体的描写に影響を与えたと思われる。為康の夢告には以上のような背景があったのではないか[41]。

　為康の2つの往生伝と保胤、匡房の往生伝とを比較すると、次のような違いも指摘できる。勿論、異相往生人の伝記の集成だという点では、それらは共通している。だが、保胤と匡房とが文人貴族としての知的関心から異相往生人という非日常的な存在を、言わば外部から観察・記録しようとしていたのに対し、文人貴族としての公の生活よりも私的な信仰生活を選んだ為康は、来世願望を内面化し、異相往生人の往生を自分自身の往生に重ね合わせて理解しようとした。それは『本朝新修往生伝』の記す為康の臨終の言葉「往生極楽は信心に在るべし」という「信心為本」の態度である。これは「質直の心」を「往生の門」とした当初から一貫している。この信の重視は中世浄土教への発展を思わせるが、しかし、親鸞や一遍の中世浄土教にはファンタジーもフィクションも入り込む余地は無い。むしろ決然と表象の場を超脱してゆく。神秘とは無縁である。この点において「夢告」を始めとする表事に自己の存在理由を求めようとした為康は、平安時代の、院政期の来世願望者たるに留まった。願望者にすぎないがゆえに、焼身・入水などの頽廃的捨身往生をも拒否しなかった。この点では焼身往生を記す蓮禅の『三外往生記』も例外ではない。

　異相往生人の伝記集成である往生伝・験記がその役割を終えるのは、法然が現れて専修念仏による普遍的往生理論を確立した時だった。ただし、法然の入滅時に表事を期待して人々が集まったように（実際には『愚管抄』が「サシタル事モナシ」と伝えているように、瑞相は無かったようだ）、異相往生に対する世の関心が衰えることは無かった。

（6）『今昔物語集』

　『極楽記』や『法華験記』の伝記はその他の資料とともに、平安時代最大の説話集『今昔』の仏教説話の原典となった。『今昔』では教理性が剝

41　『往生伝・法華験記』（上掲）752-753頁を参照のこと。

落して、信仰の説話から伝奇性を主とする興趣の説話に変身した、と言われる。確かに、様々な系統の類話を統合して、細かなエピソードを加え、表現も彩りを増していることは事実である。しかし、『今昔』は先行説話や諸寺縁起を娯楽性の観点から改編しているわけではない。本書第 1 章の神仏習合を論じた際に触れたことだが、『今昔』は院政期に知識人の間に広まった本地垂迹思想を意図的に排除し、日本仏教史を神仏習合の進展過程と見るという一貫した構想をもっている。そしてその構想の下に、諸寺縁起を配列・整理し直そうとしたのである。また、『今昔』が『極楽記』や『法華験記』などの先行説話を本尊の霊験説話・観音霊場参詣勧進説話へと改編しようとした場合にも、その背景には『今昔』の成立と唱導との密接な関係があった。元々往生伝には聖たちが唱導・伝承していた説話を編者が採録したものも少なくなかった。唱導教化には因縁譬喩説話や異相往生譚がしばしば引用され、その目的に沿うために説話集の形成が促された。また、『今昔』の説話編集には唱導の名人たちが参加し、唱導手控えの集大成が『今昔』成立の重要な基盤になったと言われている。恐らく 11 世紀後半から 12 世紀にかけて、要するに三善為康たちの時代だが、観音霊場への参詣勧進が唱導僧たちによって積極的に行なわれ、その過程で『霊異記』や『法華験記』以下諸書の観音説話の改編が為されたのだろう。その背景には院政期に盛んになった聖の唱導が考えられる。『今昔』に収められた観音霊場参詣勧進説話の多くは、伝統ある有名寺院の勧進を請け負った唱導の聖たちによって運ばれたのだろうが、更にその背景には寺院教団から離れて民衆に布教活動を行なう有名無名の多数の聖たちが存在した。『法華験記』にも登場した、山寺や洞穴に住みついて験力を得ようと深山幽谷で苦行に明け暮れた持経者や密教僧や山岳修行者がそれである。それらの霊場は、聖が名声を得るとともに新たな霊場として人々の参詣を集めることになった。後の西国三十三所観音霊場には、こうして形成された聖の「別所」が多い。そして、こうした聖の修験的霊場巡りが当時「巡礼」と呼ばれ、三十三所巡礼を成立させる。

　他方、『今昔』の原典となった往生伝・験記などの説話の側から見れば、聖を中心とする伝承過程で、信仰を同じくする人々の心を一層強く捉える効果を上げるために、異相往生や奇瑞に作為が加えられ、唱導の芸能化も生じた。そうした芸能化の作為は採録する説話編者の文人趣味にも合っていたために、往生伝・験記は記録としてだけでなく、伝文学として仏教説話へと発展する可能性を内包していた、と言える。

　ところで『今昔』の仏教説話もまた、先行説話を採録している以上は当然のことだが、（勿論、日本的変質を経た形での）「因果応報」を重視している。ただし、『今昔』編者は因果応報を理法として説くことはせず、説話の中で、また説話を通して語りかけ、民衆を教導するという方法を採っている。それはこの大規模な説話集の隅々まで張り巡らされている。「因果を知る」ことが仏家の欠くべからざる資質として重視されているが、『今昔』は具体的事例としての説話によって、それを示すことに力を注いだ。その際には当然、先行説話を改変することも辞さなかった。例えば、『今昔』巻14、第37話「方広経を誦せしめて父の牛と成るを知ること」は、『霊異記』第10話「子の物を偸み用ゐ牛と作りて役［つか］はれ異しき表を示す縁」を原拠としているのだが、『霊異記』で、被［ふすま］を盗んで逃げようとした僧の前に牛が現れる場面では、『今昔』は、これを「夢」の中での出来事として描いている。つまり、僧の夢に牛が現れ、自身の過去世を語るというふうに変えているのである。『今昔』では、人と動物との言語を介しての交渉は夢の世界でのみ許された。このように『今昔』は依拠資料を改編する際に、既にそれらを合理化し「物語化」している（次項参照）。だがそれでもやはり、芥川龍之介が『今昔』説話を近代小説に作り変えようと悪戦苦闘したように、『今昔』は近代小説からは遠い平安時代の伝承の所産なのである。

4　夢告と託宣──「モノ語り」から「物語」へ

　平安時代の人々は「夢告」によって自分の往生・救済が証明されると信じたが、彼らにはもう1つ信じていたものがあるようだ。それは「託宣」である。

　夢告が浄土教に付き物であるように、託宣は密教や陰陽道に付き物である。そして、夢が単なる個人の夢想から共同幻想にまで高まると或る種の現実として流通するように、託宣の語りが託宣儀礼という文脈から切り離されると、モノ語りは物語（伝説）として独立するようになる。というのはこうである。——既に見たように、日本人は仏教伝入後も、輪廻の主体は「心」ではなく、「タマ」（霊・魂）だと思ってきたのだった。タマとは、言い換えれば、「モノノケ」（物の怪・物の気）の「モノ」である。すると、憑坐にモノが憑依して語る（託宣する）憑霊説話が原初的な「モノ語り」だということになる。当然、死者のタマも「モノ」である。すると、論理の飛躍を承知で言うなら、軍記物語の代表である『平家物語』も、極論すれば、その素材レヴェルでは平家や源氏の武者や俊寛僧都たちの亡魂の「モノ語り[42]」であり、従って、原『平家物語』は憑霊説話の集成だったのではないだろうか。更にはまた、神話や伝説、昔話や民話も、それらの始まりは全て「モノ語り」であり、モノ語りが「物語」化したものではなかろうか。

　私の仮説を予め示しておこう。

　例えば、或る村に（村人たちにとっては）原因不明の災厄が立て続けに起こったとしよう。次々と死人が出るとか、疫病や飢饉が起こるとか等々。いろいろ手を打っても一向に状況は好転せず、村人たちは困り果てて、その原因を託宣による占いで知ろうとした。村人たちは祈禱師を招き、祈禱師は儀礼を始める。すると、憑坐に神霊か悪霊かが憑き、託宣して、こう語った。"昔、この村の祖先たちが、村に逃げ込んだ落武者を匿うふりを装いながら殺害したことがあった、騙された落武者は死に際に、お前たちの孫子の代まで祟ってやる、と言った。その怨霊の祟りでこれらの災厄が起こっているのだ"、と。村人の誰も知らない昔の、思いもよらない内容を語るこの託宣に対して、村人たちは、初めは半信半疑だったが、結局は信じて、祟りを鎮める儀式を行なったところ、災厄は止んで、村は平穏な日常に戻った。

42　ただし、『平家物語』の場合は、厳密に言うと、「モノが語る」のと「モノを語る」のと両方の場合があると思われる。戦闘の現場に居合わせ、生き残った者たちからの聞き書きの場合は後者であろう。

　この場合、村人たちがこの託宣を「本当だ」と受け取ったときから、この託宣（モノ語り）は「物語」として流通し始める。そもそも初めは、不可解な結果（災厄）からその原因を探索する方向を辿っていた。そして、その原因らしきものが託宣（モノ語り）によって特定され、村人はそれに納得して、供養等をした後に災厄は止んだので（止まなければ、全てはまた振り出しに戻るだろう）、原因（落武者の祟り）として確定した。このようにして、当初は理解不可能だった災厄は、託宣によって物語りうるもの、理解可能なものに変換されたのである。ところが、災厄が一旦理解可能なものとなり、言い換えれば落武者の祟りが災厄の原因として確定すると、今やその方向は逆転して原因から結果へと事が推移したかのように作り変えられる。つまり、出来事は次のように変容するのである。――昔、この村に逃げ込んだ落武者がいた。村人たちは落武者を匿うふりをしながら油断の隙を突いて殺した。その後、子孫や村に災厄が次々と起こった。それは殺された落武者の祟りだった。そこで村人はその怨霊の供養を行なった。すると怨霊は成仏して祟りは鎮まった、という具合である。

　ここには「託宣」（モノ語り）が介在して決定的な役割を演じている。これが無ければ災厄は理解不能のままで、人々は困惑したままであろう。災厄が続くという単なる出来事が「物語」となって初めて人々は納得し、安心する。これが「モノ語り」から「物語」への転換であり、「物語」成立のメカニズムである。ただし、夢告の場合もそうだったように、託宣の場合も、その内容が本当であるかどうか、原理上誰にも知りえない。なぜこういう事態に立ち至るかと言えば、人間が或る出来事の生起を或る「原因」の「結果」だと信じて疑わないからである。問題は人間の知性の構造そのものの粗雑さに由来する。因果応報思想は、どれほど世の中で有意味なものとして機能しているとしても、胡散臭いことに変わりはない。因果に基づく救済は全て虚妄（ファンタジー）、虚構（フィクション）にすぎない。だから真の救済は因果の超脱にこそある。

　以上のような見通しを持っている私は、以下で往生伝や験記にもモノ語りが物語へと変容するメカニズムを追跡しようと思う。ところが、往生伝において重視されるのは現世―来世の因果関係であるから（ただし、仏教がいかに精緻な議論を展開しようと、現世と来世、現在と未来は「因果」
の関係にはない[*43]、だから念仏と往生との関係は因と果との関係にはなり
えないのだが）、登場するのは「夢告」ばかりで「託宣」はほとんど登場
しない。他方、『霊異記』や『法華験記』は現報中心とは言え、前世の業
の報いを語る説話も多いため、「託宣」或いは憑霊説話は少数ではあるが
在る。しかし、残念なことに託宣のメカニズムを明らかにするほど詳しい
記述は少ない。それゆえ、以下では中世の『宇治拾遺物語』をも援用して、
このメカニズムを解明してみたいのである。もっとも、この点に関しては
小松和彦[*44]の優れた業績がある以上、それを紹介する形で解明を進めて
ゆこう。

　平安時代、原因のはっきりしない病気や死は、一般に「モノノケ」の
せいにされた。「モノノケ」が体内に入ったり、体に付着したりすると、
そういう不幸が起こると思われていた。「モノノケ」とは、生霊、死霊、
神霊などの精霊が人間に対してマイナスの作用を及ぼす場合に用いられる
漠然とした概念である。モノノケは生きている健康な人を不幸に陥れよう
と常に隙を窺っているが、我々が彼らの活動を知るのは、病気と死と出産
などに際してである。人々は、病人の体内に憑いているモノノケを祈禱に
よって祓い落とせば病気が治ると考えた。「験者」と呼ばれる密教系の祈
禱僧は、陰陽師と並んで、モノノケを祓い落とすことのできる能力を持っ
た人たちだった。彼らは一種の呪医であり、彼らの名声は、どれだけ多く
の、どれだけ重い病気を治したかによって決まった。有名な験者としては
叡山無動寺の相応、信貴山の命蓮、三井寺の心誉、白山の泰澄などがいる。
彼らの本尊は様々だったが、不動尊や毘沙門天が多かったらしい。祈禱の

43　因果関係の成立の要件については、『サンサーラ 第 2 部 インドの輪廻思想』163-
166 頁を参照のこと。簡単に言えば、因果関係は前進的ではなく、背進的・遡及的に
しか語りえない。例えば、今ペンがここに在るという原因がいかなる結果をもたらすか
と問うことは無意味であるが、今ペンがここに在るという結果はいかなる原因に基づく
かと問うことは有意味である。ただし、有意味であるのは見かけだけであり、因果関係
は事後構成的であるから、所詮は粗雑な代物である 。

44　小松和彦「護法信仰論覚書」（『憑霊信仰論』講談社学術文庫、1994 年、所収）
229-277 頁、及び「悪霊憑きから悪霊物語へ」（『悪霊論』ちくま学芸文庫、1997 年、所収）
217-236 頁。以下の本文での記述は、特に後者の論文にほぼ忠実に沿いながら進めて
ゆく。

際に唱えたのは梵語の呪文や陀羅尼、法華経、仁王経、大日経などが中心的だったようである。

　それでは、験者はどうやってモノノケを調伏したのだろうか。調伏儀礼（＝病気治療儀礼）は次のように推移する。

　　(a)或る人が病気になる。
　　(b)病気を治す呪力を持つ験者が招かれる。
　　(c)験者は卜占で、病気の原因を占い、モノノケが病人に憑いていることを知る。
　　(d)験者は病人の許で、病気が治るための祈禱を行なう。
　　(e)祈禱を続けているうちに、病人の口を借りてモノノケが語り始める、もしくは、験者の用意した"憑坐"の口を借りてモノノケが語り始める。
　　(f)モノノケの託宣（＝語り）によって、モノノケの正体が明らかになる。
　　(g)験者は祈禱を続けることで、自分の操作している"護法童子"をモノノケと戦わせる。
　　(h)護法がモノノケを追い払うことができれば病気が治り、モノノケの力が強ければ病気は治らず、病人は死ぬ。

　以上のモノノケ調伏（＝病気治療儀礼）の過程は、（1）傍らで見ている者の眼に映る、験者の実際の行為という契機と、(2) 傍らの者には見えない、験者の観念の中で生じている事柄という契機、これら2つの契機から成り立っている。前者は、験者が病人の前で祈禱を続け、病人や憑坐の口を借りてモノノケが何事かを語れば問答するという一連の出来事であり、後者は、当時験者が想像していた、モノノケの病人の体内への侵入と、護法童子とモノノケとの戦いという出来事である。しかもこれら2つの出来事は結合している。そして、この儀礼で決定的役割を果たしているのは「モノノケの託宣」である。この託宣があるからこそ、「病気」は人々によって物語りうる、理解可能な出来事へと変換されるのである。つまりモノノケの託宣によって病気は物語化されるのだ。そのような事例を幾つか見てみよう。

　先ず、モノノケの正体が狐霊だった説話（『今昔』巻 20、第 7 話）で、調伏儀礼の様子を語った部分である。

　　今は昔、染殿の后と申し上げる方は文徳天皇の御母だった。良房太政大臣の娘である。大層美しい方だったが、常に「物ノ気」（以下、「モノノケ」に統一）に煩っていたので、様々な祈禱をさせ、験力ある験者に修法もさせたが、一向に効果が無かった。そのようなとき、大和葛木（葛城）の金剛山に、鉢を飛ばして食物を運ばせたり、瓶を飛ばして水を汲ませたりできる験力無双の聖がいるという噂を耳にする。そこで早速この聖を召す。聖が参内して后の前で加持祈禱をすると、その験は顕著で、后の一人の侍女に忽ち「神」（モノノケ）が憑いて走り叫ぶ。聖がますます祈禱すると、侍女は「縛ラレテ打チ責メラルル」状態になった。そのとき、女の懐から一匹の老狐が出てきて倒れて転んだ。聖は人に狐を捕まえさせて、これを教化した。后の病は一両日で治った。

　ここでモノノケの正体は老狐だったことが知られるわけだが、この箇所で語られているのは、モノノケ調伏儀礼の 2 つの契機のうち、（1）可視的な行為の契機だけである。（2）験者の内面的出来事の契機は僅かに、侍女が「縛ラレテ打チ責メラルル」状態の中に暗示されているにすぎない。小松和彦はここを、「女は呪縛された状態、つまり何者かに（おそらくは護法であろう）打ち責め立てられて苦しんでいる状態になった」と、「おそらくは」を付け加えて極力控えめに記述しているが[45]、日本古典文学全集『今昔物語集』の当該箇所[46]の頭注は、「加持の呪力によって縛られたわけで」云々と、まるで加持の呪力が見えるかのように記している。だが、「護法」にせよ「加持の呪力」にせよ、いずれも言い過ぎなのであって、周囲の人々には、侍女がもがき苦しむ動作しか見えていない。

45　小松和彦『悪霊論』（上掲）223 頁。
46　『今昔物語集 三』（小学館、昭和 49 年）52 頁。

　ところで、老狐が憑坐となった侍女の懐から出てきたというのは、いかにも胡散臭く、周囲の人々にモノノケの正体が狐であると信じさせようとして、金剛山の聖がマジシャンよろしくタネ（ここでは老狐）を仕込んでおいたのかもしれない。小松の指摘によれば[47]、時代は下るが、足利義持の病気を治すために祈禱を行なった祈禱師たちが、病気の原因を狐のせいにしようとして、その証拠となる狐を密かに病床に持ち込んで放そうとしたところ、露見して流罪になったという（『看聞御記』）。金剛山の聖の場合も、これと同じトリックを使ったことは充分考えられる。いかに加持祈禱や呪術が全盛の時代とは言え、人を騙して信じさせるには証拠が必要だったのだろう。事情は今も変わるまい。

　さて、侍女に「神」（モノノケ）が憑いて走り叫んだ、という記述から、モノノケが侍女に憑いて託宣をしたらしいことは判るのだが、何を口走ったかまでは書かれていない。その狐がどこの狐で、なぜ后に憑いたのかを聞いたであろう人々は、后の病気について物語ることができたはずだが、残念ながら我々に分かっているのは、その結末部分で、その老狐が“金剛山の聖の験力によって祓い落とされたのだ”と語るだろう、ということくらいである。

　そこで次に、モノノケ調伏儀礼ではどのような託宣がなされるか、を別の説話（『霊異記』下巻第 2 話）から考えてみよう。

　　興福寺の永興禅師が熊野の或る村で修行していたとき、村人の病気を治すために祈禱を頼まれる。永興が病人に向かって呪文を唱えると病気は治まり、祈禱の席を外すと悪化する。こういうことが繰り返されたので、永興が今度こそは必ず治してみせると誓って呪文を唱えた。すると何ものかが病人に憑いて、病人の口から、“私は狐だ、容易には調伏されないぞ、禅師よ、無理に呪文を唱えるな”という言葉が語られた。“なぜだ”と問うと、“この病人は前世で私を殺したので、その怨みを報いるためだ。この人は死ぬとすぐに犬に

47　小松、同、224 頁。

生まれ変わって、今度は私を殺すだろう”と答えた。禅師はこれを聞いて不思議に思い、教え諭したが、狐の霊は病人から離れず、殺してしまった。

　1年後、先の病人が寝ていた部屋で、永興の弟子が病気になって寝ていた。すると或る者が犬を連れて永興の傍にやって来た。その犬が吠えて首輪や鎖を引きちぎろうとしたので、永興は飼い主に、犬を放してやるよう言った。犬は病気の弟子の部屋に駆け込み、狐を咥えて引き出してきて、殺してしまった。このことから、死んだ人が犬に生まれ変わって、前世の怨みを報いたのだ、とはっきりわかる。

　この説話では、狐の霊は怨みのために人に憑くとされ、その怨霊としての狐が病人の口を通して託宣を行ない、その託宣の語りが、この病人がなぜ病気になったのかを明らかにしている。託宣の中のモノ語りがそのまま病人の物語であり、そのまま病気の物語なのである。従って、このような病人の物語が人々に受容される過程で、託宣という病気平癒の儀礼と結びついて発生した物語だということが忘れられるに至ると、次のような物語が生まれるようになる。——或る村人に前世で殺されたという狐がその村人のところに現れてとうとう殺してしまったが、殺された村人が今度は犬に生まれ変わって狐を見つけ出し、遂に噛み殺して怨みを報いた、と。最早ここに託宣は必要とされていない。託宣を通じて発生したモノ語りが、その発生基盤であったモノノケ調伏儀礼から切り離されたとき、別の形態をもった物語に変容し、独り歩きし始めるのである。このような変容は物語の伝承の過程で絶えず行なわれるはずであるから、上の狐と犬が互いに怨みを晴らす説話の場合も、既に最初のモノ語りから切り離されてしまっていることは充分考えられよう。景戒が採録した話である以上、勿論典拠があったはずだが、しかし典拠があるということは、モノ語りが物語へと既に変容してしまっているということでもあるわけだ。実際にこの説話でも、前世で狐を殺した村人のモノ語りは完全に捨象されている。しかも、託宣そのものの信憑性という根本的な問題もある。とすれば、「夢告」の正しさを証明するものとしての舎利出現とか正夢とかが持ち出されたように、託宣の正しさを証明する何かが無ければならないはずである。

　実際、染殿の后の説話でも、託宣の正しさを証明するものとして、金剛山の聖は祈禱によって、最後に侍女の懐から狐を飛び出させているのだった。上の狐と犬の殺し合いの説話の場合はどうだろうか。1年後の話として、狐が犬に噛み殺された、というのがそれに相当するだろう。どちらの場合も、現場に居合わせた者たちにとって、狐という、生きていて眼に見える証拠は、これ以上無いほど確かな証拠だったろう。ただし、どちらの説話の場合も、それらがトリックでなかった、とは言い切れない。

　以上2つの事例の場合は、モノノケ調伏儀礼を構成する2つの契機のうち、（1）験者の行為の面に重心が置かれていた。それゆえ、験者が祈禱し続けているときに、（2）験者の内面で繰り広げられているはずの出来事の面が全く記述されていない。験力とか調伏とは言うが、その内実が不明なのだ。それでは金剛山の聖は、また興福寺の永興禅師は、モノノケとどう戦ったのか。護法はそこにどう関係しているのか。

　次の事例は、護法の具体的活動はよく判らないが、しかし少なくとも験者が護法をモノノケ調伏に動員していた、と思われていたことが判る説話（『今昔』巻27、第40話）である。行論に関係する前半部だけ要約しよう。

　　モノノケに憑かれて病気になっている人の家があった。そこで験者が「物託」（＝憑坐）の女にモノノケを憑かせて託宣したところ、"俺は狐だ。祟りをしに来たのではない。この家にある食べ物が欲しくてやって来たのだが、（こうして験者の操る護法に）捕えられてしまった"、と語った。そして憑坐の女が懐から白い小さな蜜柑ぐらいの大きさの玉を取り出し、お手玉をしたので、見ていた人は、"綺麗な玉だ。だが、あれはこの憑坐の女が初めから懐に持っていて、人を誑かそうとしているのだろう"、と疑わしく思っていると、若侍が進み出て、女が投げ上げた玉を素早く奪い取ってしまった。すると女に憑いた狐が悲しんで言う。"ひどいことをする。玉を返してくれ。たとえその玉を得たところで、使い方を知らないから何の役にも立つまい。俺はそれを取られると大損になる。だから、その玉を返して

くれなければ、俺はあなたを末永く敵とするつもりだ。もし返して
くれれば、あなたを神のごとくに思い、あなたに付き添って守って
やろう "、と。

　これを聞いた若侍は、" 必ず守護神になってくれるんだな。お前を
押さえ込んでいる「護法」にそれを誓えるか " と言うと、狐は、"「護
法」もしっかりお聞きください。玉を返してもらったら、たしかに
あなたの守護神になります "、と答えた。そこで侍が玉を憑坐の懐に
返してやると、狐は喜びの言葉を述べて、験者の祈禱に追い立てら
れて病人から去っていった。

　その後、人の憑坐の女の懐を探ってみたが、玉など全く無い。そ
れで人々は、確かにあの玉は病人に憑いていた狐の持ち物だった、
と知った。

　この話から明らかなように、モノノケを追い払うために「護法」が用い
られた、と当時の人々は信じていた。モノノケが憑坐の口を借りて正体を
現すのも護法の力によってであり、病人や憑坐の体から退散するのも護法
の働きによってであった。とすれば、もしこの事例が託宣の儀式から切り
離されて独立したら、どういう語られ方をするだろうか。恐らく、こうな
るはずだ。——或る狐が食物欲しさに或る家の中に侵入して食物を物色し
ていた。これを偶々見つけた若侍が狐を取り押さえ、狐が大事にしていた
玉を取り上げてしまった。狐はこれを歎き悲しんで、侍の守護神になるこ
とを約束して玉を返してもらった。その後侍は狐の守護を得て艱難辛苦を
乗り越え、立身出世したということだ。

　実際に、この説話の後半部はそのように展開している。これはやはり『今
昔』において前代の説話より物語化が進展している証左であろう。そして
それは、託宣のモノ語りが捨象される傾向と軌を一にしている。

　さて、以上の行論は、（1）儀礼的側面から（2）験者の内部での出来事
へと移ってきたことは事実だとしても、それでも前者に傾いていたと言わ
ざるをえない。そこで次に、モノノケのモノローグのような説話を見てみ
よう。『拾遺往生伝』巻上、第 15 話はこうである。これは一風変わった構

成になっている。

　　沙門長慶は幼くして叡山に上り、早くに比丘になった。急に発心して、世事に執著せず、北山の施無畏寺の住職になった。延久 5 年秋、西を向き念仏して亡くなったのだが、亡くなる前に弟子たちにこう遺言した。自分が死んでも葬式はするな、ただ山頂に遺体を置いて 3 日後に棺の蓋を開けよ、と。弟子たちがその通りにすると棺の中は空だった。そして様々な奇瑞があり、人々は皆それを歎美した。

　　それから数年後のこと、民部大輔中原忠長の娘が、大分前から邪気に悩まされていたので、周囲は有験の僧を招いて加持祈禱させた。邪気が（娘か憑坐か記述は無いが、恐らく憑坐に）憑いて、" 俺は天狗だ。さしたる怨みがあって憑いているわけではない、云々 " と言う。そしてこの託宣に便乗して、天狗は次のような昔語りをした。

　　" 昔、食物を求めて或る古い宮に入ったところ、俺の気に触れて后が病気になった。或る人が、北山の長慶上人を招くとよい、と言った。俺（天狗）は、長慶なんて畏れるほどじゃない、と思った。招待に応じて、先ず総角の童子（護法童子）が 1 人杖を持ってやって来た。そんなことでは俺は畏れない。次に、上人がやって来た。上人には 2 人の総角の童子が随っていた。その童子たちは眼を側めて俺を睨んだ。俺は恐れる気持ちはあったが、まだその場を離れなかった。ところが上人が不動火界呪で加持したときに、総角の童子が十余人、杖を持って俺を追いかけ、襲ってきた。俺は逃げようとしたが、四方上下に鉄網を張り巡らしたので、逃げ場が無い。俺は火焔の中に追い込まれ、身を焦がして羽翼も焼け、身も爛れてしまった。そこで命からがら逃げ去った。

　　それ以後、俺は上人を怨んで、苦しめてやろうとつけ狙ったが、3 年間遇わなかった。3 年経って、やっと上人を見たが、上人は病気で死ぬところだった。近づこうとしたが、毘沙門天王が常に枕の近くに立っているので近づけず、臨終のときには四大天王たちが迎えに来ていた。こういうわけで、とうとう上人に近づくことができず、遠くからその様子を見ているだけだった。聖衆が空に満ちて、雲から音楽が聞こえた。上人は既に蓮台に乗って西を指して去った、云々〝、と。

　当時の人が天狗の言った日時を調べると、まさに上人が遷化した日だった。

　この話が一風変わっているのは、モノノケ調伏儀礼の中で正体を現した天狗が、中原忠長の娘に取り憑いた理由を託宣するのではなく、それとは全く関係の無い事柄、つまり、かつて自分が憑依して病気にした后の加持祈禱のためにやって来た上人と護法童子から、自分がいかに酷い目に遭わされたか、を語っている点にある。何よりも重要なのは、天狗の語りが、験者が行なうモノノケ調伏儀礼の、眼に見えない領域で行なわれている護法とモノノケとの戦いを、モノノケの側から、しかも具体的に語っていることである。これが祈禱中の験者の中で進行している出来事なのである。これこそまさにモノ語りの物語化であろう。

　逆に、護法の側からの物語（『宇治拾遺物語』巻 1、第 9 話）もある。

　これも今は昔、高陽院造らるる間、宇治殿御騎馬にて渡らせ給ふ間、倒れさせ給ひて、心地違はせ給ふ。心誉僧正に祈られんとて、召しに遣はす程に、いまだ参らざる先に、女房の局なる女に物憑きて申して日く、「別の事にあらず。きと目見入れ奉るによりて、かくおはしますなり。僧正参られざる先に、護法先だちて参りて、追ひ払ひ候へば、逃げをはりぬ」とこそ申しけれ。則ち、よくならせ給ひにけり。心誉僧正いみじかりけるとか。

　要するに、宇治殿（藤原頼通）が病気になったが、これを心誉僧正の祈禱で治してもらおうとしたところ、僧正が来る前に護法が憑坐に憑いて託宣した。それによると、先発隊の護法がモノノケをキッと睨んで追い払ってしまった、というのである。

　いよいよ最後は、護法と病人の側に立った託宣の事例（『宇治拾遺物語』

巻15、第6話）である。これは極楽寺の僧の祈禱によって堀川の太政大臣藤原基経の病気が治る話であるが、本項だけでなく本節全体の纏めにもなっているように思われる。要約しよう。

　　藤原基経が流行病を重く患った。名のある験者は皆招かれて祈禱をしたが、一向に治らない。ところで、基経が建てた極楽寺の僧だけには、なぜか声がかからなかった。極楽寺の或る僧は、寺を建ててくれた恩人のために、お呼びが無くても参ろう、と思って基経の御殿に参った。物騒がしかったので、僧は中門の廊下の隅に屈んで、一心に仁王経を読み奉っていた。4時間ほどして、基経から、"極楽寺の僧の某という聖が、ここにいるか"と、僧を呼ぶようにという仰せがあり、基経の寝所に通された。病気が重かったのに、この僧を召す基経の様子はこの上なくよいように見えたので、人々が不思議がっていると、基経は「夢」の中で、このような出来事があった、と言う。

　　"恐ろしい姿の鬼たちが私を責めていたが、中門の方から杖を持った童子が入ってきて鬼たちを追い払ってくれた。私が、"お前は何者だ"、と尋ねると、"私は極楽寺の僧に仕える護法です。主人の僧の命令で、こうして鬼を追い払うためにやって来ました。その僧は中門の近くにいます"、と答えた。すると夢から覚め、気分がよくなったので、その礼を言おうとして呼んだのだ"、と。

　この話は基経に護法が憑依して語ったのではなく、護法が基経の「夢」に現れて語ったものだが、この説話での「夢」はまるで「託宣」であるかのようだ。「夢告」が遂に「託宣」と化したわけである。すると「夢告」も「託宣」と同様に、それぞれの文脈から切り離されたとき、「モノ語り」は「物語」（フィクション）に変容することになる。

　以上、モノ語りから物語への展開を具体例に即して見てきた。この展開は、第1に、「夢告」によるせよ「託宣」によるせよ、現実の虚構化の進展である。往生伝と験記は、いずれも当初の生々しい現実性を失って説話化した。より適切に言えば、説話化の途上にある。従ってそれはファンタジー化、フィクション化の傾向を必然的にもっている。それは、端的には「現実の生」からの無意識的な逃避を意味する。ただし、勿論それは、平安時代の人たちが、ただ気楽に、生きているうちは「現世安楽」を願い、死が近づくと穢土たる現実世界を厭離して浄土を欣求し、「後生安穏」を願ったことを意味しているわけではない。そうではなくて、それは「真実」を求めて浄土往生を真剣に願えば願うほど、却って「虚構」に堕し、嘘くさくなる、という逆説を意味している。ところで、モノ語りから物語への展開は出来事が因果系列に則って語られるようになることと同時並行である。従って第2に、モノ語りの物語への進展は、第1点と矛盾するようだが、物事の客観化の進展であるかのように見える。そしてそれは説話文学が生々しい伝承に基づきながらも、その伝承性を喪失することで歴史的事実の客観的描写（ノンフィクション）に成ろうとするということでもある。ところが、それは実際には虚構に他ならないのだった。なぜこうした誤認が生じるのか。それは、客観的法則と見なされている因果応報そのものが、本質上虚構だからである。それほど人間の「客観性」や「事実」への信仰は根深い。だから、もし中世文学が平安文学を突き抜け、つまり「虚構」を打ち破って「真実」を摑もうとするなら、当然のことだが、何らかの仕方で因果思想とそれへの欲求を突破・超脱しなければならない。

　だがその前に、平安文学には「作り物語」という一群のフィクションが花開いたことを無視してはなるまい。当然、フィクションの作者たちは「虚構」と「真実」、或いは「現実」と「虚構」の関係に自覚的だったはずだ。だとすれば、「虚構」（フィクション）を自覚的に作り出す「作り物語」作者たちは、自己の置かれた「現実」と「虚構」との関係をどう見ていたのだろうか。また、「真実」はどこに求められたのだろうか。

第2節　かな文学の系譜

1　『竹取物語』

　作り物語と因果応報の関係、これが第2節のテーマである。が、しかし、作り物語は日記や和歌などのかな文字文学の中に位置づけられるため、以下では適宜それらにも言及しながら論を進めてゆくことにしたい。

　作り物語は、当然ながら「虚構」である。虚構としての物語が、これまた虚構としての因果応報を単に用いるだけならば、底の浅い荒唐無稽な話に堕することは目に見えている。従って、作り物語の作者は虚構をいかに現実に関わらせ、虚構によっていかに真実を描くかに腐心するはずである。この点に関する諸問題を究明してゆくことにしよう。

　最初は『竹取物語』である。「物語の出で来はじめの祖」（『源氏物語』「絵合」）と呼ばれるこの現存最古の作り物語は、本書のテーマにとって複数の意味で重要である。先ず、これは因果応報説の1つの典型的形態である「輪廻転生」を物語化した最初の試みと見なしうる。「月の都」の人であった「かぐや姫」は「罪をつくりたまへりければ」この「穢き所」に転生してしばし滞在し、「罪の限果てぬれば」再び天の世界に帰ってゆく。竹取の翁に竹の中にいるところを発見されたときには僅かに「三寸ばかりなる人」だったかぐや姫が、たった3ヶ月ほどで成人し、この地上の世界を去るときには「天の羽衣」を着せられて「心異になる」のであるから、なるほど『竹取物語』は天上界と人間界という2つの世界の間で繰り広げられる転生物語だと言えなくもない。次に、因果応報思想一般から見るならば、この物語は、かぐや姫がいかなる悪業の報いでこの世界に転生したか、いかなる善業の報いで天上界に帰ってゆくのか、全く記述していない。ただ「昔の契りありけるによりてなむ、この世界にはまうで来たりける。今は、帰るべきになりにければ・・・」と記すのみである。だから、この物語もまた前節で述べた因果思想の日本的変質（前世の抽象化・三世の空間化）を証拠立てる有力な1例となっている、とも言える。だが、より重要なのは、作者が『竹取物語』を虚構したことの意味である。そもそも『竹取物語』の成立期からして問題で、もし弘仁時代（810-824）の成立なら、第 1 節で述べた『日本霊異記』に近く、もし天暦時代（947-957）の成立なら『三宝絵詞』や『日本往生極楽記』に近い。ともかく、『竹取物語』はあれらの説話文学と時代を共有していることになる。すると、この作り物語の虚構性の意味を問う場合には、それが虚構によっていかなる真実を語ろうとしているかだけでなく、この虚構が、それを生み出した当時の貴族社会の現実にどう向き合い、それをどう捉えているかにも論及しなければならない。説話文学が伝承に基づきながら、その伝承性を超えようとしたように、作り物語は虚構に基づきながら、その虚構性を超えようとする。虚構もやはり現実と密接に関わっているのである。

　ところで、『竹取物語』が様々な仏典・漢籍・伝説を素材としていることは夙に知られており、それの典拠となった文献の研究もなされている。すると、この点では『竹取物語』もまた一種の説話文学だということになる。すると、この虚構の物語の独自性は、一体どこにあるのだろうか。この物語がそれらの先行する諸説話の複雑な要素を見事に統一し、伝奇的作品として高い完成度を示している点にあるのだろうか。いや、その独自性はむしろ、作者の世界認識、即ち世の中を統一的に捉えるその視点にこそあるように思われるのだ。作者は（とは言っても、現存の『竹取物語』は 1 人の作者による 1 回的な創作ではありえないのだが[1]）律令制下において作者たち中・下級貴族の置かれている現実を直視しつつ、絶妙な構図を創造した。二世界説、つまり天上界と人間界との対立という構図である。この構図は、漢語を用いれば、浄土－穢土、常住（不老・不病・不死）－無常（老・病・死）、真実－虚妄、善－悪、美－醜、賢－愚、無欲－欲、非情－

1　『今昔物語集』巻 31、第 33 話「竹取ノ翁、見付ケシ女ノ児ヲ養ヘル語」は原拠となった竹取翁譚を予想させる。現『竹取』では姫への求婚者が 5 人であるのに対し、『今昔』では 3 人であり、また難題の内容も全く違っている。更にはまた、『今昔』は現『竹取』の冒頭部分の要約・梗概のように見えるが、実際にはそうではなくて、伝承されていた竹取翁譚の要約であると解したほうがよい。と言うのも、『今昔』所収説話の末尾は、「其ノ女遂ニ何者トモ知ル事無シ。亦翁ノ児ニ成ル事モ何ナル事ニカ有ケム。惣ベテ不心得ヌ事也トナム世ノ人思ケル。此レ希有ノ事ナレバ、此ク語リ伝ヘタルトヤ。」となっていて、単なる伝奇的説話にすぎない。

情などの対立項から構成されている。

　それでは、『竹取物語』はこのような構図で何を描こうとしたのだろうか。
――約言するなら、天から下って人として生まれた「変化の人」かぐや姫
と地上の人間たちとの関わり合いが織りなす悲喜劇模様、つまり人間界の
戯画を描こうとしたのである。ただし、作者は、初めは人間の愚劣さ・欲
深さ・愛憎・無力さの演じる喜劇を徹底的に暴露してゆくが、終盤になる
と、不老・不病・不死である代わりに欲も感情も従って愛情も持たない天
人の非情さと、老・病・死の苦しみに満ちた地上に生きるしかない人間の
生存の悲劇性とを対照的に捉え、そして終には、愛する人を失いながら愚
かにもなお恩愛の追憶に縋って生きざるをえない人間の生の虚しさと哀し
さを描くことへと移ってゆく。

　物語のあらすじは示すまでもないと思われるので、要点だけ押さえてゆ
こう。

　物語は竹取の翁の幸運から始まる。竹を取るしか生活手段を持たなかっ
た最も身分の低い老人が、光り輝くかぐや姫を手に入れてからは富裕とな
り、彼女を妻にしたいと翁に屈伏する最も身分の高い貴公子たちとの間に
立場の逆転が生じる。このあべこべの関係の設定からして既に喜劇的であ
る。身分の上下に関係なく、姫を手に入れたいと狂奔する「世界の男」の
うち「色好みと言はるるかぎり」の5人の貴公子が残ったが、彼らはおよ
そ「色好み」らしからぬ失態を曝して完膚なきまで敗北する。これが第2
の喜劇である。彼らの5つの敗北が、同時に5つの喜劇となる。

　かぐや姫は5人に解決不可能な難題を出した。先ず「石作皇子」には、
天竺にあるという「仏の御石の鉢」を、次に「車持皇子」には、「蓬莱の
玉の枝」（蓬莱の島にあるという根が銀、茎が金、実が真珠の木の枝）を、
また「右大臣阿倍御主人」には、唐土にあるという焼いても燃えない「火
鼠の皮衣」を、更に「大納言大伴御行」には、「龍の頸の五色に光る玉」
を、そして「中納言石上麻呂」には、「燕の子安貝」を持って来るよう言っ
た[*2]。これら5人のうち阿倍御主人、大伴御行、石上麻呂の3人は、壬申

───────────

2　今昔『竹取』での3人の求婚者とは石作皇子、車持皇子、阿倍御主人で、与えられ
た難題はそれぞれ「空ニ鳴ル雷」、「優曇華ノ花」、「不打ニ鳴ル鼓」となっている。しかも、

の乱で活躍した実在の人物であり、また車持皇子は藤原不比等とされ、母の姓が車持であり、天智天皇の落胤との説があるためという。石作皇子は宣化天皇の 4 世孫、多治比嶋に比定されている。すると、物語作者は、物語の時代を天武・持統朝に設定し、天皇を中心とするこの世の体制を築き支えた功臣たちを、最も世俗的な「色好み」へと設定し変えたことになる。要するに、文人貴族と思われる作者は 5 人の貴公子によって権勢、財力、門閥を誇る当時（9 世紀から 10 世紀）の藤原氏を中心とした上流社会の軽佻浮薄を象徴させているわけである。

　それでは、彼らはいかにして敗北したのか。

　先ず石作皇子は、大和国十市郡の山寺の賓頭盧の前にあった黒い鉢を錦の袋に入れて持って来るが、この単純な嘘はすぐに見破られてしまう。皇子は鉢を投げ捨ててまで姫に言い寄るが、完全に拒絶される。鉢を捨ててまで言い寄ったことから、「面なきこと」（厚かましいこと）を「はぢをすつ」（恥を捨てる）と言うようになった。

　次に車持皇子は、玉の枝の贋作を工匠らに作らせたが、工匠らが給金の不払いをかぐや姫に愁訴したことでそれが偽物と発覚し、姫の面前で面目を潰された皇子は、「一生の恥これに過ぐるはあらじ。女を得ずなりぬるのみにあらず、天下の人の、見思はむことのはづかしきこと」と言って、深い山に身を隠す。長年山中を彷徨って姿が見えなかったことから、「たまさかに」（稀に）或いは「魂避る」（魂が体から離れてうつけ者状態になる）と言うようになった。

　この車持皇子の話は他の 4 人の話と比べると例外的に長い。そこには皇子の悪巧みや姫に対して偽りの苦労話を語る場面が活写されているのだが、特に印象的なのは、却って工匠たちの人としての誠実さ・まともさの方である。彼らがかぐや姫に奉った上申書に言う、「玉の木を作り仕うまつりしこと、五穀を断ちて、千余日に力をつくしたること、すくなからず。しかるに、禄いまだ賜はらず。これを賜ひて、わろき家子に賜はらせむ（未

現『竹取』での残り 2 人の扱いは、これら 3 人より軽い。これら 2 つの『竹取』の関係については、片桐洋一「竹取物語 解説」（『竹取物語・伊勢物語・大和物語・平中物語』日本古典文学全集、小学館、昭和 47 年、所収）26-28 頁を参照せよ。

熟な弟子に報奨をいただかせたいのです）」と。これは、この物語の二世界説の「人間＝愚劣」という構図を、ともすると破綻させかねないが、身分の低い工匠の誠実さを描くことで、対照的に皇子の策謀の悪辣さを強く印象づける効果を得ているから、二元論的構図は変わらないとも言える。

　さて、阿倍御主人は唐の商人から大金を投じて火鼠の皮衣を購入した。したたかな商人に追加金を支払わされた挙句、姫が焼いてみると燃えたので偽物と判ってしまった。ここから、やり遂げられなくてがっかりすることを、阿倍を掛けて「あへなし」と言うようになった。

　車持皇子も阿倍御主人も姫の所望の品を他人に託して入手しようと策をめぐらし、謀略が露見して失敗したわけだが、次の大伴御行も、他人に託して裏切られるところまでは同様である。主人の大納言から龍の頸の玉を取りに行くよう命じられた家来たちは、取ることができなければ帰ってくるな、という主人の言葉に呆れ果て、下賜された金品を分け合って行方を晦ます。裏切られたと知った大納言は自ら探索すべく船出するが、嵐に遭い、更に重病に罹って両目が 2 つの李のようになった。世間の人が “ 大伴の大納言は龍の頸の玉を取っていらっしゃったのか ”“ いや、御目に 2 つの李のような玉をつけていらっしゃったよ ”“ ああ、その李は食べがたい ” と言ったことから、思いのままにならないことを「あな、たへがた」（耐えがたい）と言うようになった。

　他方、石上麻呂は身分の低い或る翁の意見を容れて、他人を頼まず、無鉄砲にも自ら小屋の屋根に上って子安貝らしきものを摑んだが、大釜の上に転落して腰を打ち、しかも摑んだのは子安貝ならぬ燕の糞であったことから、期待外れのことを「かひなし」（貝に甲斐を掛ける）と言うようになった。その後、中納言は亡くなるが、それはともかく、結局かぐや姫が出した難題を解決できた者は 1 人もいなかった。

　一見すると言葉遊びにすぎない「恥を捨つ」「魂避る」「あへなし」「耐へがた」「甲斐なし」であるが、これらは、彼ら 5 人の貴公子の狡猾・悪辣・高慢・無謀・軽薄に対する作者の嘲笑・侮蔑・揶揄の表現になっている。しかし翻って考えてみると、天人かぐや姫の出した難題はそもそも地上の誰にも、つまり人間が人間である限り、解決不可能なのである。彼ら

5人はそれを勿論知っていた。知っていて、しかも他人（かぐや姫や工匠や家来）を甘く見ていたから様々な策謀をめぐらしたのであり、知っていたから無謀に走ったのである。無理だと知っているから、それを誤魔化そうと悪知恵を働かせる狡さが醜悪なのであって、無理なこと自体が悪いわけではない。すると、彼ら5人の失敗は、実は人間が人間であることの限界、人間の根本的な有限性と無力を意味していることになるだろう。大げさに言えば人間は皆例外なく5人と同質であり、従って誰も本来は彼らを嘲笑・軽蔑することなどできないということである。すると、貴公子たちに対する作者の嘲笑の表現と見られた「恥を捨つ」等は、同時に作者自身の自嘲であるかもしれないことになる。そうなると5つの敗北譚は最早単なる喜劇とは言えなくなってくる。

　さて、かぐや姫の噂は帝にも伝わり、姫は求愛を受ける。相手は地上の国の最高権力者である。地上の権威と価値にどっぷり浸かった翁は、帝の求婚を名誉とし大喜びする。しかしながら天上の国の人である姫にとっては、帝といえども穢土の者にすぎない。帝が姫の姿を初めて目にし、神輿を寄せて連れて行こうとしたとき、姫は「きと影になり」（一瞬にして光となり）、身を消してこれを拒絶する。帝は姫を「げにただ人にはあらざりけり」と思う。地上の最高権威に対してすら、天上の者は己の真の姿を現すことで彼此の世界の断絶を示すのである。帝は完全に愚弄され、権威を失墜させられた格好である。この頃、かぐや姫は月を見て歎くようになり、遂に翁に向かって「おのが身は、この国の人にもあらず、月の都の人なり」と素姓を明かす。そしてとうとう満月である。帝はかぐや姫の昇天を阻むべく兵を出すが、地上の最高の武力をもってしても天人たちをどうすることもできない。手をこまねいて観ているだけである。天人が姫に「天の羽衣」を着せた瞬間、「翁を、いとほし、かなしと思しつることも失せぬ。」かぐや姫は人間界での一時的な生を終えて天に帰ってゆく。

　その少し前、天人の王とおぼしき人が、歎く翁に向かって、こう語る場面がある。かぐや姫の真実が明かされる場面である。

　お前、未熟者よ。僅かな功徳をお前が為したことによって、お前の

　　助けになるようにと、ほんの僅かな間だと思ってかぐや姫を地上に
　下したのだが、長い年月の間、沢山の黄金を賜わって、お前は生ま
　れ変わったように裕福になった。「かぐや姫は罪をつくりたまへり
　ければ、かく賤しきおのれがもとに、しばしおはしつるなり。罪の
　限りはてぬれば、かく迎ふるを、翁は泣き嘆く。あたはぬことなり。
　はや返したてまつれ。」

　要するに、かぐや姫は天上界で罪を犯し、翁らが住むこの人間世界に
流刑となったというわけなのだが、そうだとすると、この地上の世界は流
刑地で罪の世界だということになるだろう。なるほど、神々の住む不老不
死の国、或いは常世への憧れを語る伝説は多い。浦島伝説もそうだし、『竹
取物語』の踏まえている羽衣伝説もそうだ。しかし、『竹取物語』は不老
不死の浄土と老死の穢土、真実の世界と虚妄の世界とを鋭く対立させると
いう「虚構」を構想することで、穢土としての「現実」世界、具体的には
天皇を頂点とする律令制の価値体系を徹底的に相対化しようとした。これ
は『竹取物語』の手柄だろう。それにしても、この物語の二世界説的な発
想はどこかギリシアの、特にプラトーンの輪廻思想を思わせる[3]。少なく
ともインド仏教的ではない。恐らく中国の神仙伝の影響なのだろうが。
　かぐや姫は月の都に帰ってしまった。それでは、地上に残された者た
ちはどうなるのか。この地上の現実世界は罪と迷妄の世界である。そして、
これを洞察できない人間の悪戦苦闘は喜劇に他ならなかった。5人の貴公
子の求婚と失敗がまさにそれを示していた。だが、この世界が罪と迷妄の
世界であり、そこに生きることが喜劇であると知ってしまった者はどうか。
それを思い知らされてもなお生き続けねばならないとしたらどうか。その
ような生存は悲劇以外の何ものでもあるまい。かぐや姫に去られた竹取の
翁と嫗は、失われた恩愛になおも縋りついて悲歎にくれている。生きる希
望は絶たれてしまった。最早彼らには追憶しか存在しない。「なにせむに
か命もをしからむ。」絶望の中にいる人間に惜しい命など無い。だから「た

3　この点については、拙著『サンサーラ 第 1 部 ギリシア・ローマの輪廻思想』（テクネ、
2014 年）284-295 頁を参照のこと。

が為にか。何事も用なし。」と言って不老不死の薬も飲まず、そのまま起き上がらないで病み臥せってしまう。残された帝も、「逢こともなみだにうかぶ我身には死なぬ薬もなににかはせむ」と歎いて、不死の薬を放棄するのだった。愛憎の葛藤・相剋を生きるこの世の人々にとって、愛する者を失った後の生の持続は、死でさえもが希望に見えるほどの苦痛であろう。愛別離と怨憎会と求不得のみからなるこの世は苦界に他ならない。

　それでは、このような現実の苦界を死が解き放つまで生き続けなければならない人間は、一体どう生きたらよいのか。どこに真実の生を見出したらよいのか。『竹取物語』はそれを示していない。問いとして残したに過ぎない。帝を頂点とする外部の権威と価値体系は、既に虚構であることを暴露されている。この世の虚しさを知る平安時代の人々は、真実の在り処を求めて自己の内部へと沈潜してゆかざるをえない。

2　無常感から無常観へ

　世間虚仮を知った者の俗世に生きる人間に向けた嘲笑が内側へと反転するとき、それは自嘲となる。滑稽味を狙った和歌を一般に「誹諧歌」と言い、既に『万葉集』にもあるのだが、『古今和歌集』（20 巻、延喜 5 年（905）奏上）巻 19 後半に収められた誹諧歌は、『万葉集』での他愛もない滑稽な言葉遊びとは笑いの質が違ってきている。そもそも、勅撰和歌集は時代を表す有力な指標であろう。とすれば、勅撰集に用いられた表現から、仏教がどの程度、どういう形で浸透しているかについても、或る程度測ることができるはずである。それゆえ、この自虐的な笑いが『古今集』の中にどのように現れ、そこに萌した無常感がどのように無常観へとなっていくのか、それを根本で突き動かしているのは何であるのか、そして無常観がいかにして虚構を生むのか、最大にして最高の虚構である『源氏物語』と格闘する前に、それを見届けておくことにしよう。

　『古今集』では笑いの質が違ってきている、と上で述べた。これは自虐的になってきていること、つまり内省の度を増してきていることである。何首か引用してみよう。

1052　　まめなれど何かはよけく刈萱の乱れてあれどあしけくもなし
1061　　世の中の憂きたびごとに身を投げば深き谷こそ浅くなりなめ
1062　　世の中はいかに苦しと思ふらむここらの人に恨みらるれば
1063　　何をして身のいたづらに老いぬらむ年の思はむことぞやさしき
1064　　身は捨てつ心をだにもはふらさじつひにはいかがなると知るべく
1065　　白雪のともにわが身はふりぬれど心は消えぬものにぞありける

　　1061 は、生きているのが辛いと思う度に身投げしていたら、深い谷も死体で埋まって浅くなるだろうが、それほど世の中は辛く苦しい、と言い、1062 は世の中を擬人化して、多くの人に恨まれて世の中はどんなに苦痛を感じているだろう、と言い、どちらも、生存の苦を歌に詠んだり行動に移したりする人の軽薄さを揶揄しているのではあろうが、笑うに笑えない深刻さが現れているように思われる。1062 の場合、世の中が苦しいのは世の中自体のせいではなく、世の中を辛く思う個人のせいなのだ、と言うのであるから、作者の眼差しは明らかに自分の心を向いている。そして 1063 〜 1065 はいずれも無為のうちに老いてしまった自分への羞恥と、無為のうちに老いてゆくことへの恐れを語り、身と心とを分離している点で共通しており、身が老いても、身を捨てても、心だけはしっかり保ち続けよう、という一種の覚悟を述べている。「心」が身から独立しているという現象が何を意味するか、については後述する。なお、1063 の「年」は年の擬人化で、「虚しく老いたなあ、と年が思うのが恥ずかしい」の意。1065 の「ふり」は「降り」と「古り」とを掛けている。

　　しかし、誹諧歌として出色の出来は、何と言ってもやはり 1052 であろう。大意は、「私は真面目にやってきたが、何かいいことがあったかな。乱れた生き方をしてきた人でも悪いことはないよ。」であるが、ここには、生き方の善し悪しと結果の善し悪しとは必ずしも一致しない、という醒めた現実認識が語られている。因果応報への懐疑と言い換えてもよい。前節で説話文学を見てきた我々は、因果応報への信仰、死後の浄土往生への熱烈な願望、迷信と区別のつかない夢告や託宣ばかり見せられただけに、平安

時代とはファナティズムの席捲した時代か、とうっかり信じそうになった
が、どうやらそうとばかりも言えないようだ。このような醒めた認識も
同時にあったのだから。そこで私はこの時代人の或る種の悟性的な健全さ
に対して快哉を叫びそうになるのだが、どうやらそれも早計であるらしい。
と言うのも、ファナティカーたりえないということは、彼の意識が現実か
ら遊離して宙に浮いていた、ということを意味するはずだからである。こ
の宙ぶらりん状態は苦しい。これが悪化すると自己閉塞に陥って目標無き
生の倦怠を生きなければならないようになるからだ。そうならないように、
人々は因果応報の貫徹を信じ、死後の往生を願ったということなのだろう。
もっとも、浄土教が広がるのはまだ半世紀以上先ではあるが。

　かなり先走りすぎたようだが、とにかく当時の人々は既に、この世の
価値体系に懐疑的になっており、外側に向いていた眼を自己の内側へと向
け始めていた。そのことが一番よく現れているのは『古今集』の巻 17「雑
歌上」と巻 18「雑歌下」に収められた一群の雑歌である。これらは後に
西行（1118-1190）が「古今集の風躰を本としてよむべし。中にも雑の部
をつねにみるべし。」（荒木田満良（蓮阿）『西行上人談抄』）と言ったとさ
れているほどの重要性を、確かに持っている。先ず紹介したいのは『平中
物語』の主人公であり、色好みで鳴らした平貞文（872?-923）の「官解け
て侍りけるときよめる」という詞書のある 2 首である。因みに、貞文は桓
武天皇の 4 世の孫で、貞観 10 年（874）に臣籍に下り、死の前年にやっと
従五位上であるから、下級もしくは中級の貴族で、歌詠みでなければ正史
に名が残らなかったような人物である。だが、我々の行論には必要不可欠
な人物なのだ。それは一体なぜか。先ずは彼の和歌を読んでもらいたい。
引用しよう。

964　憂き世には門鎖せりとも見えなくになどかわが身のいでがてにする
965　ありはてぬ命待つ間のほどばかり憂きことしげく思はずもがな

　964 の歌は、「苦しい世の中には門があって、それが閉まっていると
も見えないのに、どうして私は思い切って出家できないのだろう」の意、

965の歌は、「いつまでも生きてはいられない短い一生の終わりを待っている間くらいは、辛く苦しいことをあれこれ思わないでいたいものだ」の意である。これだけでも貞文がかなり鬱屈した人生を送る、優柔不断で屈折した性格の持ち主だと知られるのだが、このような貞文を主人公に据えた物語が編まれた。『平中物語』（成立は天徳年間（957-961）以後）である。これは、『竹取物語』ほど鋭い批判精神も持たないし、同じ歌物語の『伊勢物語』ほど緊密な構成ももたず、同じく色好みを主人公に据えるにしても、業平の人物造形ほど貞文（平中）の人物造形に成功しているとは思われない、要するにかなり退屈な歌物語にすぎないのだが、そうであればこそ却って、ここには愛憎の世界に生きる希望を無くしてもなおも生き続けなければならない人間の悲劇、しかもその最も頽廃した姿が描かれている。その意味で『平中物語』は、『竹取物語』の残した問いを継承する物語なのである。一瞥しておくことにしよう。

　物語は、平中が同じ女に言い寄った恋敵の中傷によって帝から官職を剝奪されるところから始まる。平中は世の中もつまらなくなって、嫌な世間とは付き合わず、仏道修行をして野山に分け入ろうと思うのだが、溺愛する両親はこれを許さない。そして秋になって心細くて詠んだのが上掲の964「憂き世には」の歌だということにされている。司召に漏れ続ける平中の姿を、作者は、「いとつれづれに、世の中のうらめしきことのみ思へば、苦しきを、行ひはゆるされず」と記す。『平中物語』の描く平中（平貞文）は、不遇で官職に就けず、就いても仕事に不熱心で、つれづれに為すことも無く、世の中が恨めしく苦しいのに、恩愛に引かれて出家もできない中途半端な下級貴族の典型として描かれている。平中は何事にも本気にならないし、感動しない。彼に情熱は無縁である。彼は生きながら死んでいる。それゆえ、「ありはてぬ命待つ間のほど」の人生を無為に生きる平中の色好みも中途半端で、様々な女（恋の相手は上達部級の姫が1度きりあるだけで、他は受領階級の娘か宮中の女房である）に「言ひみ言はずみ」「なほざりにものいふ」求愛を繰り返す。従って、その結果も上首尾と不首尾とが半々で、不首尾に終わったからといって執念深く追い駆け続けることも無い。彼は言い寄るのを途中で止めることも多く、まるで惰性でするかのような恋愛を延々と続けてゆく。自虐的と言ってよい。平中は倦怠に全身を侵されている。ここにあるのは自己閉塞に陥った宙ぶらりんの精神である。

　なお、965「ありはてぬ」の歌は、『大和物語』第 140 段「命待つ間」では、「男もせで廿九にてなむ、うせたまひける」女の歌だということになっている。女は父親と継母の勧めも聞かず、生涯処女のままだったという内容の物語で、特別感心するような出来でもないが、歌は見事に物語に嵌っている。作者の主眼は、この歌を含む 3 首の古歌からいかにして 1 つの話を拵え上げるかに置かれていただろうから、作者の目論見は成功したと言えるかも知れない。また、この歌は『伊勢集』にも第 168 歌として収録されている。とすれば、この歌が平貞文の歌だという確たる証拠は何も無いことになる。ただし、倦怠と純潔とは現象の仕方こそ対照的だが、根底にあるのは同じ自己閉塞の精神である。どちらも当時の社会の通念からすればエキセントリックだからである。しかし、まともであろうとすればエキセントリックにならざるをえないのが、彼ら敗残者の生きた時代なのだった。

　当時の社会と言えば、宇多天皇（後に譲位出家して法皇）に重用されて藤原氏の独走を防いでいた菅原道真が、延喜元年（901）、陰謀によって左遷され、子ども 4 人も流刑に処せられた。同 3 年、道真、大宰府にて薨去。同 9 年、陰謀の中心と目される藤原時平も 39 歳の若さで没し、道真の祟りと噂された。同 23 年 3 月、時平の推した保明親王が病没し、4 月、故道真の本官右大臣を復し正二位を贈る。要するに、貞文の生きた時代は、摂関制の基礎を築いた基経の長男、時平が政権確立のために苦闘していた時代に当たっていた。排斥された様々な氏族の陥った閉塞状況が貞文の憂き世であり、その精神の現象が貞文の倦怠なのである。先の見えぬ人生において徒に死を待つ時間は無意味・無駄である。この無意味・無駄を自覚したとき、同時代の精神は貞文と同じ深い倦怠に覆われる。人々は生を謳歌することなく、束の間の生を怨恨と悲哀に満ちた憂き世に生きたのである。『古今集』雑歌の部はこのような精神に覆われている。以下では、そのような歌を幾つか引いてみる。

巻17「雑歌上」

879　大方は月をもめでじこれぞこの積れば人の老となるもの
　　　　　　　大方は（よく考えてみると）

893　数ふればとまらぬものをとしといひて今年はいたく老いぞしにける
　　　　　　　初句は四句を修飾　とし（「疾し」と「年」の掛詞）

895　老いらくの来むと知りせば門鎖してなしとこたへて会はざらましを
　　　　　　　老いらく（老年）　なし（いない）

896　さかさまに年もゆかなむとりもあへず過ぐる齢やともにかへると
　　　　　　　とりもあへず（何もなすことなしに）

897　とりとむるものにしあらねば年月をあはれあな憂と過ぐしつるかな
　　　　　　　とりとむる（引き止める）

898　とどめあへずむべもとしとは言はれけりしかもつれなく過ぐる齢か
　　　　　　　とどめあへず（留めることができないで）　むべも（いかにも）

900　老いぬればさらぬ別れもありといへばいよいよ見まくほしき君かな
　　　　　　　さらぬ別れ（避けられぬ別れ、死別）

901　世の中にさらぬ別れのなくもがな千代ともなげく人の子のため
　　　　　　　人の子（ここでは業平自身）

908　かくしつつ世をや尽さむ高砂の尾上に立てる松ならなくに
　　　　　　　世を尽す（一生を終える）

巻18「雑歌下」

933　世の中はなにか常なるあすか川昨日の淵ぞ今日は瀬となる
　　　　　　　なにか常なる（何が常住不変であろうか、何もそうではない）

934　いく世しもあらじわが身をなぞもかく海人の刈る藻に思ひ乱るる
　　　　　　　刈る藻に（刈る藻のように）

935　雁のくる峰の朝霧はれずのみ思ひ尽きせぬ世の中の憂さ
　　　　　　　初句から二句は、三句の「はれず」の序

936　しかりとてそむかれなくに事しあればまづ歎かれぬあな憂世の中
　　　　　　　そむかれなくに（世を背いて出家できるわけではないよ）

938　わびぬれば身をうき草の根を絶えて誘ふ水あらばいなむとぞ思ふ

　　　　　うき（「浮き」と「憂き」の掛詞）

939　あはれてふ言こそうたて世の中を思ひはなれぬほだしなりけれ

　　　　　あはれてふ言（いとしいと言う言葉）　うたて（いやだ）

941　世の中の憂きもつらきも告げなくにまづ知るものは涙なりけり

942　世の中は夢かうつつかうつつとも夢とも知らずありてなければ

　　　　　結句「ありてなければ」の主語は「世の中は」

943　世の中にいづらわが身のありてなしあはれとや言はむあな憂とや
言はむ

　　　　　上の句の意は「わが身はどこに在る、この世に在れども無し
ということだ」

947　いづくにか世をば厭はむ心こそ野にも山にもまどふべらなれ

　　　　　まどふべらなれ（迷いでて行きそうだ）

948　世の中は昔よりやは憂かりけむわが身ひとつのためになれるか

952　いかならむ巌のなかに住まばかは世の憂きことの聞えこざらむ[4]

953　あしひきの山のまにまに隠れなむ憂き世の中はあるかひもなし

　　　　　かひ（「山」の縁語「峡」と「甲斐」の掛詞）

954　世の中の憂けくに飽きぬ奥山の木の葉に降れるゆきや消なまし

　　　　　ゆき（「行き」と「雪」の掛詞）「奥山の」は「ゆき」の序詞

　　　　　ゆきや消なまし（奥山に行って、木の葉に降り積もる雪のよ
うに消えてしまおうか）

955　世の憂きめ見えぬ山路へ入らむには思ふ人こそほだしなりけれ

956　世を捨てて山に入る人山にてもなほ憂きときはいづちゆくらむ

957　　　物思ひける時、いときなき子を見てよめる

いまさらになに生ひいづらむ竹の子の憂き節しげきよとは知らずや

4　『古今和歌集』（日本文学全集、小学館、昭和46年）356頁の頭註によると、『法句
譬喩経』（無常品）に、死を逃れるために須弥山に隠れたが、死はそこまで追ってきた、
という説話があるとのことで、古来より論争のある歌らしい。この経の内容を踏まえる
なら、この歌全体は、「『法句譬喩経』（無常品）に言われているように、もし須弥山に
まで死が追ってきたというのが本当なら、どんな巌の中に住めば世間の嫌な話が聞こえ
てこないのだろうか、（だがそんな巌など存在しない）」という意味になると思われる。

　　　　　　　よ（節と節との間を意味する「よ」と「世」の掛詞）

958　世にふれば言の葉しげき呉竹の憂き節ごとに鶯ぞ鳴く

　　　　ふれば（「古れば」で、古くなったので）　言の葉しげき（自
　　　　分に対して他人があれこれ言うことが多い）　呉竹の（「節」
　　　　の枕詞）　鶯ぞ鳴く（自分は泣く）

960　わが身から憂き世の中と名づけつつ人のためさへかなしかるらむ

970　忘れては夢かとぞ思ふおもひきや雪踏みわけて君を見むとは

987　世の中はいづれかさしてわがならむ行きとまるをぞ宿とさだむる

　　　　「わが」は「わが宿」

988　逢坂の嵐の風は寒けれどゆくへ知らねばわびつつぞ寝る

　　　　わびつつぞ寝る（寝にくいながらここで寝る）

989　風のうへにありかさだめぬ塵の身はゆくへも知らずなりぬべらなり

　　　　べらなり（しまいそうだ）

990　明日香川淵にもあらぬわが宿も瀬にかはりゆくものにぞありける

　　　　淵（「扶持」に掛ける）　瀬に（「銭」に掛ける）

　老いること、人の命の儚さを詠んだ歌が何と多いことか。これらの歌に
通底しているのは、897、936、943で用いられた同一の表現が示している
ように、現世に対する「あな憂」という詠歎であろう。「憂き世」という
語には、作者たちの閉塞した世の中に生きる漠然とした不安が語られてい
る。ただし、世の無常を歎く夥しい詠歎の中にも、無常を理として捉える
思想（無常観）が萌していることも知られる。例えば879の歌「大方は月
をもめでじこれぞこの積れば人の老となるもの」では、「大方は（よく考
えてみると）」という表現が暗示しているように、天空の月の運行として
年月が経過することは、地上では「老いる」ということを意味するのだと、
冷静に観ているのである。老いることのあまりの早さ（「疾し」）に対する
詠歎の根拠は、「さかさまに」行かぬ不可逆的な（896）、「とりとむる」こ
とも（897）「とどめあへ」ることもできない（898）、「とまらぬもの」で
ある「年」を「数ふれば」（893）あまりに「疾し」（速い）という認識に
あるとされている。これは、老いの訪れの早さや命の儚さが人の抗うこと

のできぬ運命であることの認識であり、当然のことながら、仏教の諸行無常の理の認識に基づいている。仏教は既に浸透していることを思わせる。出家する者、出家に憧れる者もかなりいたようだ（上掲歌の、例えば 936, 947, 953, 955, 956）。

　思いの外疾く過ぎてゆくこの世の時への感懐は、夢と現の境界を曖昧にする。これを表現しているのが、942 の「世の中は夢かうつつかうつつとも夢とも知らずありてなければ」という歌であろう。世の中が「ありてなし」、有でもあり無でもあるという思い、即ち夢と現の境が曖昧になり、混じり合うという感覚は、一歩進んで、現世は夢に他ならないという諦観となる。ここで巻 16「哀傷歌」から 3 つの歌を引用しよう。第 1 は、「藤原敏行朝臣の身まかりにける時に、よみてかの家に遣はしける」という詞書をもつ紀友則の歌であり、第 2 は、「あひ知れりける人の身まかれりにければよめる」という詞書をもつ紀貫之の歌、そして第 3 は、2 番目とほぼ同じ詞書をもつ壬生忠岑の歌である。

833　寝ても見ゆ寝でも見えけり大方はうつせみの世ぞ夢にはありける
　　　　　　　大方は（よく考えてみると）　うつせみの世（儚い現世）
834　夢とこそいふべかりけれ世の中にうつつあるものと思ひけるかな
835　寝るがうちに見るをのみやは夢といはむはかなき世をもうつつとは見ず
　　　　　　　うつつとは見ず（現実とは見ない、つまり夢と見る）

　833 の歌には、またしても「大方は」（よく考えてみると）という表現が用いられているように、これらの「哀傷歌」からは、無常の感情つまり無常感が無常の認識つまり無常観へと進んでいることが看取できる。無常とは現実そのものであって、儚く消えてゆく外的事象に対するそのつどの詠歎でも感懐でもない。それは一切の人間的感情を排して初めて観られるこの世の実相であり、無常観を通してこそ物事の実相は如実知見される。いやむしろ、物事の如実知見そのものを無常観というのである。無常観において観る者と観られる物とは一如である。従って、平安時代の文人貴族が既に無常感から無常観へと進み、現実を諦観していたとしても、果たして彼らが無常そのものに徹していたかどうかとなると、甚だ疑問である。この点を追究してみたい。

　我々は上で既に 987 〜 990 の 4 つの歌を挙げておいた。

987　世の中はいづれかさしてわがならむ行きとまるをぞ宿とさだむる
988　逢坂の嵐の風は寒けれどゆくへ知らねばわびつつぞ寝る
989　風のうへにありかさだめぬ塵の身はゆくへも知らずなりぬべらなり
990　明日香川淵にもあらぬわが宿も瀬にかはりゆくものにぞありける

　これらは無常観によって観えてくる自分の現実、自分の住所、自分の未定性を詠んだものである。「ゆくへ知らぬ」「ありかさだめぬ」「塵の身」においては、自分の住所も淵瀬定めぬ飛鳥川と同様に不変ではない。従って、世の中を憂しとするわが心がわが身とわが宿とを逃れ出ようと願うなら、そのつど行き止まる場所をわが宿としなければならない。「行きとまるをぞ宿とさだむる」とは、「いづれかさしてわが（宿）ならむ」という無常のこの世においては、旅という在り方より他に自分の在り処は存在しない、ということである。そうだとすれば、この世を無常と観じた「ありかさだめぬ塵の身」が無常なるこの世を生きてゆくためには、「ゆくへも知らずなりぬ」る旅に身を投ずる以外に無いはずである。そして、そのつど行き止まる宿こそが安住の場所であって、それはこの世のどこにでもあるはずである。それが旅というものの、出離というものの、無常というこの世の実相と一体化した真実の在り方であるはずなのである。ところが、この世を無常と観じて出離を希求する者に、そのような安住の場所は実はどこにも存在しない。このどこにも存在しない場所を希求して、無常観の持ち主の心は旅に出ようとしている。だが、このような旅は無常観という観念の中を経巡るだけという自己撞着を初めから抱えている。

947　いづくにか世をば厭はむ心こそ野にも山にもまどふべらなれ
952　いかならむ巌のなかに住まばかは世の憂きことの聞えこざらむ

953　あしひきの山のまにまに隠れなむ憂き世の中はあるかひもなし
977　身を捨ててゆきやしにけむ思ふよりほかなるものは心なりけり
　　　　「身を捨てて行ってしまったのだろうか」の主語は「心」
1064 身は捨てつ心をだにもはふらさじつひにはいかがなると知るべく
1065 白雪のともにわが身はふりぬれど心は消えぬものにぞありける

　それゆえ、住み憂きこの世からの出離への希求がどれほど真剣であって
も、「野にも山にも」彷徨いそうだと思い、実際に山中の「巌のなかに」
住んだとしても、真実の安心立命とはなりえない。それは未だ遁世への憧
憬であるにすぎず、現実の身を依然として住み憂かるべき都に残したまま
なのである。現実の憂き世で生を送っている「身」を捨てて、無常観の主
体としての「心」は「思ふよりほかなるもの」として独立し、憂き世の外
へと彷徨い始める。かくして無常感から発展した無常観は、観る「心」と
観られる「身」との乖離と相剋という新たな問題に逢着することになっ
た[5]。平安時代の人々の「心」は、彷徨い出た「思ふよりほかなる」心自
身を、果たして連れ戻すことができたのであろうか。それとも「心」の分
裂により深く苦しんだのであろうか。

　さて、10 世紀から 11 世紀にかけては、藤原道長（966-1028）と頼通
（992-1074）の摂関政治から院政へと向かう王朝体制の転換期である。道
長が全盛期に向かいつつあった 1006 年頃に成立をみたのが第 3 の勅撰和
歌集『拾遺和歌集』であり、白河院政の初年（1086）に完成したのが第 4
の勅撰和歌集『後拾遺和歌集』である。両集の 80 年間は政治的にも思想
的にも激動した。この時期、文学も様々に花開く。源為憲の『三宝絵詞』、
慶滋保胤の『日本往生極楽記』を始めとして、院政期まで往生伝・説話物
語が続々と現れたことは前節で述べた。かな文字の普及によって女流日記
文学や作り物語も現れる。

5　しかし、それは無常観が認識である限り、認識の主体と客体の分裂という形で最初
から含んでいる問題なのである。と言うのは、無常とはこの世の実相であり、この世の
全一的知覚風景の如実知見そのものであって、そこには観る者と観られる物との分裂は
些かも無いからである。この点に関しては『サンサーラ 第 2 部 インドの輪廻思想』第
2 章、第 2 節「釈尊の覚りと初期仏教」特に、107-125 頁を参照のこと。

　和歌に話を戻そう。『古今和歌集』と第2の勅撰和歌集『後撰和歌集』（950年代の成立）の「哀傷歌」は、どちらも現実の風物に触発された無常の詠歎に留まるものが多い。

古今832　深草の野辺の桜し心あらば今年ばかりは墨染に咲け
古今840　神無月時雨に濡るるもみぢ葉はただわび人の袂なりけり
古今848　うちつけにさびしくもあるかもみぢ葉もぬしなき宿は色なかり
　　　　　けり
後撰1402　なき人の影だに見えぬ遣水のそこになみだを流してぞこし
後撰1404　すみぞめのこきもうすきも見る時はかさねて物ぞかなしかり
　　　　　ける
後撰1406　あらたまの年こえくらしつねもなきはつ鶯のねにぞなかるる
後撰1409　世中のかなしき事を菊のうへにおく白露ぞ涙なりける

　人は「野辺の桜」「もみぢ葉」「遣水の底」「墨染の衣」「はつ鶯の音」「菊の上に降りた白露」を見たり聞いたりすることで、亡き人に対する無常の感慨を呼び起こされる。そしてその感慨は寂しさや悲しさ、或いは涙となって人を包みこむ。ところが『拾遺集』になると、哀傷歌は量的にも質的にも一変する。巻20は全て哀傷歌で占められ、特に後半は明らかに仏教思想を反映したものになっている。

拾遺1340　けふよりは露のいのちもをしからず蓮の上を玉とちぎれば
拾遺1341　朝ごとにはらふ塵だにあるものを今幾世とてたゆむなるらん
拾遺1342　暗きより暗き道にぞ入りぬべき遥かに照らせ山の端の月
拾遺1343　極楽ははるけき程と聞きしかどつとめて至るところなりけり
拾遺1344　ひとたびも南無阿弥陀仏といふ人の蓮の上にのぼらぬはなし

　一読しただけで明瞭だが、用いられている語彙からして仏教的である。そして和泉式部作の1342を別とすれば、仏教思想が和歌に昇華されないで、生硬さを残している憾みがある。1344は空也の作で、市の門に書き

付けた歌として知られている。いずれにせよ、仏教は外来宗教であること
を最早完全に脱して内面化され、それが芸術的表現にまで高められる途上
にあった。そして『後拾遺集』となると、この傾向はより顕著になる。巻
20 では哀傷歌に代わって「釈教歌」が新たに部立として成立する。釈教
歌とは仏教思想について詠んだ歌のことであるが、『後拾遺集』では生硬
さを既に脱して、新しい境地が新しい表現を生んでいる。例えば「月」を
詠んだ歌を『古今集』のそれと比較してみよう。

古今 184　木の間よりもりくるつきの影見れば心づくしの秋は来にけり

　　　　　　　　心づくしの（様々にものを思わせる）

古今 193　月見ればちぢに物こそかなしけれわが身ひとつの秋にはあらねど

　　　　　　　　ちぢに（千々に）

後拾 1190　　　月輪観をよめる

　　　月の輪に心をかけし夕よりよろづのことを夢とみるかな

　　　　　　　月輪観（密教修行の初歩。心の中に満月を観じて、それ
　　　　　　　を次第に拡大してゆき最終的には宇宙と一体化するよう
　　　　　　　に観想するもの）

後拾 1192　　　同喩（『維摩経』の「十喩」）の中に、この身水月のごとしと
　　　　　　いふ心を

　　　つねならぬわが身は水の月なればよにすみとげんこともおぼえ
　　　ず

　　　　　　　水の月（水面に映った月、実体の無い幻の如きもの）す
　　　　　　　み（「住み」と「澄み」の掛詞）

後拾 1197　　　寿量品

　　　わしの山へだつるくもやふかからんつねにすむなる月を見ぬか
　　　な

　　　　　　　『法華経』如来寿量品を詠んだ歌　わしの山（霊鷲山、
　　　　　　　釈尊が法華経を説いたとされる山）　つねにすむなる月
　　　　　　　（久遠実成の釈迦仏）

　『後拾遺集』の釈教歌での「月」は、『古今集』のようなそれを仰ぎ見る地上の者に漠然たる不安を感じさせる外なる月ではなく、心の内なる月、心月であり、現世に生きる凡夫からは絶対的に隔絶した真如実相としての月である。「常ならぬわが身」、即ち無常の世間に生きる無常の自己に、その「常に澄んでいる」心月は、厚い煩悩の雲に隔てられていて見えない。それは永遠の昔から地上を照らしている釈迦仏の悟りであると同時に凡夫自身の心の真如実相であるというのに、である。このような超絶的な「月」の存在に気づいたということは、この世に生きる人が自分を「水の月」だと痛切に自覚したということでもある。心月と水月とは分裂し、鋭く対立する。従って「よろづのことを夢とみる」ことは、この世の一切の事象が真如実相ではなく、「水月」のような夢幻（ファンタジー）であり、虚構（フィクション）であると観ることになる。

　このように、人間が自己を含む地上の一切の虚構性を自覚するとき、そこには当然のことながら、虚構を自覚する「心」と、虚構に生きている現実としての「この身」との深刻な分裂と相剋が生じてくる。それは既に述べた無常観における無常を観る心と観られる無常との相剋でもある。だが、それだけではない。無常なる地上の営みを虚構と観る心のまなざしが透徹していればしているほど、それは新たな観る心に変貌し、その心（メタ自己）が自己の心と身とが演じる相剋劇を観る観客となる。このような自己分裂は自己意識を本質とする人間存在に固有な構造ではある。だが、この自己意識が透徹して一個の眼球になるとき、そこに映るのは自己を主人公とした無常なる地上の物語である。つまり自己は自己自身を第三者のように眺め、それを第三者として記述するようになるのである。それがいわゆる「自照文学」である。このように自己の内的葛藤という虚構の自照ないし内省はすでに物語的なのだが、それだけではまだ自己閉鎖的な単なる物語に留まる。虚構は更に他者をも巻き込む現実世界にまで広がって行き、やがて壮大な作り物語として結実する。その頂点に立つのが、いわずと知れた『源氏物語』である。

　ところで、今、「自照文学」と言った。自照文学の代表的ジャンルは日記である。そして日記と言えば、「世の中にいとはかなく、とにもかくもつかでつかで、よにふる」女の『蜻蛉日記』が現れている。「猶ものはかなきをおもへば、あるかなきかの心ちする」と書いた彼女にとって、自分を含む現実は虚構に他ならなかった。この右大将道綱母の視点が徹底したとき、『紫式部日記』が生まれることになる。そしてこの『紫式部日記』の中にこそ、虚構が日記から作り物語へと発展してゆく契機が語られている。

3　『紫式部日記』から『源氏物語』へ

（1）『紫式部日記』——紫式部の自己凝視

　紫式部は長保 3 年（1001）、夫の藤原宣孝と死別している。彼女の家集『紫式部集』には、「身をおもはずなりとなげくことの、やうやうなのめに、ひたぶるのさまなるを思ひける」という詞書に、2 首が詠まれている。

　　かずならぬ心に身をばまかせねど身にしたがふは心なりけり
　　心だにいかなる身にかかなふらむおもひしれども思ひしられず

　思うようにならない身の上だと歎くことが次第に日常化してきた式部にとって、「ひたぶるのさま」（ひどく不安定な様子）とは、身と心との激しい相剋の様相に他ならない。思うようにならない境遇にあるわが身だけが不安定なのではなくて、境遇の変化に応じて揺れ動くわが心もまた不安定である。だが紫式部において、わが身とわが心のひどく不安定な様子を観ている眼は不動である。それが不動であるからこそ、身と心の不安定さは「ひたぶるのさま」だと感じられるのだ。わが身とわが心の無常の根底に確たるメタ自己が控えているために、身と心の相剋が冷徹に内省される。これが紫式部の「複眼的な物の見方[*6]」の真相であろう。これは彼女の日記の随所に見られる。

6　中野幸一「紫式部日記」（『和泉式部日記・紫式部日記・更級日記・讃岐典侍日記』日本古典文学全集、小学館、1971 年、所収）41-43 頁を参照のこと。

　『紫式部日記』には、行事や盛儀を精写した記録的部分と、自己の感懐を述べた随想的部分とが併存しているのだが、この複眼的な物の見方は、敦成親王の生誕前後の有様を詳細に記述した記録的部分にもしばしば認められる。ここは、出産当日の 9 月 11 日に向かって次第に高まってゆく土御門邸の緊張感や、皇子誕生にどよめく人々の安堵と喜悦の表情、次々と催される産養の盛儀や、産後の崇高なまでに美しい中宮彰子の様子等々を具体的に活写した部分である。また、この日記に描出された道長像は興味深く、一代の権勢家のそれではなく、人間味溢れる姿である。ところが、以上の部分に差し挟まれた式部特有の内省的洞察は、華麗な盛儀と対照をなして、外界とは反比例的に深まりを増してゆく。行幸を間近に控えた 10 月中旬、土御門邸は日々に美しく磨きたてられ、準備に華美を尽くしているが、式部はそのような雰囲気にどうしても溶け込むことができず、栄華の中に身を置けば置くほど、心の底に沈んでいる憂愁から逃れられない自分を強く意識し煩悶するのである。その箇所を引用してみる。

　　行幸近くなりぬとて、殿のうちを、いよいよつくりみがかせたまふ。よにおもしろき菊の根を、たづねつつ掘りてまゐる。色色うつろひたるも、黄なるが見どころあるも、さまざまに植ゑたてたるも、朝霧の絶え間に見わたしたるは、げに老もしぞきぬべきここちするに（老いもどこかへ退散してしまいそうな気持ちがするのに）、なぞや、まして、思ふことの少しもなのめなる身ならましかば（人一倍の物思いが、もしもう少しいい加減な身の上だったなら）、すきずきしくももてなしわかやぎて（風流好みに若々しく振舞って）、常なき世をもすぐしてまし、めでたきこと、おもしろきことを、見聞くにつけても、ただ思ひかけたりし心の（常々心掛けてきた出家遁世の気持ちが）、ひくかたのみつよくて、ものうく、思はずに、なげかしきことのまさるぞ、いと苦しき。いかで、いまはなほ、もの忘れしなむ、思ひがひもなし、罪も深かりなど、明けたてば、うちながめて、水鳥どもの思ふことなげに遊びあへるを見る。
　　水鳥を水の上とやよそに見むわれを浮きたる世をすぐしつつ

　　かれも、さこそ、心をやりて遊ぶと見ゆれど、身はいと苦しかん
　　なりと、思ひよそへらる。

　他にも、行幸当日の 10 月 16 日、鳳輦の御輿の到着に人々が注目して
いるとき、それを担ぐ駕輿丁が、低い身分ながら、階段を担ぎ上がって、
ひどく苦しそうに這いつくばっている姿に、式部は、「なにのことごとなる、
高きまじらひも、身のほどかぎりあるに、いとやすげなしかしと見る」（何
が私の苦しさと違っていようか、高貴な人々に交わっての宮仕えも、身分
に限度があるにつけて、安らかな気持ちがしないことよと思いながら、駕
輿丁を見る）と、憂き世に生きる人間に共通する生存の苦を見出している
し、11 月 20 日には、五節の舞姫が衆目に曝されて参入してくるのを見て、
彼女らが懸命に平静を装っている辛い心を思いやり、「人の上とのみおぼ
えず」（他人事ではない）、自分も全く同じ境遇だと思い至って胸を詰まら
せているのである。

　以上の 3 箇所からも明らかな通り、式部は人一倍自照の人であり、自
省の人である。彼女は自己を第三者として冷徹に観ている。だがそれだけ
ではない。「あんなに楽しそうに遊んでいるように見えるけれど、水鳥の
身になってみれば苦しいのだろうな」と「思ひよそへらる」、自然とわが
身を水鳥の身に「仮託してしまう」と式部は言うのである。「なにのこと
ごと（異事）なる」と言い、「人の上とのみおぼえず」とも言う。式部は
自照の眼、無常の観を他者の無常なる生存へも及ぼしているのである。彼
女は、自分が苦しんでいるように他人も、それどころか水鳥のような生類
も苦しんでいると観る。彼女にとってこの世は苦界である。しかもそれは
苦界の一切を第三者として観るということを意味している。彼女の第三者
的自己凝視の峻厳さは、自虐的とさえ表現すべき苛烈さで自己を荒涼とし
た絶望にまで追い詰めて行き、遂には仏道への救いを求めるのだが、しか
しそこでもまた、結局俗世を離れることができずに煩悶し続ける人間の宿
命を観て苦しむのである。

　このように徹底した自己凝視はやがて絶望から自己破壊に行き着くこ
とを予想させるのだが、式部はすんでのところで自己破壊を免れることが

できた。彼女は絶望の中で作り物語の創作へと向かったのである。しかし、自己の生存を含めた苦界を第三者として凝視することは、日記文学という虚構は生むとしても、虚構の物語を創造することには必ずしも直結しないだろう。虚構の虚構としての物語の自覚的創造のためには、自照の閉塞した自己関係からの自己解放が起こらなければならないはずなのだ。この自己解放——とは言え、これは自己自身に向けられた認識の刃をかわすことを意味するから——にして同時に自己防御・自己逃避は、式部にとっていかにして可能だったのだろうか。この答えを「宿世」という思想に求めることにしたい。

　「宿世」とは“前世で定められた現世での巡りあわせ”というほどのことを意味するが、この語自身の平安文学における広範な浸透については後述するとして、差し当たり式部の宿世観を見ておこう。『源氏物語』「若菜上」で、朱雀院が女三宮の婿選びに苦慮している場面での院の言葉である。

　　　ほどほどにつけて（身分に応じて）、宿世などといふなることは知りがたきわざなれば、よろづにうしろめたくなん（心配だ）。すべてあしくもよくも、さるべき人の心にゆるしおきたるままにて（しかるべき人が指図しておいた通りに）世を過ぐすは、宿世宿世にて（それが各人の宿世というもので）、後の世に衰へある時も（後になって没落する時も）、みづからの過ちにはならず。

　つまり、人間からすれば絶対的に認識不可能な「宿世」に身を委ねることによって、人間は、この世の全てを認識しなければ気がすまないが、実際には不可能だ、という不安から解放されるのである。宿世に身を委ねることで「みづからの過ちにはならず」と自己の責任を回避する。これは或る種の知恵である。これが防御にすぎず逃避にすぎなくても、不安定な苦界を生きてゆくためには、すべてを宿命に任せる知恵が必要だったのである。かくして、彼女が苦界の様相をすべて「宿世」と諦観して一切を宿命に委ねたとき、式部は認識の地獄から解放されて、観想する第三者の位置に立つ自由を獲得し、その位置から、苦界で苦しむ自分の姿を宿命に翻弄される人間の姿に仮託して物語へと作り上げることができるようになった。現実の苦の様相を虚構（物語）へと転換し、自分の姿を仮託した登場人物たちを物語という虚構の世界に遊ばせることで、式部は自己凝視の絶望から甦り、現実の苦界を生き延びることができたのである。『源氏物語』「蛍」で、源氏は玉鬘に向かって冗談めかして物語論を説いているが、物語は深浅の別があるにせよ、虚構によって人間の真実を描くものだ、とする源氏の言は、まさしく式部自身の思想の真実の、しかもそれの軽やかな表出である。

(2) 『源氏物語』と因果応報

　さて、前項で平安文学における無常観の浸透を論じ、また上で虚構としての物語の生成を論じてきた。説話文学の場合もそうであったが、「因果」という虚構を人間が欲するのは人間が苦界を生き延びるためであるということが、ここまでの一応の結論である。だが、虚構としての物語が真実を描こうとするものであるならば、紫式部は『源氏物語』という虚構によって、しかも「宿世」という虚構（「宿世」は因果応報における因の 1 つの形態である）を用いて、いかなる「真実」を語ろうとしたのだろうか。我々にとって本来のテーマである『源氏物語』の因果応報思想の追究に向かうことにしよう。

　ところで、『源氏物語』だけでなく、平安時代のかな文学（日記、随筆、物語など）に「因果」という語は存在しないようだ。『栄華物語』巻 8「はつはな」で、藤原伊周がわが身の不遇を歎いた言葉の中に、「もの〻因果知らぬ身にもあらぬものから・・・」（因果応報の理を知らない身でもありませんが）とあるのが例外と言えようか。しかし、「因果」という語が使用されないからといって、因果思想が無かったことには勿論ならない。事実、因果応報思想に由来する語は頻繁に登場する。例えば、「前の世の報い」「後の世の罪」など。特に「宿世」という語の『源氏物語』における使用頻度は桁違いに高い。「因果」という漢語が避けられたのは、かな文学にそぐわず、それに代わる和語（「前の世の報い」「ものの報い」など）が用いられたためと考えられるが、しかし「宿世」は「スクセ」と訓むにしても歴とした漢語のはずである。とすれば、同じ漢語であるのになぜ「宿世」は受容され、「因果」は用いられなかったのか。ここには平安時代のかな文学における因果応報思想の特徴が現れていると考えられる。そしてこれは既に『日本霊異記』を論じた際に指摘した因果思想の日本的変質を継承するものであるはずだ。

　「宿世」という語の本来の用法は、仏教の「三世思想」と一体を成す因果応報思想に基づいて、現在の自分の境遇をもたらした「宿世」つまり「前世」がいかなるものであったか、という問いに対する答えとなるべきものであった。かな文学でも「宿世（前世）」への問いが無いわけではない。だが、「いかなる」宿世（前世）か、という問いに対しては決して具体的に答えられることは無い。過去世に漠然と言及されるのみなのだ。既に見たように、『法華験記』で多用される「宿業」「宿世（の因、の報）」「宿因」「宿縁」「宿報」「宿善」「宿習」などの因果応報絡みの語において、業因と業果との関係が曖昧で漠然としていたように、かな文学において用いられる「宿世」「宿報」「前世」なども具体的内容を持たず、それどころか更に抽象的に「不思議な運命」の意味で用いられているのである。要するに、三世因果の理を認識する語から、現世の不可思議を詠歎する語へと変容することによって、「宿世」は当時の日常語と化し、かな文学で広く用いられるようになったのだと思われる。ここに因果思想の更なる日本化の進展が見られることは言うまでも無い。

　他方、「因果」の場合は仏教の専門用語としての地位を保ち続け、日常語にまではならなかったのであろう。建前としては前世の業因を知らないでは済まされない、というニュアンスが付き纏ったのかもしれない。もっとも、「因果」は後には「現世か前世でなした事に対する報い、すなわち罰」（『邦訳日葡辞書』）のように、因よりもむしろ「果」に重心が移り、これはこれで日常語と化してゆくようになる。「かかる悋気の深き女を持ち合はすこそその男の身にして因果なれ」（西鶴『好色五人女』巻2）とか、「〜とは因果な商売だ」とか。

　さて、因果思想の日本化の進展だが、「宿世」という語の頻出は仏教思

想の浸透を証拠立てるものであることは間違いないとしても、それは同時
に因果思想が著しく「現世化」されて受容されたことの証拠だとも言える
だろう。「因果」という語の欠落は平安時代のかな文学における因果思想
の現世的変質を象徴する現象なのである。日本における因果思想の現世
的変質は、上で述べた「前世」の抽象化と並んで、現世内部における因果、
つまり眼に見えたり経験したりしうる因果の重視となって現れる。これは
「三世」因果の否定までほんの一歩の、現世のみで完結する「因果」の呈
示であり、要するに現世中心主義である。『日本霊異記』からして既に「現
報」中心主義なのだった。「現報」という形での因果応報は、「現報」の霊
異譚を数多く収録する仏教説話の中だけで語られるのではなく、和歌の世
界にも進出している。それを端的に示す語は「報い」である。『古今和歌集』
の索引で「むくい」の項目を調べれば複数件ヒットするはずだ。『万葉集』
にこの語が存在しなかったことを考えれば、平安時代における仏教的因果
思想の浸透に改めて驚かされる。

　いよいよ『源氏物語』の因果応報だが、因・果の両者が揃った因果応報
は「現報」という形で現れる。しかも「報い」という語として。ただし、
漠然とした前世を意味する「宿世」が頻出するのと比べるなら、因果応報
としての「むくい」は20例未満で、用例が多いとは言えない（今、「因果
応報としての」と限定したのは、「報復」としての報いの用法もあるから
である）。多いとは言えないが、後述する通り、決定的な局面で用いられ
ていることは重要である。

　そこで、『源氏物語』における「現報」としての「報い」の用例を幾つ
か見てみよう。

（1）恋の「報い」
　「葵」巻の巻頭。母方の後見を持たない光源氏にとって最も頼りになる
父桐壺帝が譲位し、源氏を快く思わない弘徽殿の女御腹の兄朱雀帝の即位
の兆す中、源氏は愛人たちの許への忍び歩きも慎まれる。愛人たちの不安
の嘆きの「報い」で、自分につれない藤壺を思って嘆く。なお、この箇所
は、『古今集』巻19「誹諧歌」の1041「我を思ふ人を思はぬ報いにやわが

思ふ人の我を思はぬ」を受けているとされる。

　　　世の中変りて（桐壺帝の譲位）後、よろづものうく思され、御
　　身のやむごとなさも添ふにや、軽々しき御忍び歩きもつつましうて、
　　ここもかしこも、おぼつかなさの嘆きを重ねたまふ報いにや、なほ
　　我につれなき人の御心を尽きせずのみ思し嘆く。

(2) 源氏追放の「報い」

　①「明石」巻——源氏が須磨から明石へと流離っている間に、都では天変地異が頻発したのに加えて、太政大臣（帝の外祖父）の死、母弘徽殿が病に罹り、自身も眼を患った朱雀帝は、それらの凶事を源氏に対する処遇の現報と見て、源氏の復権を考える。（「かならず報いありなむとなむおぼえはべる。今はなほ、もとの位をも賜ひてむと、…」）

　②「澪標」巻——朱雀帝は、源氏を重んずるように、との故父帝の遺言を思い、母后の反対を押し切って、源氏を都に呼び戻す。このことで朱雀帝は源氏を追放した現報への恐れから解放される。（「ものの報いありぬべく思しけるを、なほし立てたまひて、御心地涼しくなむ思しける。」）

　③「絵合」巻——源氏の帰京後、朱雀帝の退位に伴い、斎宮として伊勢に在った六条御息所の娘（後の秋好中宮）も帰京して、朱雀院は彼女を後宮に望む。だが源氏と藤壺はそれを冷然と無視して、新帝（冷泉帝）の後宮にいれる。落胆したに違いない朱雀院は、これもかつて源氏を須磨へと追放した現報なのだろうか（「過ぎにしかたの御報いにやありけむ」）と、この場合は語り手の言葉として朱雀院の現報が語られる。

　ここで否応なく気づかざるをえない奇妙なことがある。奇妙なこととは、こうだ。——朱雀帝の背後で源氏追放を画策した張本人は太政大臣と弘徽殿大后であった。そして前者は死に、後者は病を得た。とすれば、それらが源氏追放という悪事に対する現報である、とされても当然のはずである。ところが現報として眼病を受けるのは朱雀帝のみなのである。太政大臣の死は「ことわりの御齢」と記されるのみであり、弘徽殿は自分の病を、源氏を追放した自分の悪事に対する現報と受け取るどころか、「報い」

に怯え源氏を召還しようとする帝を諫め、源氏が返り咲いた時などは、「つ
ひにこの人をえ消たずなりなむこと」（「澪標」巻）と憎々しい一言を放っ
ているほどである。つまり源氏を追放したことなど悪事とさえ思っていな
いのだ。そもそも公平に見れば、源氏の須磨流離そのものが政争の一環と
見るのが妥当であろうし、さもなければ源氏自身の悪行（例えば朧月夜と
の密会など）であろう。ともかく、さすがの弘徽殿も、後に自分の敗北を
認める（「世をたもちたまふべき御宿世は、消たれぬものにこそと、いに
しへを悔いおはす」「少女」巻）が、その際注意すべきは、弘徽殿が自分
の敗北を源氏の「御宿世」（運のよさ）に帰しているのであって、決して
源氏に対する自分のかつての敵対行為の「現報」とは考えていないという
ことである。つまりここで我々は作者が、報いに怯える小心な朱雀帝と敗
北してもなお毅然としている弘徽殿、或いは軟弱で素直な朱雀帝と強硬で
狷介な弘徽殿という対照的な性格を鮮やかに描き分けていることを知るの
である。

　しかし、もしもこれが仏教説話ならば、例えば『日本霊異記』の各巻の
序文や『今昔物語集』の至る所に登場する「因果ヲ信ズ」「因果ヲ知ラズ」
などの言葉が明確に主張しているように、「報い」つまり因果の理に対す
る信不信は人間としての善悪・賢愚と密接に関係づけられるはずである。
因果を信ずるのが善・賢であり、因果を知らず信じないのが悪・愚である、
と。この図式を『源氏物語』に当てはめてみれば、報いを思う朱雀帝は善・
賢、報いを認めぬ弘徽殿は悪・愚となるだろうが、『源氏物語』の作者が
そのような観点から両者の人物造形を行なっているとは到底思われない。
むしろ、作者の主眼はやはり「性格」の描き分けにあるように見える。朱
雀帝は決して善人でも賢者でもなく、むしろその本質は軟弱にあるだろう
し、弘徽殿は決して悪人でも愚者でもなく、むしろその本質は堅強にある
だろう。このように源氏の須磨流離に対する「報い」は、人間の善悪・賢
愚ではなく、性格の強弱として物語の道具立ての1つに留まっているので
ある。この点で、源氏の須磨流離はパトス（苦難）の悲劇というよりはエー
トス（性格）の悲劇として書かれているように見える。つまり、この箇所
（2）①②③での源氏追放の「報い」は、（1）恋の「報い」の場合と同様に、

仏教とはほとんど無関係の世俗性を帯びているのである。

　それでは次に、源氏の須磨流離は「因果応報」という観点から見るといかなる様相を示すのか、に言及しよう。源氏は「須磨」巻において、左大臣への別れの挨拶に際し、「前の世の報いにこそはべるなれば」と述べている。ところが朧月夜への手紙では、彼女との密会露見を原因に挙げ、また藤壺への別れの挨拶では、「思ふたまへあはすることの一節」、つまり藤壺との密通の報いを暗示している。後二者への言葉からすれば、源氏は須磨流離を「現報」と見ていたようにも取れる。こうなると源氏の須磨流離は「宿世」なのか、それとも「現報」なのか、という二者択一では捉え切れないように思われる。そもそも「報い」という観点からさえ捉え切れないテーマであるようだ。それでは、源氏の須磨流離とは何か。陳腐を承知で言えば、典型的な貴種流離譚である。そこでは貴種の流離が飽くまでも物語の主であり、その原因・理由は伴である。因果応報思想に基づいて物語が構想されているわけではなく、源氏の流離という物語に「報い」という因果思想が奉仕させられていて、それが或る場合は「宿世」という形を取り、また或る場合は「現報」という形を取るにすぎないのである。いずれにせよ、因果思想は源氏が須磨・明石の流離を経て栄華へ昇りつめる過程では、物語の本質を形成するほどの深みを持たなかった。

　ところが、「報い」は源氏の栄華の絶頂において突然源氏を襲う。

　須磨・明石での流謫の後、帰京した源氏は太政大臣まで栄達し、養女と娘をそれぞれ帝と東宮に入内させ、藤壺との不義の子、冷泉帝に強く請われて、「太政天皇になづらふる御位」にまで昇りつめる。他方、出家の準備に取り掛かった兄朱雀院にとっての気がかりは女三宮であった。彼女は母親が亡くなった後は朱雀院の庇護だけで生きてきただけに、他に後ろ盾が無いからである。苦慮した挙句、院は女三宮を源氏に託すことに決める。源氏は、女三宮が恋焦がれた藤壺の姪に当たることもあり、生来の好き心もあって、妻に迎えることにする。長年連れ添った紫上は源氏から女三宮降嫁承諾を打ち明けられて、意外にも淡々としていたが、内心失望は深かった。遂に女三宮が六条院に降嫁した。源氏は女三宮の幼さに失望する。そうこうしているうちに、事件は起こる。女三宮は柏木という貴公子の子を身ごもったのだ。やがて女三宮は源氏の眼の前で源氏の子としてその子を出産する。その場に臨んだ源氏は、次のように思う。「柏木」巻からの引用である。

　　さてもあやしや。わが世とともに恐ろしと思ひし事の報いなめり。この世にて、かく思ひかけぬ事にむかはりぬれば、後の世の罪もすこし軽みなんや。（それにしても不思議なことだ。私が生涯恐ろしいと思ってきた事 [＝藤壺と密通し、その不義の子が冷泉院であること] の報いなのだろう。この世でこのように思いもよらない事が巡ってきたのだから、後生の罪も少しは軽くなるのだろうか。）

　藤壺との密通については、既に引いた「思ふたまへあはすることの一節」（「須磨」巻）でも言及されていたが、それはまだ暗示に留まっていたのに対し、この「柏木」巻では、女三宮と柏木との密通こそが過去に自分の犯した密通の「報い」なのだろう、と源氏が自分の過去の行為の報いをはっきり自覚しているように書かれている。しかも、「柏木」巻以前にも既に伏線は張られていて、2人の関係をふとした切っ掛けで知った源氏の抱いた痛切な思いが、こう記されている。

　　故院の上も、かく、御心には知ろしめしてや、知らず顔をつくらせたまひけむ。思へば、その世の事こそは、いと恐ろしくあるまじき過ちなりけれ。（「若菜下」巻）

　藤壺と密通していたとき、父帝は今の自分と同じように、知っていて知らないふりをなさっていたのだろうか、と言うのである。「報い」という語こそ無いが、源氏がわが身における因果応報を自覚しているとも取れる箇所である。

　それにしても不思議なのは、源氏と藤壺との密事が語られたのが物語の発端からさほど遠くない源氏18歳の時であり（「若紫」巻）、不義の子、冷泉帝の誕生が語られたのはその翌年だった（「紅葉賀」巻）のに、因果応報を思い知らされたのが源氏47歳で、何と事件の発端から30年後だということである。意外な結末で読者を唸らせるという趣向なのかもしれないが、これはいかにも不自然だろう。この30年のブランクを我々はどう解釈すべきだろうか。これは作者の意図的な設定だったのか、それともやむをえない措置だったのか。私としてはどちらでもあると解したい。作者が最初から1人で全篇の構成を行なったのか、それとも複数の作者が（元々か後世かはともかく）"既に成立していた光源氏に纏わる短編群"を編集した結果、現在の形に落ち着いたのか、その間の事情は知る由も無いが、仮に作者が紫式部1人だと想定すると、彼女は先ず大枠として因果応報譚を設定し、その中にもう1つ別種の型の物語、即ち貴種流離譚を嵌め込んだために、その型から解放されて、本来の因果応報譚の因と果とを結び合わせることができるようになるまでに30年という時間を要したのではないか。

　その貴種流離譚とは、別の表現を用いるならば教養小説、ドイツ語の"Bildungsroman"である。これはよく誤解されるような教養の身につく小説の謂ではなく、むしろ自己形成小説、高貴な生まれだが不孝な身の上の子供が逆境を潜り抜けることで真の自己を確立してゆく小説である。源氏の場合は不幸な皇子の栄達の物語ということになるが、とにかくこの型もまた『源氏物語』において初めから意図的に設定されていることは、源氏の運命に関する相人や夢解きが記されていることからも明らかである。これは「桐壺」巻から始まり、栄達の具体的内容が冷泉帝の即位と明石姫君の誕生として明かされる「澪標」巻を経て、源氏が「太政天皇になづらふる御位」を与えられる「藤裏葉」巻に至って、ひとまず完結する。

　この栄達の物語は、一般に3部から成ると見なされる『源氏物語』の第1部に相当するが、「若菜上」以降の第2部、「宇治十帖」の第3部の全体を見渡したとき、第1部は主人公の栄達を語る物語として見事に完結している。それゆえ、この完結性を損なうことなく源氏の罪と報いの因果応報の物語を展開するのには当然無理があった。それゆえにこそ、第2部の発端の「若菜上」から「わが世とともに恐ろしと思ひし事の報い」が新たに準備されねばならなかったのだ。ただし、第2部で展開される内容の素材が既に第1部の発端近くに置かれて伏線となり、しかも源氏の栄達の発端ともなった源氏と藤壺との密通そのものが同時に「報い」の因として捉え返されていることを看過してはならない。栄達物語の発端となった密通が因果の物語の因として機能することで、一方では栄達という光と、他方では「報い」という影とが実は表裏一体でありうるという「真実」を、作者は因果という虚構の物語によって語ったことになる。

　だから第1部の密通事件を作者は偶々第2部で再利用したのではない。物語の型を全うするための都合で作者が登場人物たちに密通を犯させるとしたら、その物語は作者の偶然の思いつきの産物でしかないということになるだろう。全体と部分とは緊密に連関していなければならない。話の筋は構想の段階から首尾一貫していなければならない。それが作り物語のあるべき姿であろう。事実、源氏は既に密通以前の段階（「夕顔」巻）で、藤壺を慕うことの「報い」を意識しているとされているし、また第1部の終わり近くの「野分」巻では、既に密通を巡る源氏の因果応報が暗示されてさえいるのである。それは、野分の朝、源氏の息子の夕霧が、継母紫上の姿を偶然にも初めて見て、その美しさに魅惑され、密かに紫上を激しく慕うという場面なのだが、この場面は、父帝の寵妃を犯した源氏が、今度は自分の寵愛する妻を実の息子に犯されるかもしれない不安を懐くという、まさに因果応報の構図となっている。伏線は充分に張られていたのである。密通から30年を隔てて現実化した「報い」を、作者は最初から因果応報譚として構想していたのである。

　ところで、『源氏物語』という因果応報譚は、『日本霊異記』や『今昔物語集』などの仏教説話の勧善懲悪的なそれとは全く別物である。源氏は傍から見れば何一つとして「報い」を受けてはいない。報いをあからさまに受けたのは、破滅した柏木の方である。それでは源氏の受けねばならなかった「報い」とは畢竟何であったのか。それは仏教教化のための因果応報などではさらさらなく、むしろ精神的葛藤・相剋としての因果応報であった。まさしく作者紫式部の精神世界の物語化であり、自己外化である。『源氏物語』は紫式部の精神現象譚なのである。しかしながら、「わが世とともに恐ろしと思ひし事の報いなめり」に続く「この世にて、かく思ひかけぬ事にむかはりぬれば、後の世の罪もすこし軽みなんや」という源氏の言葉を、我々は一体どう解釈したらよいのだろうか。これは「この世でこのように思いもよらない事が巡ってきたのだから、後生の罪も少しは軽くなるのだろうか」というほどの意味だが、この点に関しては、源氏は結局、現世で報いを受けたのだから来世での罪が軽くなるはずだ、という安易な利己的解釈に堕してしまっている、彼は過去の自己の悪業を直視すべきであった、とする批判的見解が当然寄せられるはずである。実際、これはこれで正鵠を射ていると思われる。なぜなら、源氏のこの言葉は式部の肉声であり、それは精神構造から発せられているからである。即ち、式部は無常観の主体（観る私）と客体（観られる私）との相克に苦しみ、この相克の苦しみを虚構の世界に棚上げし、物語の世界での登場人物の苦しみへと昇華することで辛うじて生を維持したのだった。しかしながら、それは所詮自己防衛であり自己逃避なのである。真の救済は無常を観る、無常を知ることにあるのではなく、無常と一つになること以外には無いからなのだ。無常を観る私は不動な観想者などではありえず、無常であるからだ。無常はこの世の真如実相であり、無常を超えた常住なる存在などどこにも在りえないからである。無常の如実知見とは無常の諦観ではない、無常観ですらないのである。彼女は無常観を突破して無常そのものへ、ついでに言えば善悪業の因果から善悪の彼岸、因果の彼岸へと飛び込むことができなかった。ここに式部の限界がある。

　ただし、このような厳しい批判に対して、今西祐一郎は疑義を呈し、先の源氏の言葉はもしかしたら仏教の「転重軽受」を踏まえているのではないか、と述べる[7]。その所説を拝聴することにしよう。

　──「転重軽受」とは、『往生要集』が『大般涅槃経』の「或ひは重き業の軽く作すことを得べき有り、或ひは軽き業の重く作すことを得べき有り。有智の人は智慧の力を以て、能く地獄極重の業をして現世に軽く受けしむれども、愚癡の人は現世の軽き業を、地獄に重く受く」（第31巻）を引いているように、五逆の者の順次生業（次世で報いを受ける業）の報い

7　今西祐一郎「源氏物語」（『日本文学と仏教 第2巻 因果』岩波書店、1994年）76-78頁。

の有り方を説いたもので、要するに五逆の悪人でも臨終の念仏によって往生できることを説いたものである（『往生要集』巻下、大文第十「問答料簡」第五「臨終の念相」）。『源氏物語』の上述の箇所の場合、「転重軽受」は「有智の人」の順次生業と関連しているように考えられる。だが、『涅槃経』の経文と源氏の先の言葉は、厳密に言うと異質である。異質ではあるが、当時「転重軽受」は本来の仏教教理から逸脱して世俗的変容を蒙り、平安貴族が駆使する恣意的な論法になっていたということは充分考えられる[*8]。もしそうであるなら、「後の世の罪も軽みなんや」という源氏の「報い」は、「転重軽受」がそうであるように、「有智の人」にのみ該当する「報い」の相として語られたのではないか。説話の現報譚のように、邪見にして因果を知らぬ「愚者」の受ける「報い」ではなく、「智者」が受ける「報い」の形、それが源氏にとっての女三宮と柏木との密通なのだ、と『源氏物語』の作者は言おうとしているのではないか。

　その後、紫上の死を迎え（「御法」巻）、紫上に先立たれた源氏は、光源氏の物語最後の「幻」巻で、次のように述懐する。

　　　この世につけては、飽かず思ふべき事をさをさあるまじう、高き身には生れながら、また人より異に口惜しき契りにもありけるかなと思ふ事絶えず。世のはかなく憂きを知らすべく、仏などの掟て給へる身なるべし。

　この「人より異に口惜しき契りにもありけるかなと思ふ事」の 1 つに「柏木」巻で直面した「報い」も含まれるだろう。「智者の報い」はここに至って、現世でほとんど不自由なく生まれついた貴人に仏が与えた、この世の無常を悟らせるための方便の 1 つであったということになる。光源氏の物語は、王宮を捨てて出家したシッダッタ太子を髣髴とさせるのだが、「幻」巻における「報い」の収束は、確かに因果応報という観点のみからすれば

8　その証拠として今西は、無住（1226-1311）が『雑談集』巻 2 で、やはり『涅槃経』の「転重軽受」について言及していることを挙げている。補足すれば、日蓮もまた彼自身の罪業観から、しばしば「転重軽受」に言及していることは周知の通りである。

甚だ曖昧で不徹底である。しかし「幻」巻で、源氏の罪ゆえの悶絶という罰も、安らかな往生も描かなかった『源氏物語』が、発端以来四十余巻を費やして源氏の物語の最後に描こうとしたのが、平安時代の作り物語の理想と平安貴族仏教の理想との融合した姿だったとすれば、読者はその限界を言う前に、因果応報を縦糸としてはっきり織り込んだ古代物語の達成を評価すべきだろう。──

　以上が今西の所説なのだが、私は半ば納得しながらも、『源氏物語』第3部の、いわゆる「宇治十帖」もまた結末無き結末を持つことを考えるとき、今西の言う文学作品『源氏物語』としての「達成」は充分認めつつ、やはり憂き世に生きる作者紫式部の、人としての救済の「限界」を思わずにはいられない。酷な事を承知で言えば、光源氏とシッダッタ太子は些かも似ていない。光源氏はデカダンだからだ。後世、本居宣長は『源氏物語』から「もののあはれ」を読み取り、これを評価した。宣長は「漢心」を排し「やまと魂」を高らかに詠ったが、人は喜怒哀楽を素直に表出したからといって真の安心が得られるわけではない。だからこそ平田篤胤は師に欠けていた宗教論の構築に熱意を傾けたのである。それが成功したかどうかは別として、「あはれ」が無常の放つ歎息ではなく、無常観の放つ歎息であるとしたら、それは未徹在だと断じざるをえない。同じく未徹在ではあるにしても、平安時代にも時代をはみ出した者たち、因果を超脱しようと模索し、無常へと飛び出そうとした者たちは、やはりいたのである。彼らを描いた作品が至高の域に達しているどうかは別問題としても。

4　『浜松中納言物語』──業報輪廻説の変質

　行論の必然性から言えば、次に論ずべきは、平安時代にあって"時代をはみ出していた人々"なのだが、本書全体のテーマが因果応報である以上、日本文学史上唯一の「輪廻転生譚」とも評すべき『浜松中納言物語』（成立は11世紀半ば、作者は菅原孝標女か?）を素通りするわけにはいかない。藤原俊成卿女の『無名草子』の評価は高く、「『みつの浜松』（＝『浜松中納言物語』）こそ『寝覚』『狭衣』ばかりの世のおぼえはなかめれど、言葉遣ひ・有様をはじめ、何事もめづらしく、あはれにもいみじくも、すべて物語を作るとならばかくこそ思ひ寄るべけれ、とおぼゆるものにて侍れ。[*9]」と言われているほどである。この物語は三島由紀夫が遺作『豊饒の海』4部作の典拠にしたことでも知られ、『源氏物語』以降の作り物語の傾向が善悪両面で現れている。『源氏物語』のような深みのある作品ではないが、それを補うだけの趣向がいろいろと凝らされている。その趣向にこそ、転生譚としての『浜松中納言物語』の特徴が現れており、本章第 1 節以来追究してきた因果応報思想の日本的変質が凝縮して現れているのだが、それを指摘する上でも、先ずは "あらすじ" を見ておかなければならない[*10]。

　故式部卿宮の一人息子（後の源中納言）は、若く美しい母が子連れの左大将と再婚したことがやりきれなく、寂しく思う一方で、一層亡父を慕うようになる。左大将は亡き先妻との 2 人の娘のうちの大君を中納言と結婚させようとする。中納言は大君に惹かれながらも恋を遂げかねて傷心しているうちに、父宮が唐の第 3 皇子に転生していると噂で伝え聞き、また実際に夢にも見て、帝から 3 年間だけ唐に行く許しを得る。渡唐の直前、中納言は式部卿宮（後の東宮）との結婚が決まった大君と契ってしまう。渡唐後、大君は懐妊し、式部卿宮との結婚は流れ、代わりに妹の中の君が式部卿の室になる。大君は剃髪し姫君を産む。（以上、佚亡首巻）
　河陽県の離宮に皇子を訪ねてその母后を見た中納言は心惹かれたが、その後、夢告に導かれて母后と一夜の契りを結び、若宮を得る。母后は若君とともに姿を消す。捜索の甲斐も無く許された 3 年が過ぎ、中納言は止む無く帰国する。だが帰国直前、母后の夢に、若宮を中納言に託して日本に連れて行かせるように、とのお告げがあった。中納言は母后と再会して、託された若宮を密かに連れ帰ること

9　桑原博史校注『無名草子』（日本古典集成、新潮社、昭和 51 年）74 頁。なお、括弧内は引用者の補足である。

10　首巻は散逸してしまったので、古典文学大系本『篁物語・平中物語・浜松中納言物語』（岩波書店、1964 年）所収の松尾聰「浜松中納言物語　解説」141-144 頁を参照する。

になる。その際唐后は、自分は遣日使だった父が筑紫で上野宮の娘に産ませた子である、と語り、日本にいる母への手紙を託す。（第 1 巻）

　唐から戻った中納言は、筑紫で中将の乳母を呼び出して若宮を預ける。このとき初めて大君が我が子を産んだことや出家したことを知る。途中立ち寄った大宰府で、大宰大弐が娘を中納言に娶わせようとするが、娘とは再会を約しただけで別れる。都に帰った中納言は母、尼大君、尼大君の産んだ姫君と対面し、尼大君と今後は清い関係を保つことを誓う。唐后からの手紙を読んでみると、自分には異父妹がおり、それを教えてくれた僧が吉野にいる、と書いてあった。（第 2 巻）

　中納言は吉野に唐后の母を尋ね、唐后の手紙を渡す。唐后の母は唐后を産んだ後、帥宮と再婚し、吉野の姫君を産んでいた。中納言は唐后の母と娘の後見を約束する。一方、大宰大弐は娘を衛門督に娶わせようとするが、中納言は大弐の娘とも契り懐妊させる。娘は夫衛門督の子として中納言の子を産む。中納言は先の誓いを自ら破って尼大君と関係を続ける一方で、帰国後も唐后を恋い慕い続ける。吉野の尼君から姫君の後事を託された中納言は、吉野の姫君と文通し、心ときめかせる。（第 3 巻）

　しかし、尼君の夢を見て吉野を訪ねると、尼君は既に亡くなっており、吉野の聖から姫君の在所を聞いて会いに行くと、姫君は唐后に生き写しだった。中納言は姫君を中将の乳母の里に迎えようとするが、吉野の聖の、姫君が 20 歳前に男と交わると不幸になる、との予言によって契らないでいるうち、好色の式部卿宮に吉野の姫を盗まれてしまう。（第 4 巻）

　中納言が衝撃を受けていると、唐后が中納言の夢に現れて、自分が吉野の姫の子に転生したこと、遠い行末に中納言の恋を成就させる女子であることを告げる。同じ頃、発狂した吉野の姫君は式部卿宮の子を懐妊し、唐后が死去し、また父宮の転生である第 3 皇子が立太子したという知らせが唐の国から届く。（第 5 巻）

（1）作り物語としての特色

　『浜松中納言物語』は転生と夢告への確信によって支えられた作り物語である。最も特色ある転生譚は 2 箇所である。1 つは、今は失われた首巻で、主人公中納言の夢に、亡き父宮が現れて、自分は唐の第 3 皇子に転生したと告げる場面である。もう 1 つは最終第 5 巻で、やはり中納言の夢に、愛する唐后が現れて、自分が吉野の姫君の腹に宿って再び女の身に生まれたと告げる場面である。つまり『浜松中納言物語』は物語の首尾に転生譚を持っていることになる。『浜松中納言物語』の特色を簡潔に纏めてみよう。

　①転生譚『浜松中納言物語』の最大の特色は舞台設定の妙にある。転生が海を隔てた日本と唐という 2 つの場所を往来する生命の再生として設定されている。単に日本の中での転生の話であるなら、超現実的な転生の具体的内容が非現実的なものに堕する危険性があるところを、当時の日本人にとっては遥か海の彼方の土地を一方に設定したことで、読者には超現実的な話が超現実的なまま受け容れられたはずである。転生である以上、前世と現世との間には時間的ずれが当然あるはずだが、それが全く感じられない。それは来世が異国という形で空間化されているからであろう。『日本霊異記』で指摘した因果思想の日本的本質の 1 つ、「来世の空間化」が如実に現れている。

　②インド仏教の例えば『倶舎論』では決してありえないことだが、転生する本人自身に転生の記憶が残っている。例えば、第 1 巻で、唐の第 3 皇子が中納言（前世での我が子）に会ったとき、「御子も御気色変りて、大方の事ども仰せられて、言葉には宣はで、昔を忘れぬに、かく逢ひ見つる由のあはれを聞きて」中納言に伝えた。すると中納言は、「（第 3 皇子が）ありし御面影にはおはせねど」「生を隔てかたちを変へ給ひつれど、あはれになつかしく」なる。息子の中納言が夢告を信じている以上、彼のこの反応は不自然ではないが、第 3 皇子の場合は、自分が中納言の父だったという前世の記憶を持っているという筆法である。これは「前世の現世化」と呼ぶべき現象だろう。これは、息子と子どもの頃に別れて何十年も会っていなかった父親が、突然眼の前に現れた男を息子だと思い出して懐かし

がる、というのと何ら違わないだろう。ということは、過去世が単なる現在世における過去に、現在世が単なる現在になっており、これは要するに、三世（過去世・現在世・未来世）が単なる時間系列（過去・現在・未来）になってしまっているということを意味するから、仏教の三世思想は完全に変質してしまっていると言えよう。

　③業報思想も変質している。というより単純化を被っている。いやしくも六道の輪廻転生であるからには、業因は多種多様であるはずだ。ところが、『浜松中納言物語』において、業因はただの1種類、「愛執」のみである。首巻では、中納言の夢に現れた父宮が子への愛に引かれて、第5巻では、唐后が男への愛に引かれて、死後に本来行くはずだった極楽浄土或いは天界へは行けずに人間界に転生した、と語っている。しかも、（極楽浄土や）天界に行くはずだったと言われる場合の業因に関しては全く記述がなされない。

　④このことに関連して、仏教の究極目的（このような一般的理解によっては仏教の論理は捉え漏らされるだけだが、それはともかく）が業報輪廻転生からの解脱であるなら、愛執という業の報いとしての人間界への転生は不幸以外の何ものでもないはずであろう。ところが、この物語の登場人物たち、つまり転生した人もこれから転生する人も人間界への転生を、むしろ愛の成就として喜んでいるようなのだ。これは仏教の世俗化以外の何ものでもない。と言うより、仏教とほとんど無関係な恋愛話にすぎない。

　⑤次に物語の内容ではなく、この物語の技術的側面に眼を転じよう。転生は当時の読者（貴族の子女）にとっても、夢の中で告げられたから、というだけでは俄かには信じられぬ出来事だったらしく、いろいろと工夫が凝らされている。例えば、中納言が父宮の転生を確信するのは、先ず唐の皇子に生まれたことを噂か何かで伝え聞いてから夢にも見る、という運びになっているし、また唐后の場合は、空に不思議な声がするのを聞き、それを夢か現か怪しんでいるうちに夢で転生を告げられる、という工夫がなされている。これは先述した通り、往生伝の夢告も単純に信じられていたわけではなくて、寺に籠って一心不乱に念ずると舎利が得られたとか、某人が夢に現れて自分の入滅を告げたが、実際に彼の邸に行って確認すると、

同じ日の同じ時刻に入滅したと家人が語った、というのと同じ構造である。

　⑥作者は転生を「身を代へ」ることだと考え、また生きとし生けるものの生命の輪廻の一形態と見なしているようだ。その際、作者は身心二元論に立って、心は存続するが身は時空に応じて様々な姿を取ると見なしているらしい。例えば第 2 巻の、唐后が日本の母に書き送った手紙の中の「身を代へても、おはしますらむ同じ木草ともならまほしうのみ侍れば」というくだりから考えると、人間を始めとする有情（動物）だけでなく、「木草」のような無情への転生もありうると見なされているようであり、これは草木成仏説の初期の事例ということになるが、時期的に天台本覚思想の草木成仏説とは無関係だと思われる。この物語では「身を代へて」が多用されているが、この表現には、身体や現世の制約を超えた親子の契りや男女の契りという心（愛）の永遠性を信じたいという願望が込められているのだろう。ただし、男女の「心（愛）」の場合はセクシャルな要素を多分に含んではいるが。

　⑦第 2 巻から第 5 巻まで、作者は読者に対して、空間的に隔たった中納言と唐后という 1 組の男女がいかにして心の結びつきを失わないでいられるか、というただ 1 点に興味を繋ぎ続ける。そして最後の仕上げとして描かれるのは、唐后の転生が吉野の姫君の子への転生だった、ということであるから、読者は、いくら遠い将来中納言の恋を成就させるという夢告がなされてはいても、実際に男女の仲として成就することはないだろう、と思うはずだ。この結末無き結末は『源氏物語』以後の作り物語の典型な終わり方なのだが、結末を与えられていないからこそ、この物語は単なる男女の愛の物語ではなく、むしろ母性を求める男の物語として首尾一貫した構成をもっているとも言える。

　以上から、『浜松中納言物語』は平安時代の完全な「娯楽小説」と規定することが適切かと思われる。この物語に現れた因果応報思想は日本的変質のほぼ終局的な姿を示している。もしもここから更に、この物語で大きな役割を演じている「転生」と「夢」という 2 つの要素が脱落するか自然科学的意匠を凝らされるとしたら、そこに現れるのは現代の伝奇小説かSF 小説かホラー小説かであろう。『竹取物語』が何度も映画化されていることを想起されたい。これは、説話からモノ語りという元の要素が脱落するか忘却されると、モノ語りが物語（伝説、更には昔話）になるのと同じ流れである。伝説は新たな意匠を纏って現れる。それはいつも身近にあるものだ。現代ならさしずめ「都市伝説」がそれに当たるだろう。それゆえ以下では、「転生」と「夢」という要素について、他の作品をも参照しながら『浜松中納言物語』における機能の特徴に改めて言及してみよう。

(2)「転生」

　「転生」は他の物語にも登場する。既に見た『竹取物語』も或る種の転生譚であったし、『浜松中納言物語』の影響を受けた『松浦宮物語』（藤原定家の若き日の作、12世紀末成立）もまた転生譚である。この『松浦宮物語』に関してだが、これは修羅道から人間界への転生と、天界から人間界への転生を語っているから、なるほど輪廻転生の型を示してはいるが、『浜松中納言物語』と違って罪業という契機に乏しく、また『浜松中納言物語』ほどには輪廻転生を物語の展開に生かしていない、その点では現代に一歩近づいているということだろうか。

　ところで、『日本説話文学索引[*11]』の「転生」の項を見ると、転生は約180の説話に登場することが判る。その中には厳密な意味では転生と言えない単なる変身譚も含まれているが、六道輪廻転生譚に限定すると、次の4つに分類できる。

  (a)人間が動物などに転生する
  (b)人間が人間に転生する
  (c)人間が仏になる（厳密には輪廻転生ではないが）
  (d)動物などが人間に転生する

　『浜松中納言物語』との関係で、(b)人間が人間に転生する場合を取り上

11　平林治徳・境田四郎・和田克司編著（清文堂出版、1943年）を見よ。

げる（約 60 例）と、人間に転生した理由としては、仏法の尊重（法華経の功徳、写経・造仏の功徳、薬師仏への信仰など）であり、その際特徴的なことは、先にも述べた通り、人間が人間界に転生することを喜びとしていることである。『今昔物語集』震旦部巻 7 には唐の『冥雑録』から採録したと思われる、崔彦武は前世で人の妻だったが、法華経の力で再び人間に生まれ、元の家に至る話が載っている。確かに、経にも「得がたき人身を得て」という言葉は頻出するし、確かに現世で仏法を聴聞できるのは喜びであろうが、『今昔』のこの話の場合、崔彦武は法華経の力で再び人間に生まれ昔の家に偶然至ったことを喜んでいるのであるから、かなり現世利益的で世俗的な喜びではある。ただし、これと比較しても『浜松中納言物語』の場合は子や愛人に対する「愛執」の罪ゆえに人と転生し、それを喜ぶのであるから、仏教とは異質でもあるし非仏教的でさえある。

　次に、人間が人間に転生する場合、『浜松中納言物語』のような日本人が外国に転生する話は類例に乏しく、そのほとんどが源為憲の『三宝絵詞』に見られる。しかも転生譚は『三宝絵詞』の 3 種類の伝本のうち、東京国立博物館本（東寺観智院旧蔵本）のみにある「妙達和尚ノ入定シテヨミガヘリタル記」に多い。同記は、「或本云」として中巻末尾に付加されたものである。天暦 5 年 9 月 15 日、出羽国竜花寺の僧妙達が、死んで地獄に行き、法華経読誦の功徳によって現世に返されようとした。そのとき死んだ父母の行方を尋ねると、父母はともに生前の悪業によって地獄に堕ちている。両親の罪を軽くしようと妙達が誓うと、閻魔王は数々の例を挙げて仏法の功徳を述べた。約 39 話に 44 名が登場する。経供養などの善行によって天界や人間界に転生した者もいるし、悪業の報いで畜生道や修羅道に転生した者もいる。その中に日本人が外国に転生した話が 12 話ある。以下に、人名・業因・転生した場所と位を列挙する。

①信濃国の高橋保道、大般若経一部書写供養、舎衛国の第一の長者。（第4 話）

②陸奥国の壬生吉廉、法華経千部書写し国分寺で供養、百済国の第一の人。（第 6 話）

　③出羽国のオホウチノ景正、金色の阿弥陀仏観音勢至二菩薩を造って
　　三重塔に納める、舎衛国の王。（第8話）

　④伊予国の県主時春、最勝王経金剛般若経書写、七重塔、一万人の僧
　　を供養、クル国の王。（第9話）

　⑤越後国のイクエノ豊廉、大般若経曼荼羅一部書写、舎衛国の王。（第
　　11話）

　⑥甲斐国の中原奥藤、大般若経法華経書写供養、セハラ国の王。（第12話）

　⑦常陸国の伴恒クニ、金泥経百部、仏塔、弥勒菩薩などを造る、モロ
　　コシの御門の王の子。（第13話）

　⑧丹後国の竹野重通、法華経八部書写、薬師仏ほか諸仏を造る、モロ
　　コシの第二の大臣。（第15話）

　⑨常陸国の大中臣助真、法華経八部、最勝王経百部書写供養、ケウサ
　　ラ国の王。（第16話）

　⑩紀伊国のヒシオヒノ春忠、法華経書写、摩訶陀国の王。（第17話）

　⑪越後国のシイクエノヨツネ、布施と大般若経法華経書写、寺復興、
　　ケウシラ国の第一の人。（第20話）

　⑫仁和寺の光仙、女御に思いをかけ、王舎城の南百里にキツネとなる。
　　（第36話）

　このように、転生の場所として多いのはインド（①③④⑤⑩⑫）、中国（⑦
⑧）であり、その他は各1国である。男女の仲に関する転生は1例のみで、
仁和寺の光仙が女御に懸想して狐に転生した話以外には無い。『三宝絵詞』
における異国への転生譚の異様な多さ、しかも同書は源為憲が出家した冷
泉院第2皇女尊子内親王のために作った仏教入門書であることなどを考え
併せると、『浜松中納言物語』の作者が、この種の仏教入門書の転生譚に
馴染んでいたことは間違いあるまい。しかしながら、たとえ異国転生譚を
かき集めたとしても『浜松中納言物語』は出来上がらないだろう。それで
は、男女の愛執ゆえの転生というこの物語に固有のモティーフはどこから
来たのか。
　これは、作者が転生を「身を代へ」ることだと考えていたことから来て

いるのではあるまいか。そこで、「身を代へて」の用例を調べてみよう[*12]。
すると最も古い用例は、『兼輔集』に載っている、藤原兼輔（877-933）の
歌に対する或る女の返歌「今宵貸す七夕つ女に身を代へて明けば帰らむこ
とをこそ思へ」のようである。ただしこれは、女が織女に変身して一夜
明ければ帰りますよ、と詠って、男の非難をかわしたものである。つまり、
残念ながらここには転生思想は無い。次に、藤原公任（966-1041）の「障
り多み波を分けこし身を代へて蓮の上に入るとこそ見れ」であるが、この
歌には「法華経提婆品」という詞書があることからも分かるように、これ
は釈教歌であり、内容も浄土への往生について詠んでいるのだから、転生
思想の存在は明白である。このように「身を代へて」という語は、男女の
恋愛の場での日常詠と釈教歌という 2 つの系列で使われていた。しかし日
常詠はやがて、「世」「世々」という語と結びついて、転生の意味を強めて
ゆく。例えば、

　　契りおくその言の葉に身を代へてのちの世にだに逢ひ見てしがな
　　身を代へてまたもこの世にめぐりあはばわれつらからむ事さへぞ憂き
　　逢ふことは身を代へてとも待つべきを世々を隔てむほどぞ悲しき

である。ところで、『源氏物語』で「身を代へて」の語をもつ歌は 3 首だが、
そのうちの 1 首は、明石尼が出家した姿を「身を代へて」と詠んだもので、
もう 2 首はいずれも自分の思う通りにならない女の態度を光源氏が詠んだ
ものだが、そのうちの 1 首、「身を代へて後も待ちみよこの世にて親を忘
るるためしありやと」（「朝顔」巻）の「身を代へて」には転生の意味合い
が濃い。
　このように歌の世界でも、時代が下るにつれて「身を代へて」が男女・
親子の愛執ゆえの転生という意味を強めていくことが解る。『浜松中納言
物語』の作者は、説話の異国転生譚とこの意味での転生を結合させること
によって、この物語を構想したのだろう。

12　具体例については、桑原博史「浜松中納言物語―輪廻転生と夢」（『日本文学と仏
教 第 3 巻 現世と来世』岩波書店、1994 年）38-40 頁を参照せよ。

（3）「夢」

　『浜松中納言物語』は転生譚であると同時に「夢告譚」でもあると言うことができる。そして夢の有り方はプロットの展開と密接に絡んでいて、しかも主人公中納言の行動に関連して 2 つの型に分けられる。1 つは、行動と一体の能動型の夢である。例えば首巻に描かれたように、中納言が夢の内容を信じてその通りに行動すると、夢告の予言通りの結果が生ずるというのがこの型である。もう 1 つは、受動型の夢である。これは例えば第 1 巻にあるように、中納言が夢の中に現れた人物から、唐后に再会できると告げられても、彼自身は何もせず、或いは何もできず、外的条件が自ずから再会という結果をもたらすというものである。『浜松中納言物語』に描かれた夢の大半は受動型であり、それだけに作中人物、特に主人公は、どんなに彼が美しく有能であり魅力的だと描写されてはいても、そこに人としての偉大さは全く感じられない。むしろ、自分の作り出した愛執の泥沼に自ら嵌まり込んで喜怒哀楽を感じているだけの軟弱な男として描かれているように見える。要するにただの衝動的な色好みにすぎず、英雄には程遠いのである。もしも作者がそのように意図して人物像を造形したとしたら、その意図は成功している。ちょうど三島由紀夫が『豊饒の海』の第 1 巻『春の雪』で主人公、松枝清顕をそのように、ただし自意識の塊として造形しているように。だが、受動型の軟弱な主人公を描いているという点は、『浜松中納言物語』だけでなく、平安後期の物語に共通した描き方ではある。物語作者である受領階級の女たちの閉塞した日常生活にとって、「夢」は憂き日常からの想像上の自由として機能していたのであろうか。しかし想像上の自由、現実逃避としての「夢」ならば、夢告が大きな比重を占めていた「往生伝」、特に三善為康の『拾遺往生伝』『後拾遺往生伝』の場合も同様なのだった。

　そもそも夢は現実と超現実の世界とを繋ぐものと考えられてきた。古代インドの古ウパニシャドでは、覚醒と夢眠と熟睡とを区別して熟睡を解脱に喩え、夢眠を熟睡への前段階に位置づけるとともに覚醒と実質的に変わらぬものも考えていた。つまり夢を迷いと悟りの両義性をもつものとして捉えていたのである[*13]。日本において、心の世界に関わる宗教つまり仏教が浸透するにつれて、僧たちが夢を見、そして夢を見ることが修行であるという考え方が生まれた。その際、仏教僧たちは夢を堕落の兆候と見る一方で、他方では観想に通ずるものとして評価した。つまり日本仏教においても、夢について古ウパニシャドとほぼ同様の両義的な評価を下していたわけである。ところが、次第に夢に積極的な意味を認める傾向が広まった。このことは夢の記録そのものが登場することからも知られる。例えば智証大師円珍（814-891）の『感夢記』、成尋阿闍梨（1011-1081）の『夢記』、そして少し時代は下るが明恵上人高弁（1173-1232）の『夢之記』などである。『日本説話文学索引』（上掲）の「夢」の項のうち、僧尼が夢を見た話が約210例で4割を超え、しかも夢の中に僧が現れて何かを告げる話が約80例もある。三世（生前・現在・死後）を繋ぐものとして、夢は僧たちにとって大きな意味をもっていたのである。

　それでは、「夢」は一般に平安文学においていかなる意味を持っていたのであろうか。他のジャンルの作品を覗いてみよう。

　先ずは「女流日記」だが、上述のような時代の雰囲気を反映して、女流日記では絶えず夢が語られる。

　例えば『蜻蛉日記』には作者自身の見た夢が3例ある他、夫兼家の見た夢を、山籠もりする僧に頼んで占ってもらうというくだりもある。作者の見た夢のうち、第1の夢は石山寺に籠っているときに、寺の別当らしき僧が作者の右膝に水をかけるというもの。第2、第3の夢は、作者の髪を尼そぎにして額髪を分ける夢と、腹中の蛇が肝を食べる夢とであった。そしてこの2つを記した後に、作者は「これも、悪し良しも知らねど、かく記し置くやうは、かかる身の果てを見聞かむ人、夢をも仏を用ゐるべしや、用ゐるまじや、定めよとなり」と結んでいる。つまり、夢告と仏の諭しを信ずべきか否か、読者に判断してもらいたいというのである。いずれにせよ、『蜻蛉日記』の夢の場合、何らかの形で仏教と関係している。

　次に『更級日記』に登場する夢だが、これは『浜松中納言物語』の作者

____

13　『サンサーラ 第2部 インドの輪廻思想』（上掲）68-73頁を見よ。

と目されている人の作品であることからも重要である。この日記に記されている夢は11例あり、そのうち夢の中に僧が現れたのが3例、僧に代参を頼んだり自身が寺院参詣したりした折に見たという夢が5例である。ここまでは『蜻蛉日記』や往生伝を含む説話と同じ傾向を示している。異質なのは、2例ある「転生」の夢である。これらは『浜松中納言物語』のそれと関係が深いと思われる。

　その1つは作者の姉の見た夢である。——どこからかやって来た猫を、姉妹は侍従の大納言（能書家で三跡の1人でもある藤原行成）の故姫君の転生した姿だと信ずる。その根拠は、姉の夢の中で、この猫が傍らに来て、「おのれは侍従の大納言殿の御女のかくなりたるなり。さるべき縁のいささかありて、この中の君（作者）のすずろにあはれと思ひ出で給へば、ただしばしここにあるを、この頃下衆の中にありて、いみじうわびしきこと」と言って鳴く様が「あてにをかしげなる人」のように見えて、はっと眼を覚ますと、この猫の声だったのがひどく悲しかったから、ということであった。ここで「さるべき縁のいささかありて」というのは、作者が、毎年桜の咲き散る季節になると乳母の亡くなったのはこの季節だったなあ、と思い出されて心が痛むのだが、そうした折に、同じ頃に亡くなった大納言の姫君の筆跡を取り出して眺めながら物悲しくなっていた、丁度その時にやって来た猫だったということを指していると思われる。姉は、妹（作者）が大納言の姫君を「あはれと思ひ出で」たので、姫君は猫（畜生道）に転生して暫くここにいるのだ、と思っている。作者が姫君をあわれと思う心は業であって、この業にとらわれた姫君は猫に転生した、という姉の理解を、当然作者も信じていただろう。作者は猫が1対1で対しているときに、猫を撫でながら、「侍従の大納言の姫君のおはするな。大納言殿に知らせ奉らばや」と話し掛けると、猫の様子から、「例の猫にはあらず、聞き知り顔にあはれなり」とは思うものの、姉妹はそのことを大納言家に告げ知らせてはいない。記述が無いため分からないが、2人は転生を実は信じていなかったのだろうか、それとも畜生への転生を忌むべきものと考えていたのだろうか。

　この話を現世から来世への転生とするならば、もう1つは前世から現世への転生である。その夢とは、作者が前世では清水寺の仏師だったが、「仏をいと多く造り奉りし功徳」によって、再び人として、しかも前世の素姓より立派な家柄の人として転生したのだ、と清水の別当とおぼしき人に告げられたというものである。それゆえ、清水に参詣し懇ろに供養したなら、前世に清水で仏に祈ったご利益によって、現世で幸運に恵まれたかもしれないが、それも充分に行なわずじまいだった。「いと言ふかひなく、詣で仕うまつることもなくてやみにき」と記しているのは、日記執筆時の反省を込めて、当時を振り返ったものである。この直前には、老父母のみを相手にしていた生活から、宮仕えに出ていろいろと辛い目に遭い、実家に帰ってみると、あなたがいないと心細いと訴える親の言葉が涙ぐましく聞こえる、ということが書かれている。彼女はそのような現実の思うに任せぬ袋小路の中で、無意識のうちに前世や来世を思わずにいられず、転生の夢に不安の捌け口を見出したのであろう。

　『更級日記』の場合は女性による転生の夢である。これに対して男性の書いた歴史物語『大鏡』の場合はどうか。

　『大鏡』に記される男の夢は2件、内訳は摂関家の3人（藤原師輔、兼家、道長のいわゆる本系の祖父、父、子の三代）と、能書家で三跡の1人の藤原佐理である。師輔は自分の見た夢（朱雀門に脚を開いて北向きに内裏を抱える）を、うっかり侍女に洩らし、正しく夢占をしてもらわなかった（内裏を抱えるとは、摂政・関白になるという意味だったのだが）ため、右大臣のままで終わった。兼家は或る人が見た夢（仲の悪い兄兼通の邸から射られた矢が、兼家の邸の庭に落ちる）を告げられて夢占をしてもらったところ、兼通の権力がそのままそっくり兼家に移るという吉兆だと言われ、実際その通りになった。道長は、腹心の藤原行成に有名な怨霊、朝成の悪霊が祟ろうと待ち構えている、という夢を見た。目覚めてすぐ行成に連絡をやるが、行き違いになった。だが、行成は偶然他の道を通って無事だった、という話である。また、藤原佐理の場合は、彼が瀬戸内海を上京している途次、嵐に遭うが、夢に三島明神が老人の姿で現れて、社頭の額を書いてもらいたくて嵐を起こし船を止めたのだ、と告げた。そこで佐理は大三島神社に戻り、精進潔斎して額を書き奉納した、という話である。前者の3つの夢に関して、作者の関心は夢の内容そのものにあるわけではなく、むしろ夢への対処の仕方に3人の性格の違いが現れていることを示すことにあるようだ。つまり、師輔の場合はその軽率さを、兼家の場合は自分で夢を見る能力は持たないが、他人の夢を尊重して適切に行動する慎重さを、道長の場合は、部下への温情と悪霊とも折り合える胆力とがその権力を支える源であることを。後者の佐理の夢の場合、『大鏡』は先の記述にコメントして、神にその技能を評価されるのは、誠に名誉なことだ、と述べていることからも明らかなように、作者は至高の技芸と神仏の感応との結びつきを語ろうとしたのだろう。いずれにせよ、男の夢の場合、夢が親子の情や男女の愛との関係では捉えられておらず、世俗的な権力や超世俗的権威との関係から捉えられている。社会性の強い夢であり、また夢解釈である。ただし、作者は夢そのものには懐疑的でないようである。

　『大鏡』で語られる女の夢は3件である。1つは、醍醐天皇の皇子で、皇太子のまま亡くなった保明親王に仕えていた大輔と親王の御息所とのやり取りである。即ち、大輔が親王の夢を見たという話を聞いた親王の御息所が、「時の間も慰めつらむ君はさは夢にだに見ぬ我ぞ悲しき」（あなたは故人の夢を見たのだから一時であっても悲しさが慰められたでしょうけど、夢にさえ見ない私は悲しいことです）、という歌を詠んだところ、大輔は、「恋しさの慰むべくもあらざりき夢のうちにも夢と見しかば」（故人が亡くなってから私は夢見心地でおりますから、その夢の中の夢に見たとは言え、恋しさは慰めようもございません）と返した。大輔は親王の愛人でもあったから、大輔の夢にだけ夫が姿を見せたことに御息所は嫉妬を覚えたに違いなく、チクリと詠み送ったら、亡くなった今でも恋い慕う気持ちが私の方が強いからですよ、と見事に返されたというほどのことだろうが、ともあれ、夢はここでは死者との交流、しかも男女間のそれを意味している。2つめは藤原伊尹の妻の見た夢で、『日本往生極楽記』の箇所で既に論じたものであるが、夢を見た主体に違いがある。それはさておき、藤原伊尹の子義孝は、亡くなるとき、私が死んでも、暫く法華経を読誦申し上げようという本意がありますので必ず帰って参ります、つきましては私の遺体を通例通りに処置なさいませんよう、と遺言したのだが、混乱のうちに誰かが枕返しなど通例の処置をしてしまったために蘇生できなくなってしまった。後に、義孝は母である北の方の夢に現れて、「しかばかり契りしものを渡り川帰るほどには忘るべしやは」と詠んだと語られている。この場合も、夢は死者との交流、ただし親子間のそれを意味している。3つめは、道長の妻明子の見た夢である。2人の間に生まれた顕信は突然出家してしまう。明子は予知夢に気づかず、顕信を出家させてしまったことをひどく後悔している。出家者の世界は現世ではあるが、出世間として世間と隔絶している。つまり現世の中のあの世である。以上の3例から言えることは、『大鏡』の描く女たちの夢は愛する者を失った悲しみが極まったときに見られるものであり、いずれも現実と現実を超えた世界とを繋ぐものとして考えられているということである。男たちの夢が権力や権威という世俗的な観点から語られているのとは対照的である。これは男と女との置かれていた当時の境遇の違いの反映であろう。

　『浜松中納言物語』の作者女性説が有力視されるのも、これが親子・男女の愛執の罪による転生と夢の物語だからである。この物語の作者もまた、紫式部ほど自覚的にではないが、宿世への諦観から虚構の世界を創作し、その世界に生きていたことだけは間違いない。

5　反時代的人間

　紫式部は求道の願いと躊躇を、『紫式部日記』の中で次のように記している。

　　いかに、いまは言忌みしはべらじ（さあ、遠慮しないで言いましょう）。人、といふともかくいふとも、ただ阿弥陀仏にたゆみなく、経をならひはべらむ。世のいとはしきことは、すべてつゆばかり心もとまらずなりにてはべれば、聖にならむに、懈怠すべうもはべらず（出家したとしても、怠けるはずがありません）。ただひたみちにそむきても（ただ一途に世に背いて出家したとしても）、雲に乗らぬほどのたゆたふべきやうなむはべるべかなる（来迎の雲に乗らないうちは

　きっと心が迷って動揺することもあるでしょう）。それにやすらひは
べるなり（それで出家を躊躇しているのです）。としもはた、よきほ
どになりもてまかる。いたうこれより老いほれて、はた目暗うて経
よまず、心もいとどたゆさまさりはべらむものを、心深き人まねの
やうにはべれど、いまはただ、かかるかたのことをぞ思ひたまふる
（こういう出家のことだけを考えているのです）。それ、罪ふかき人
は、またかならずしもかなひはべらじ。さきの世（前世の宿業の拙さ）
知らるることのみおほうはべれば、よろづにつけて悲しくはべる。

　式部は、来迎の雲に乗って浄土へ往生したい、と願うことに徹するこ
とはできなかった。出家したい、だが心が迷って決心がつかない、だがや
はり出家したい、この精神の動揺は『源氏物語』における柏木の、いっそ
死んでしまいたいが死ねない、死にたくはないが生きているわけにもいか
ない、というのと同質である。それが彼女の現実態であり、しかもそれを
静観することが彼女の生きる知恵であった。この「やすらひ」（躊躇）こ
そが、逆説的に言えば「やすらひ」（休息）だったのである。だが平安時
代にあっても、この「やすらひ」を突破しようとした者、言わば反時代的
人間はいたのである。
　我々は上で、奈良時代から平安時代までの文学に現れた因果応報思想
を追ってきた。仏教の因果思想は、時代を追う毎に現世中心主義、世俗化
の度を加えた。しかしながら、変質したにもかかわらず、平安人の生存の
根底を支えているのはやはり因果思想であり、この虚構に「やすらふ」者
たちばかりに我々は出くわした。文学作品の描く登場人物であれ、作者自
身であれ、である。もっとも、往生伝や法華験記に登場する僧侶の中には、
編者の憧憬や崇敬などには関わり無く、実際に因果を超脱してしまってい
る者はいた。私がそうではないかと睨んでいるのは空也、性空、増賀、源
信などである。だが、彼らほど徹底的ではないが、同時代を逸脱したエキ
セントリックな者たちも、やはりいたのである。彼らは古代から中世への
移行、むしろ飛躍を指し示している。だから無視して過ぎるわけにはいか
ない。

　因果という虚構を突破するのは具体的な生存であり、それは日常的安住の彼岸に顕現している。そこへと飛翔した者たちへの追憶は、物語の世界において実像以上に鮮明に迫ってくる。その代表格は「すきもの」（超俗的なるもの）である。彼らの物語は一事に執心した者ならではの悲喜劇である。そこには、虚構の虚しさを知りつつそれを突破してゆくひたむきさがある。以下では業平、実方、能因の生き方を見ておこう。

（1）在原業平

　在原業平（825-880）も藤原実方（?-998）も有名な歌人だが、歌物語や説話の主人公に仕立て上げられた。そこに描かれた姿は、恐らく実像とかなり異なっているはずである。勿論、我々の論及の対象は虚像の方である。先ずは、業平の経歴を見ておく。

　業平は、父は平城天皇の第 1 皇子阿保親王、母は桓武天皇の皇女伊都内親王で高貴な生まれだが、父は薬子の変（810）に連座した疑いで、大宰府に配流される。父は間もなく召還されたが、皇統が嵯峨天皇の子孫に移ったため、淳和天皇の天長 3 年（826）、兄の行平たちとともに臣籍降下し、在原氏を賜わる。事実上の懲罰人事だったはずだが、どういうわけか、仁明朝では右近衛将監、左近衛将監、蔵人（23 歳）と昇進を重ね、嘉祥 2 年（849）には従五位下に叙爵される。次の文徳朝では不遇だったものの、清和朝になると再び昇進が始まり、貞観 4 年（862）に従五位上に叙せられた後、左兵衛権佐、左近衛権少将、右近衛権中将と一貫して武官を歴任し、同 15 年（873）に従四位下、次の陽明天皇の元慶元年（877）には従四位上となり、同 3 年（879）には蔵人頭に叙せられた。翌年、56 歳で死去。なお、承和 9 年（842）には藤原高子が、同 11 年（844）には惟喬親王が誕生している。

　このように業平は、経歴を見る限り、薬子の変で廃太子された叔父の高岳親王（799-865?[14]）などの平城系皇族や、藤原氏外の貴族と比べれば、

────────────────

14　高岳親王は廃太子の後に出家して弘法大師の弟子となり、渡唐して天竺を目指したがマレー半島南部で斃れたと言われる。澁澤龍彦『高丘親王航海記』（文春文庫、

後に正三位中納言まで進んだ兄の行平とともにさして不遇だったとは思われない。また、武官を歴任している点も無視しがたい。ところが、『日本三代実録』の卒伝では「体貌閑麗、放縦不拘、略無才学、善作倭歌」（美男で気儘な行動、漢学の素養は無きに等しいが、和歌は上手い）と評されている。こちらの方は『伊勢物語』の主人公、いわゆる「昔男」としての人物像に近い。

　一体なぜ実像との間にこれほどの懸隔が生じたのか。これは『伊勢物語』が業平をいかなる人物として造形しようとしたかを問うことに等しい。

　　　　世の中の例として、思ふをば思ひ、思はぬをば思はぬものを、この人（在五中将＝業平）は思ふをも、思はぬをも、けぢめ見せぬ心なむありける。（『伊勢物語』63 段）

「あはれ」と思えば、「百年に一年たらぬつくも髪」の老婆とも共寝をする。その「けぢめ見せぬ心」の「放縦不拘」を核として、『伊勢物語』は業平を「すきもの」へと造形しようとした。この造形の徹底ぶりは『平中物語』における平中の造形と比較すれば一目瞭然である[15]。同じく皇統賜姓の貴公子であり、同じく「色好み」として造形されながら、平中には業平の高貴な香りが無い。業平は貴人相手の恋に身を焼いた。平中は身近な相手に心を砕く。業平は激しく一途であり、飽くまでも恋の成就を願い行動する。平中はあれやこれやと心を労し、途中で諦め放棄しつつ、なお恋の心の翳や隈を労ろうとする。人物像の違いは歌の質の違いであり、歌の違いは、歌物語の違いとなった。「業平は、心あまりて言葉たらず、しぼめる花の色なくて匂ひ残れるがごとし」（紀貫之「古今集仮名序」）と評されるように、業平は心の昂りをそのまま歌に詠んだ。

　『伊勢物語』の虚構する世界は、「ありはてぬ命待つ間のほどばかり憂

1990 年）は、『伊勢物語』が平安時代の業平造形の試みであったように、現代の高岳親王造形の試みである。史実を踏まえているふうを装っているが、大半は想像の産物である。

15　鈴木一雄「物語文学の形成」（『竹取物語・伊勢物語・大和物語・平中物語』日本古典文学全集、小学館、昭和 47 年、所収）20-21 頁を参照する。

きことしげく思はずもがな」という平中の倦怠感や、「さきの世知らるることのみおほうはべれば、よろづにつけて悲しくはべる」という紫式部の「やすらひ」の現れる以前の直截的な生の世界である。それは世俗的人倫を超えた超俗の世界であるから、その世界の住人たる業平は略奪や禁忌の侵犯という直截的な行動に出ることさえ厭わない。

　『伊勢物語』69 段、業平は狩の使として伊勢国に行き、斎宮からねんごろなもてなしを受ける。2 日めの夜、業平は、お逢いしたいと言う。相手は正使として来ている人だから、斎宮も無下にはできない。小さい召使の童女を先に立てて斎宮がやって来る。男は嬉しくて、自分の寝所に連れて入り、子の一刻から丑の三刻まで一緒にいたが、何もうちとけて話しあわないうちに斎宮は帰ってしまった。男は悲しくて一睡もせずに朝を迎える。後朝の文は男の方から贈るのが礼儀だが、それもできないので、待ち遠しく思っていると、手紙の詞は無くて、歌だけ贈ってきた。

　　　君や来しわれやゆきけむおもほえず夢かうつつか寝てかさめてか
　　　（あなたがいらしたのか、私がうかがったのか、はっきりしません。
　　　これは夢なのでしょうか、それとも目覚めてのことでしょうか。）

　男はひどく泣いて、

　　　かきくらす心のやみにまどひにき夢うつつとは今宵さだめよ
　　　（悲しみで真っ暗になった私の心は乱れてしまって分別がつきません。今宵また逢って夢か現実かを決めてください。）

と詠んだ。その日の夜、逢いたいと思っていたが、伊勢国の国司で斎宮寮長官を兼ねた人がやって来て一晩中酒宴を催したので逢うこともできず、夜が明けようとする頃に、女の方から出す別れの盃の皿に、「かち人の渡れど濡れぬえにしあれば」（この度は徒歩で渡っても裾が濡れないほど浅いご縁でした）と上の句だけが書いてあったので、男は「またあふ坂の関はこえなむ」（再びお逢いしましょう）と下の句を書いて、夜が明けると尾張国に行ってしまった。斎宮とは水尾（清和天皇）の御時、文徳天皇の御娘、惟喬親王の妹であったという。

　業平は禁忌の侵犯者としてだけでなく、反体制派歌人としても造形された。業平の時代、摂政太政大臣、藤原良房（804-872）が摂関政治の基礎を作りつつあった。良房は妹順子を仁明天皇に、娘明子を文徳天皇に入内させて外戚の地位を確保するや、紀有常（業平の妻の父）の妹静子腹の文徳天皇第1皇子惟喬親王を退けて、生後8ヶ月の惟仁親王（後の清和天皇）を皇太子に据えた。更に良房は兄長良の娘高子（842-910）を8歳年下の清和天皇に入内させようとしていた。『伊勢物語』3段から6段は、この高子に対する業平の「けぢめ見せぬ」略奪愛の物語である。

　　　人しれぬわが通ひ路の関守はよひよひごとにうちも寝ななむ（5段）
　　　白玉か何ぞと人の間ひし時つゆとこたへて消えなましものを（6段）
　　　月やあらぬ春や昔の春ならぬわが身ひとつはもとの身にして（4段）

「白玉か」の歌の後、物語はこう続く。この話は、後の二条の后（高子）が従姉妹の女御の所に、お仕えするような形でおいでになったが、后はとても美しかったので、男が盗み出して背負って行った。后の兄堀河大臣基経、（長良の）長男国経大納言といった方（その時はまだ官位も低かった）が参内するときに、ひどく泣く人がいるのを聞きつけて、男が連れて行くのを引き止めて、后を取り返されたということです、と。略奪は失敗した。業平の「けぢめ見せぬ心」の「放縦不拘」は、時の権力にとっては虚しい抵抗にすぎなかったのだ。

　かくして「身をえうなきものに思ひなし」（9段）た業平は、都に居づらくなり、東の方に住むべき国を探して出かける。いわゆる東下りである。田舎の東は「すきもの」の歌魂を刺激する可能性に満ち満ちた土地であるはずではなかろうか。ところが、都人業平の眼に映じたもの、それは異様な文物にすぎなかった。浅間山から立ち上る煙は奇妙にしか見えないし（8段）、富士の山は皐月の末だというのに雪が降っている「時知らぬ」（時節を弁えない）山であり（9段）、陸奥の女は詠む歌までが田舎臭いし、男の歌の意味も行動も取り違えるし、呆れることばかり（14 段）。結局、業平にとって東は興ざめな土地、詩歌にとって不毛の土地にすぎなかったのである。業平の詩人的生は朝廷文化の権威に基づきつつそれに反抗することに留まった。朝廷文化を突破する力を持たなかった。そこに業平がエキセントリックな平安人に留まらざるをえなかった所以がある。だから、基経（97 段）や良房（98 段、101 段）に阿諛追従して歌を詠んだという物語を載せているのも、それらの歌が確かに藤氏の栄華を讃えてはいるが、却って栄華の儚さを詠んでいるようにも感じられて、『伊勢物語』の造形する業平の姿をよく示しているように思われる。

　　　桜花散りかひ曇れ老いらくの来むといふなる道まがふがに（97 段）
　　　わが頼む君がためにと折る花はときしもわかぬものにぞありける（98 段）
　　　咲く花の下にかくるる人を多みありしにまさる藤のかげかも（101 段）

（2）藤原実方

　風狂の人が京から遠い陸奥で客死すると、その追憶は伝説を形成するものらしい。

　藤原実方（?-998）は小一条左大臣師尹の孫、父は侍従定時、母は左大臣源雅信女。父が早世したため、叔父済時の養子となる。左近将監、侍従、右兵衛佐、左近少将、右馬頭などを歴任した後、正歴 2 年（991）、右近中将、同 4 年、従四位上、同 5 年、左近中将、長徳元年（995）、陸奥守に任ぜられ、3 年後の長徳 4 年、任地で没した。享年は 40 ほど。

　寛和 2 年（986）6 月の内裏歌合に出詠するなど、若くして歌才を現し、花山院の時代が生んだ美貌の才子だった。光源氏のモデルの 1 人でもあったらしい。要するに、彼もまた「すきもの」の典型である。

　花山院と言えば、寛和 2 年（986）に兼家、道兼父子の陰謀によって譲位を強いられた悲劇の院だが、在位中、「内劣りの外めでた」（私生活はおさまらないが政務はよくおさまった）と噂されたように、常軌を逸した振舞いが多かった。出家後の院は播磨の書写山、比叡山、熊野を始めとする西国三十三所観音霊場巡礼などの修行に努め、他の験者と験比べをして、相手の護法童子を押さえつけるなど、かなりの験力を身につけたようだ。が、帰京後の院は反動からか色好みに転じて、命に関わるほどの揉め事を起こしている。「冷泉院の狂ひよりは、花山院の狂ひこそ術なきものなれ」（『大鏡』「伊尹」）と言われるように、花山院は乱心の振舞いが多い一方で、芸術的才能に恵まれた風狂の人であった。和歌は言うに及ばず、建築、小道具類、庭、装束などのデザイン、絵画などもよくした。実方はこの花山院時代の申し子だったのである。

　ところで、実方には相反する2つの伝説がある。1つは、『撰集抄』巻8「第18　実方中将桜狩の歌の事」、もう1つは、『十訓抄』第8話である。

　先ずは『撰集抄』から引用する。

　　　むかし、殿上のをのこども、花見むとて東山におはしたりけるに、俄に心なき雨のふりて、人々、げに騒ぎ給へりけるが、実方の中将、いと騒がず、木のもとによりて、かく、

　　　　さくらがり雨はふり来ぬおなじくは濡るとも花の陰にくらさん

　　とよみて、かくれたまはざりければ、花より漏りくだる雨にさながら濡れて、装束しぼりかね侍り。此こと、興ある事に人々思ひあはれけり。又の日、斉信大納言、主上に「かゝるおもしろき事の侍し」と奏せられけるに、行成、その時蔵人頭にておはしけるが、「歌はおもしろし。実方は痴［おこ］なり」とのたまひてけり。この言葉を実方も聞きたまひて、ふかく恨みをふくみ給ふとぞ聞え侍る。

次に『十訓抄』から。

　　　大納言行成卿、いまだ殿上人にておはしける時、実方中将、いかなる憤りかありけん、殿上に参り会ひて、いふ事もなく、行成の冠を打ち落して、小庭に投げ捨てけり。行成少しも騒がずして、主殿司を召して、「冠取りて参れ」とて、冠して、守刀よりかうがい抜き取りて、鬢かいつくろひて、ゐなほりて、「いかなることにて候ふや

らん、たちまちにかうほどの乱罰にあずかるべきことこそ覚え侍ら
ね。その故を承りてのちのことにや侍るべからん」と、ことうるは
しういはれけり。実方はしらけて逃げにけり。

　折しも主上、半蔀より御覧じて、「行成はいみじき者なり。かく大
人しき心あらんとこそ思はざりしか」とて、そのたび蔵人頭空きた
りけるに、多くの人を越えてなされにけり。実方をば、中将を召して、
「歌枕見て参れ」とて、陸奥国の守になしてぞつかはされける。やが
てかしこにて失せにけり。実方、蔵人頭になられでやみにけるを恨
みにて、執とまりて雀と成りて、殿上の小台盤にゐて、台盤を食ひ
けるよし人いひけり。一人は不忍によりて前途を失ひ、一人は忍を
信ずるによりて、褒美にあへるたとへなり。

　風狂の人実方が辺境の地で客死したことに対する都の人々の同情が様々
な説話を生み出し、ひいては陸奥下向の理由を捏造することにまでなった
のだろうが、実方が陸奥守に任じられたのは懲罰人事ではありえない。実
方の陸奥守叙任は長徳元年（995）正月 13 日、一方の行成の蔵人頭任官は
同年 8 月 29 日であって、同じ年とは言っても 8 ヵ月もの開きがあり、ま
た『大鏡』によれば、行成の蔵人頭への任官は異例の抜擢で、しかも源
俊賢の強力な推挙によるものだからである（「伊尹」）。そもそも行成自身、
彼の日記『権記』で、実方が陸奥下向に際して帝から多くの餞別を受け
た、と書いているのである。しかも、当時の陸奥守には国際関係にも関わ
る重要な職務が課せられていた。左遷された人物に任せるべき職務ではな
い。それは奥州での砂金の調達と朝廷への献上である。当時、宋との貿易
は大宰府で砂金によって決済されていたのだが、有力な砂金の産地である
奥州からの砂金の献上が 980 年代には滞り、代金を受け取れない宋の商人
たちとの深刻なトラブルに発展していたのである。しかも、実方はこの職
務を全く果たさずに死去したため、後任の源満政らが対応に苦慮すること
になった。最終的に寛弘 5 年（1008）、実方の残した未進分を満政が絹によっ
て補填することになったという（道長『御堂関白記』寛弘 5 年 3 月 27 日条）。
実方と行成との間に実際にトラブルがあったのかどうか、そこまでは分か

らないが、とにかく一条天皇が「歌枕見て参れ」と言ったとしても、それは左遷を意味してはいなかったはずだ。

　ところが人々は、実方と行成という対照的な性格の持ち主を「頽廃的な歌人」と「実直な能吏」（『大鏡』「伊尹」によると、行成は歌道にだけは暗かったらしい）とにデフォルメして説話化した。そこに、蔵人頭になれなかった怨恨とか、雀に転生したとかの尾鰭が付いていったのだろう。上掲の2つの説話は、要するに、虚構にこそ真実を見て虚構に生きる者と、現実の側から虚構を遊びとしか見ない者との価値観の対立の2つの現れなのである。そういう眼で見ると、2つとも確かによくできた説話ではある。

　——昔、殿上人たちが東山へ花見に行ったときに、俄か雨に遭った。皆は大騒ぎしたが、実方だけは少しも騒がず、「さくらがり雨はふり来ぬおなじくは濡るとも花の陰にくらさん」と歌を詠んで平然と濡れるに任せていた。後日、その話を聞いた能吏行成は、「歌は風流な詠みっぷりだ、が実方は阿呆だ」と言った。

　——時代は移って道長の婿の一条天皇の御世である。ここで花山院時代の風流人実方と、一条朝の能吏行成とが殿上で遭遇し、事件は起こる。実方は行成の冠をいきなり取り上げて庭へ投げ捨てた。行成は沈着冷静に冠を拾わせて、鬢を掻きつくろい、実方に向かって理路整然と理由を問う。「実方はしらけて逃げにけり」。一条帝はこれを目撃していた。帝は行成の態度を褒めて蔵人頭に抜擢し、実方の中将の官職を取り上げて「歌枕見て参れ」と陸奥に左遷した。（後のくだりは、いかにも『十訓抄』らしい説教話なので省略する。）

　問題は「実方はしらけて逃げにけり」という一文の「しらけて」にあると思われる。『十訓抄』の語り手は、この語を「決まり悪くて」と解していたはずだ。しかし、『撰集抄』の語り手ならば、これを「（行成が情趣を解さぬ朴念仁だと）興ざめがして」と解したかもしれない。また、そう解したほうが面白い。だが、当時の人々の多くはそうは解さなかった。この説話は、一条朝では最早受け容れられなくなった実方的な生き方を象徴する話として語られているのである。だから美貌の「すきもの」実方の不可解な陸奥への追放は、都の風流人士や女房たちの涙を誘ったのだろう。実方が陸奥守当時、東国は平維茂と藤原諸任との死闘が繰り広げられていた（『今昔物語集』巻 25、第 5 話）。実方はその際、何も為す術が無く、在任 3 年めに現地で没した。『源平盛衰記』によれば、実方は歌枕の 1 つ出羽国の阿古耶の松を訪ねての帰り道、名取郡の笠島道祖神の前を騎馬で通過しようとしたときに、道祖神の怒りに触れて馬が突然倒れ、実方はその下敷きになって亡くなったと言う。殿上の事件、左遷、神罰による死、実方はこうして次々と伝説化されていった。

　実方は虚構の中に真実を見て虚構に生ようとしたが、花山院時代もろとも時流に抗しきれずに儚く散った風狂の徒花である。だが彼の生き方は思い出とともに語り継がれて、やがては西行や芭蕉たちの生き方へと継承されてゆく。最後に、実方の代表歌を挙げておこう。

　　五月闇くらはし山の時鳥おぼつかなくも鳴き渡るかな（拾遺 124）
　　時のまも心は空になるものをいかで過ぐしし昔なるらむ（拾遺 850）
　　何せむに命をかけて誓ひけむいかばやと思ふ折もありけり（拾遺 871）
　　かくとだにえやはいぶきのさしも草さしも知らじな燃ゆる思ひを
　　　　　　　　　　　　　　　　　　　　　　　　　　　　　　（後拾遺 612）
　　忘れずよまた忘れずよ瓦屋の下たくけぶり下むせびつつ（後拾遺 707）
　　　　陸奥に侍りけるに、中将宣方朝臣のもとにつかはしける
　　やすらはで思ひたちにし東路にありけるものをはばかりの関
　　　　　　　　　　　　　　　　　　　　　　　　　　　　　　（後拾遺 1136）

（3）能因法師

　『古今和歌集』を論じた際に、私は次のようなことを述べた。この世を無常と観じた「ありかさだめぬ塵の身」が無常なるこの世を生きてゆくためには、「ゆくへも知らずなりぬ」る旅に身を投ずる以外に無いはずだ。そして、そのつど行き止まる宿こそが安住の場所であって、それはこの世のどこにでもあるはずだ。それが旅というものの、出離というものの、無常というこの世の実相と一体化した真実の在り方であるはずなのだ、と。

　ここに1人、旅に身を投じた歌人が現れた。俗名橘永愷、出家して能因（988-1051?）と呼ぶ。初め文章生となり肥後進士と号した。当時の平均的下級貴族の出である。彼は歌人藤原長能邸の門前で車が故障し、これを機縁として長能（949-1009?）に師事したと言われる。長和2年（1013）26歳の頃に出家し、以後京や摂津の山里（児屋、古曽部）の草庵に住み、2度の陸奥下向、晩年の数度の伊予下向の他、三河、信濃、甲斐、下野、遠江などへも何度か旅している。出家後約30年、歌を詠むことを第一義として生きた。彼こそは正真正銘の歌道の求道者である。藤原保昌のような風雅で富裕な受領との親密な交友も少なからず見られる。時々上洛して、例えば春ごとに大江公資の邸に宿り桜を賞で、また関白藤原頼通の擁護を受け、「関白左大臣藤原頼通歌合」（1035）、「権大納言源師房歌合」（1038）、「祐子内親王家歌合」（1050）など上流歌界に出入りした。特に長元8年（1035）の歌合に招かれたことは、貴族社会を捨てて出家の身となった能因が、再び貴族歌壇に歌人として登場したことを意味する。他方で、彼は後輩受領層歌人の良き指導者でもあったという。彼は『拾遺集』時代に歌を詠み始め、『後拾遺集』時代を或る意味で領導した。『後拾遺集』は、王朝の典雅な趣の和歌が徐々に清新な詠風を獲得してゆく、その屈折点に位置していた。新たな歌枕の発見にも関心が向けられたのも、この傾向の一環である。能因は風雅の人であり、彼自身も歌枕の探訪を目的の1つとして旅に出たのだろうが、しかし実際の旅の歌からは気楽さは窺えず、むしろ「聖」として自己の救済を図った求道的な面が強い。まさに歌僧であり、後の西行の先達であった。なお、能因の特徴の1つに『白氏文集』の影響があり、白楽天の詩文を和歌に換えた作例がかなり多く見られる。

　『能因集』は能因自撰の家集だが、冒頭に漢文による序めいた文章が置かれている。そこには彼の和歌観が端的に語られている[16]。——世の中を見ると、学識を持つ者、技芸を持つ者には必ず何らかの利益があるものである。しかしながら考えてみると、学んで益の無いものは、我が国の風俗である和歌だけである。和歌を好む人は嘲笑され、和歌に対して興趣を覚

16　本稿における能因法師についての記述は、専ら、川村晃生『能因集評釈』（貴重本刊行会、平成4年）に依拠して行なう。著者と同書に深甚の謝意を表したい。

える人もいなかった。しかしその後、古今、後撰、拾遺が撰せられ、歌の
道が広まり、心の曲がった人のつまらぬ言葉でも趣のあるものならば撰に
入り、立派な人の詠作でも詞と心が兼備していなければ撰に洩れた。ああ、
善悪の取捨は身分の貴賤に関わらないものなのだ。私は今、拙い自分の歌
屑を整理するに当たって、どうして私の歌を理解してくれる知音を得るこ
とができよう。実際に歌の道は消えてなくなる道であるとはいっても、身
についた性癖は未だ棄て切ることができない。よって、聊か自分の思うと
ころを文章におさめて、家集の冒頭に言うのである。——能因は、和歌は
学んでも生計の役には立たないと認めつつも、これを嗜む自己の性癖は如
何ともしがたい、と言う。自己の詠作の真の理解者がいなくても、これを
世に残そうという意志は、彼が和歌に捧げた自分の生涯に自負をもってい
た証であろう。

　さて、『能因集[*17]』の中巻の冒頭から 9 首は、永愷が 26 歳の頃、歌の贈
答を交わしていた「ある所のある女」に死なれたことを詠った歌群（66
〜 70）と、その後間もなく出家した際の葛藤を示している歌群（71 〜
74）を構成している。

　　　　　世中をなほあぢきなしと思ひ立つ比、をさなきちごを親（恐らく
　　　　　永愷の妻）のもとより、是ばかりはやしなへなど言ひておこせた
　　　　　るを見て、九月廿二日
　　　何ごとをそむきはてぬと思ふらむこの世はすてぬ身にこそありけれ（71）
　　　　　　出家しに行くとて、ひとり詠之
　　　けふこそははじめて捨つるうき身なれいつかはつひにいとひ果つべき（72）

17　『能因集』は上中下の 3 巻から成り、各巻とも能因の人生を画した出来事を詠んだ
歌から始まっている。中巻は 20 代後半から 47 歳頃までの歌（66 〜 158）を収録し
ている。中巻の冒頭に置かれているのは「ある所にある女」から贈られた歌で、以後
4 首は彼女との贈答歌である。その女性が亡くなったのが「九月ばかり」（70）で、71
歌の詞書には出家の決心を思わせる「世中をなほあぢきなしと思ひ立つ比」とあって、
それが「九月廿二日」と記されているため、この女性の死が能因の出家の引き金になっ
たことは、家集の配列構成からもほぼ間違いないと思われる。要するに、その女性は永
愷の恋人ではないにしても（永愷の 69 歌には「つれなき人」が登場する）、永愷にとっ
ては精神的に極めて大切な存在で、彼女に死なれたことが永愷出家の大きな要因だと考
えられるのである。

　　　　輔尹朝臣、出家のうらやましきよしなどいひて、物にかうかき
　　　つけ
　　世中をなににさはりてなどしもかのりの道にはけふをくるらむ（73）
　　　　返し
　　そむけどもそむかれぬはた身なりけり心の外にうき身なければ（74）

　出家の噂を永愷の妻は耳にしたのであろう、いきなり子供の養育を押し
付けてきた。それは、子供の養育を義務づけることで、出家を思いとどま
らせようとしたためだと思われる。一応、永愷は「この世を捨てるつもり
の身ではありません」（71）と答えたが、勿論、出家の決意は変わらなかっ
たであろう。だから永愷は出家を断行する（72）。だが、一応出家はしたが、
それで何かが解決したわけでもないということを、彼は痛感していたに違
いない。下の句の「一体いつになったらこの憂き身を完全に厭離できるの
か」（72）は、真の出家が本当にできるのか、という不安である。それは、
出家という人生において1回限りの決断に伴う不安であり、出家に踏み切
る誰もが懐く、特に若年の出家者が懐く不安であった。後の西行も同じ不
安を表明している。永愷の出家を聞いて、文章院の先輩で歌人の藤原輔尹
が、出家への羨望を言い遣わしてきた、「どんな精神上、生活上の障害が
あれば出家ができ、どうして仏法の道に日を送ることができるのでしょう」
（73）と。輔尹のこの真摯な出家への羨望に対して、能因もまた真摯に返
歌する。「出離しても、やはりなかなか完全には出離できません。我が心
の外に憂き世があるわけではありませんから」（74）と。最後のくだりは『華
厳経』の「三界唯一心、心外無別法」を踏まえているであろう。
　完全に出離できない状態はいつまで続いたのだろう。初めは東山の辺
りに隠棲し、やがて摂津が生活の中心になってゆく。山里の隠遁生活の孤
独な生活の中で、月による哀感を直情的に詠み上げた歌としては、「足引
の山に秋こそくれぬらし月見る袖のひえわたるかな」（80）があり、他方、
摂津で詠んだ歌を2首挙げるとすれば、「心あらむ人に見せばや津の国の
難波の浦の春のけしきを」（83）と、「山里を春の夕暮来て見れば入相の鐘
に花ぞ散りける」（84）とが適切かと思われる。

　その後、三河に下ったこともあった（89, 90）ように、能因は摂津を中心に小規模の旅をしたこともあったのだろうが、いよいよ陸奥へ下向する。1 度めは仮初の小旅行、2 度めは数年にわたる大旅行だったと推測されている。

　　　　　二年の春、陸奥国にあからさまに下るとて、白河の関に宿りて
　　　　都をば霞とともに立ちしかど秋風ぞふく白河の関（101）

　「二年」とは、万寿 2 年（1025）のことと考えられている。「あからさまに」（ついちょっと）と言い、実際に用事が終わるとすぐ「京に上りて、為政の朝臣に馬とらすとて」、「君がためなつけし駒ぞ陸奥の安積のぬまにあれて見えしを」（102）と詠んでいるし、摂津に戻っても「懐信朝臣、津の守と成りて、駒どもあなりとてこひにおこせたるに」、「故郷に駒ほしとのみ思ひしはこふらく君があればなりけり」（103）と詠んでいることから明らかなように、能因は馬の交易のために陸奥に下向したのだと思われる。能因には他にも馬について詠んだ歌が幾つかある。当時、馬と摂津の関係も深かったようだ。恐らく能因にとって馬の交易は、自由人的隠遁生活を支える重要な方途ではなかったか。ただし、都と多賀城との旅程は『延喜式』（ただし下りの場合）では 25 日となっているから、この歌の季節は合わない。そこで『袋草紙』のように、能因の奥州下向は作り話だ、とされたり、更にこれを基にして『十訓集』や『古今著聞集』での説話が作られることにもなった。能因が実際に他の用事を済ませるために寄り道してこれだけの日数を要したということも考えられなくはないが、この歌に虚構があることは認めざるをえまい。だが、白河の関が、既に平兼盛の「たよりあらばいかで都へつげやらむけふ白河の関は超えぬと」（拾遺・別、339）の 1 首以来、陸奥を辺境だと意識させる歌枕として受容されつつあったことを考えると、馬の交易の他に、歌枕探訪の意図もあったとすれば、能因はこのような虚構によって、都と白河の関との空間的距離を、春と秋という時間的推移によって表現しようとしたのかもしれない。いずれにせよ、能因は、陸奥の入口に孤独に立つ自分の孤絶した心情を、秋風の風景の中に融

け込ませることに見事に成功したのである。

　能因はまた陸奥国に下った。「なすべきことありて」（104）という詞書があるから、今度も馬の交易に関わる用事であったのだろう。だが、今度の旅は趣が異なる。歌数が極めて多く（18首）、下向の期間も数年に及んだらしい。そしてそれらの歌には歌枕と地名を詠んだものが圧倒的に多い。これは陸奥という全く異質な風土に接した能因が、新たな視野を開かれたことを意味しているだろう。そういう予感は前回の陸奥下向の際に得られていたのだろう。今回の旅は、能因にとって、身心の葛藤からの解放、上述した完全な出離を意味したはずだ。この解放のプロセスは歌の詠出とともに繰り広げられてゆく。

　　　甲斐がねに雪の降れるか白雲かはるけきほどは分きぞかねつる（104）
　　　よそにのみ思ひおこせし筑波嶺の峰の白雲けふ見つるかな（105）

　遥かな嶺を現に振り仰ぐことが、これまでの人生では想像もしていなかった新しい空間を開く。それが能因の旅である。それは今までの閉塞した生存空間を遥かに超えた場所へと能因を連れ出した。これこそが、業平の旅、即ち東下りで陸奥まで流離ったにもかかわらず、自己の歌にも人生にも何1つ得ることの無かった業平の旅とは決定的に異なる点である。実体験は虚構を超えるのだ。「よそにのみ思ひおこせし」（105）からすると、筑波山を眺めることは年来の願望だったらしく、実見した喜びが伝わってくる。ただし、新たに開かれた空間で詠んだ歌が、眼前の風景の新鮮さに圧倒されて言葉になっただけの、単なる叙景歌に留まっている嫌いがないわけでもない。しかし、この解放された時空の中で、能因が自己の新たな生を自覚しつつ生き、それが自ずから歌に成るとき、それは能因固有の歌風と成る。

　　　浅茅原荒れたる野べはむかし見し人をしのぶのわたりなりけり（106）
　　　　　しのぶ（「偲ぶ」に地名の「信夫」を掛ける）
　　　たけくまの松はこのたび跡もなし千とせを経てや我は来つらむ（107）

白浪の越すかとのみぞ聞こえける末の松山松風の声（108）

　この「末の松山」までは前回の旅で訪れたことがあるようだが、これ以降の各地は初めて訪れる地のようである。先ずは河原左大臣源融にゆかりの「塩竈」である。

　　　さ夜ふけて物ぞ悲しき塩竈はももはがきする鴫の羽風に（109）
　　　　　ももはがき（ここでは、何度も羽ばたくこと）
　　　みさごゐる磯辺の松にもろともに塩風におのおいにけらしも（110）
　　　　　おの（感動詞、ああ）
　　　都人きかぬはなきを音無の滝とはなどかいひはじめけむ（111）
　　　いかにしていひ始めける言の葉ぞ昔河にぞとふべかりける（112）
　　　　　出羽の国にやそしまに行きて、三首
　　　世の中はかくても経けり象潟の海人の苫屋をわが宿にして（113）
　　　天にます豊岡姫に言問はむいく代になりぬきさかたの神（114）
　　　わび人はとつくにぞよき咲きて散る花の都はいそぎのみして（115）

　歌枕としての「音無の滝」（111）も「昔河」（112）も、ともに宮城県西北部栗原郡に在ったらしく、能因はここから出羽国に向かったのであるから、陸奥を太平洋側から日本海側へと抜けたことになる。恐らく歌枕としての「八十島」を見に行ったのだろうが、ここで能因は歌枕探訪という本来の目的とは全く別な、異質な世界を発見する。それが 113 の歌である。海人の小屋に住んでみても、やはり人の一生は相応に送りうるのだという、彼のこれまでの生活からは決して開かれえなかった別の世界を、能因は鮮烈に体験したと思われる。このように、旅の歌人の人生はそのつど今在る場処で輝き、歌枕に込められた過去の時空をも即今当処に凝縮する。彼にとって旅にある今は、そのつど新しい意味に満たされた最もリアルな場処である。そこでは全ての事物がそれぞれの真価を発揮する。この非日常的な今という場処に立つ者は、日常的生の虚構性を突破する。能因は現世的・日常的な一切のものから、歌と言葉と歌魂を、生きられるべき最高に価値あるものとして独立させるのである。そして能因のこうした生き方は、これまで以上に、自ずから物の名や場所の名に関する歌人たちの思い出へと収斂してゆく。自分固有の時空へ凝縮された能因の歌魂は、歌魂そのものの宿る物と場所へと開かれてゆく。彼の家集には、遠くへ赴く人、任地で亡くなった人へ贈る歌とともにそれぞれの地名が克明に記されている。そして能因はそれらの地名に誘われて、昔の歌人たちの思い出の土地へと向かって実際に旅して行く。そこは現実に実在する場所でありながら、同時に歌魂の鎮まる場所でもあるからなのである。

　現存する『能因歌枕』を見ても分かるように、「歌枕」とは元来は歌用語集を意味していた。歌語は、過去何世代もの歌人の思い出が濃縮された言葉のエッセンスである。その一部が万葉・古今以来の名所である。歌魂の宿る名所が、単に歌語に留まらず、現実の地名に反映したとき、そこは歌人が自分の人生を賭けて、自分の脚で歩いて行くべき名所となる。これがいわゆる「歌枕」である。歌魂の宿る「歌枕」は能因によって初めて現実の場所になった。その道程を直に確かめるべく、能因は自らの脚で歩いたのである。そして今度は逆の道程を辿って、能因はその現実の場所を再び言葉の世界へもたらす。能因の家集にある「想像奥州十首」（140〜149）は、かつて何度か歩いたはずの奥州の歌枕（三江の月、武隈の松、宮城野、末の松山、塩釜など）を、再び想像の中に「歌枕として」甦らせて詠った歌群である。歌魂になりきった自分の歌魂の鎮まる場所として。歌枕はこうして広まっていった。このような現実の場所としての歌枕と理念としての歌枕との間の往還は、日常性を突破した者に固有の運動である。日常性の突破・超脱は、それが徹底されれば日常性へと還帰すべきものである。最早どうでもよいものなどありはしない。日常の現実においても、真実へと開かれた非日常的意味が生きられるのだ。能因は理念の歌枕を現実の場所に見出した。だが、惜しむらくは、それは飽くまでも歌枕という名所であって、日常の卑近な場所ではなかった。そして彼の捉える歌語も、雅言であって俗言となるには至らなかった。俗を用いつつ俗を超えうるようになるまでには、なお数百年の時を要したのである。

（4）和泉式部

　能因は自分の脚で旅をし、歌を第一義として生きることで現世の虚構性を突破した。そういう形で彼は同時代を超え、中世的なるものを準備したのであるが、ここにもう1人現世の虚構性を突破しようとした女人がいる。和泉式部（ca.978-?）である。

　紫式部の「やすらひ」とは、内面の葛藤に堪えながら憂き世を生き延びる或る種の知恵であった。同時代にあって、この「やすらひ」を突破しようとする、例えば「和泉式部といふ人」を見たとき、紫式部はこれを「けしからぬかた」（倫理的に常軌を逸したところ）ある生き方だと評した（『紫式部日記』）。だが逆に和泉式部からすれば、「やすらひ」は「つれづれ」でしかなかったのである。『和泉式部集』にはこうある（なお、以下の引用は『和泉式部集』および『和泉式部続集』から行なう）。

　　　たらちめのいさめしものをつれづれとながむるをだにとふ人もなし
　　　つれづれと空ぞ見らるる思ふ人天降り来むものならなくに

　前の歌は、母は、いけませんよ、と言ってくれたものだが、「つれづれと」物思いに耽ってさえいる私を訪れて（どうしたの、と尋ねて）くれる人はいない、の意。後ろの歌は、「つれづれと」ひとりでに空を見上げてしまう。思う人が天から降りてくるわけでもないのに、の意。和泉式部の「つれづれ」とは、“暇に任せて”とか“手持ち無沙汰”などという悠長なものではない。恋する人に来てもらいたいとは思うのだが、自分からはどうしよもないもどかしさ、その不安、それが彼女の「つれづれ」である。彼女はこの不安を「けしからぬかた」で突破しようとする。紫式部のように憂き世を諦観し、虚構の世界に安住しようとするのではなく、行動と実感によって生きている証を摑み取ろうとするのである。肉体を賭け、命を賭けた、そのつどこれを限りと決断した恋によって。

　　　人の身も恋にはかへつ夏虫のあらはに燃ゆと見えぬばかりぞ

　　逢ふ事は更にもいはず命さへただこのたびやかぎりなるらむ
　　逢ふ事のありやなしやもみもはてで絶えなん玉の緒をいかがせむ
　　逢ふ事を息の緒にする身にしあれば絶ゆるもいかが悲しと思はぬ
　　あらざらむこの世のほかの思ひ出に今ひとたびの逢ふ事もがな

　「逢ふ事」の一瞬一瞬が生の葛藤を切断する。それは夏虫が炎の中に飛び込むように、死ぬことをも悲しと思わぬ決断であり、命の燃焼の実感である。このような絶えず新たな瞬間の決断を生きる者にとって、儚いはずの現世こそがリアルである。この世は虚構などではありえない。リアルな即今当処を根拠とする者にとっては、むしろこの世の外に根拠をもつ宿世や宿業の方こそがフィクションなのである。こうして和泉式部は平安朝の因果観を大胆にも転換してしまった。しかし、命の輝く瞬間は持続しない。持続しないからこそ輝くのだとも言える。輝く瞬間の後には一層深い闇が来る。それは冪の高まった「つれづれ」である。彼女は、「つれづれなりしをり、よしなしごとにおぼえしことどもかきつけしに、世中にあらまほしきこと」と詞書して、実に他愛もない歌を数首並べた最後に、

　　みな人を同じ心になしはてて思ふ思はぬなからましかば

と詠んでいる。相手以外の一切が背景に退くような、人とのそういう全一的な出逢いであるからこそ、その関係はキラキラと輝くばかりに充実したものでありうるのだが、それが充実したものであればあるほど急速に色褪せ、相手との間に深い疎隔と亀裂を生じざるをえない。いっそ人への思いが一様で差異無きものならよかったのに、と思いはしても、それはできない、否、したくない。このような無力感・倦怠感が和泉式部に特有の「つれづれ」なのである。だから、彼女にとっては、常住不変なものへの倦怠が「つれづれ」なのではない。彼女の「つれづれ」は、むしろ逆に儚きもの、無常のものへの倦怠なのだ。だからこの「つれづれ」は屈折を余儀なくされる。彼女は「人に世のはかなきことをなどいひて」という詞書で、こう詠んでいる。

　　　いかにせむいかにかすべき世の中をそむけば悲しすめばすみうし

　こうした屈折は、世の中の無常に倦怠しながら惚けたように過ごして
いる自分を我ながら怪しませることにもなる。実際に彼女は、「つくづく、
ただほれて（放心して）のみおぼえければ　二首」と詞書して、つぎのよ
うに詠んでいる。

　　　はかなしとまさしく見つる夢の世をおどろかで寝る我は人かは
　　　ひたすらに別れし人のいかなれば胸にとまれる心地のみする

彼女の倦怠は、更に本物の放心と化する。そしてこの辺りから和泉式部は
伝説に彩られるようになってゆく。

　　　　男に忘れられて侍りけるころ、貴船へまゐりて、御手洗川に蛍
　　　　の飛び侍りけるを見てよめりける
　　　もの思へば沢の蛍もわが身よりあくがれいづる魂かとぞみる
　　　　　御かへし
　　　おく山にたぎりて落つる瀧つ瀬の玉ちるばかりものな思ひそ

　この返歌は『後拾遺集』巻 20、雑 6 に神祇歌として載っているもので、「こ
の歌は貴布禰の明神の御返しなり。男の声にて和泉式部が耳に聞こえける
となむいひ伝へたる。」という注が付いている。この話から、夫保昌の愛
を失った和泉式部が貴船明神に一心不乱に祈ったところ、明神から歌を
賜わり、夫の愛も戻った、などという現世利益的な俗説も生まれたようだ
が、大切なのは原話の構造である。原話は、沢の蛍も自分の身から彷徨い
出た魂かと思うほどの放心状態に陥った和泉式部の耳に、魂が飛び散って
死んでしまうほど深刻に物思いしてはいけない、と貴船明神が答えたとい
うものである。つまり人と神祇との間の感応道交という構造である。ただ
し、ここで重要なのは、和泉式部の存在自体が救いを求める状態にあった

としても、彼女が救いを神祇に求めたわけではないということなのである。救いを求めたことが因となって、神祇から慰めの言葉という報果が得られたのではなく、和泉式部が「魂散る」ばかりひたぶるに物思いをしていたその空白が慈悲の声で満たされた、ということなのだ。従ってそれは同時の出来事である。

　ともあれ、魂があくがれいづるほどの物思いと放心は、次には罪業の自覚となって彼女を襲う。だが、罪業の自覚とは罪業を見ている自分を残した罪の意識などという生半可なものではない。それは、自分は堕地獄が必定だ、と慄かずにはおれないほど直接的でリアルな我が事である。「地獄の絵に、つるぎの枝に人のつらぬかれたるを見て」詠んだ彼女の歌は、こうである。

　　　あさましや剣の枝のたわむまでこは何の身のなるにかあらむ

地獄の剣に貫かれた肉体は、どんな罪を犯した誰の身がこうなったのか。それは他でもない、今此処にいる我が身なのである。罪業とは、宿世や宿業などといった曖昧で抽象的なものなどではなくて、今此処で愛喜染着している我が生存そのものである。しかるに自分が救いに与るべくもない罪業深重の凡夫だと自覚したとき、彼岸からの救いは自分の身にも及んでいたと気づく。こうして罪の自覚は贖罪へと通じている。「播磨のひじり（書写山の性空上人（910-1007）のこと）のおもとに、結縁のためにきこえし」という詞書を持つ歌は、『拾遺和歌集』（ただし、詞書は「性空上人のもとに、よみてつかはしける」となっている）を論じた際に既に引用済みだが、再度引用すればこうである。

　　　暗きより暗き道にぞ入りぬべき遥かに照らせ山の端の月

これは一応、『法華経』「化城喩品」の「従冥入於冥、永不聞仏名」に拠った釈教歌である。だが、些かも仏教教学臭さを感じさせない。完全に仏の教えを我が物として和歌へと昇華している。ともかく、この世での現実の自分の生存は暗い罪業の連続であり、だがこの暗い生存でさえ常に既に彼岸の月に照らされ救われている。自分は煩悩にまみれた生を生きざるをえない。自分は愚かな凡夫で愛欲の生を送り続けている。しかしこれ以外に生きる術は無い。これが人の側からの哀れな宿命だとすれば、逆説的だが、哀れで卑小な存在だからこそ彼方の月の救済は既に届いている。和泉式部のこの人と月とが「二種深心」へ、つまり「機の深心」と「法の深心」へと展開してゆくのが中世であり、親鸞においてである。この点に関しては既に論じた。参照されたい。

　和泉式部のこの歌は伝説を生んでゆく。『無名草子』はこう語る。

　　書写の聖のもとへ、
　　　暗きより暗き道にぞ入りぬべき遥かに照らせ山の端の月
　　と詠みてやりたりければ、返しをばせで、袈裟をなん遣はしける。さてそれを着てこそ失せ侍りにけれ。そのけにや、和泉式部罪深かりぬべきひと、後の世助かりたるなど聞き侍るこそ何事よりも羨ましく侍れ。

　貴船明神との感応道交と言い、性空上人との贈答と言い、当時の人々は説話の中で語られた和泉式部の懺悔を納得した。しかし、和泉式部自身には自分の歌による自問自答によって、因果超脱の道は見えていたはずである。和泉式部は時代に先駆けて、因果の虚構性を突破し、生存の罪責性からの救済の構造を経験的に捉えた反時代的人物だった。そして和泉式部の夫藤原保昌が武勇の人だけでなく、数寄者として親友の能因法師と深く交流していたこと、つまり保昌を介して能因法師と和泉式部という 2 大歌人にも恐らくは交流があったであろうこと、これは平安朝を超えた次元を指し示しているように思われるのである。

第3節　中世文学の諸相

1　中世宗教概観

　本節の課題は、中世文学において因果思想の突破・超脱がいかにして為されたのか、そしてそれはどの程度の徹底性をもってであったか、である。

　既に本書第2章で、私は天台本覚思想および鎌倉新仏教の祖師たちの教学を論じ、その核心を因果一如・同時に見た。それは因果応報の突破・超脱に他ならなかった。そして私は日本仏教の記述を鎌倉新仏教で終えた。それは、鎌倉新仏教こそが教学において今なお日本宗教史上最も高いと思ったからである。勿論これは、狭義の宗教的要素（教学と修行）よりも社会的・政治的・経済的な諸要素をより重視する現代の日本仏教研究史家からすれば、鎌倉新仏教偏重だと批判されるだろう。確かに、鎌倉新仏教が隆盛を迎えるのは鎌倉時代ではなく、中世後期の室町時代になってからである。しかもその隆盛は、それら最高の教学が人々に理解されたからでもなければ、また人々の実践しやすい称名念仏・唱題・坐禅が支持を集めたからでもないようである。とすれば、鎌倉時代以前から現代に至るまで、日本人は仏教の、それどころか宗教のエッセンス（習俗、法、そして倫理・道徳といった社会規範の次元を超越し、しかもそれらの根底を成している宗教性の次元）を我が物にできないで来た、ということではなかろうか。とは言え、彼らの教学も教化対象である当時の人々と無関係ではありえなかったはずである。私が冒頭の問いを発する所以である。

　そこで先ず、最近の日本宗教史家が記述する中世の宗教の展開を紹介しておこう[*1]。

━━━━━━━━━━

1　以下は、末木文美士『日本宗教史』（上掲）69-121頁の要約である。私は末木の記述内容を全面的に肯定しているわけではないが、同書は、これまで仏教以外の宗教や思想を取り込んだ日本宗教思想史が存在しなかったことを考えれば、やはり意味のある書物だと思う。なお、末木と私との関心の在り処が全く異なることは、末木同書からの要約と私の本文とを読み比べてもらえば一目瞭然であろう。私の関心は日本の諸宗教の歴史の過不足の無い叙述にあるわけではない。私は飽くまでも、人間の存在構造としての因果思想の脱構築を遂行しようとしているのであって、これまで人間がこの思想とどう

　今述べたように、最近では鎌倉新仏教偏向が批判され、鎌倉時代以外の宗教にも、また鎌倉時代についても新仏教だけでなく、旧仏教や神仏習合の重要性が論じられるようになった。顕密仏教と言われる天台や真言の大寺院は中世においても大荘園を所有し、その莫大な経済力を背景に政治的影響力も大きかった。これに対して、いわゆる新仏教が社会的に大きな勢力を持つに至るのは室町時代になってからである。

　顕密仏教の思想として近年注目されているのが本覚思想である。修行不要論に陥ることを理由に、当時から批判されてきたことも事実だが、本覚思想はあるがままの自然を重んずる中世日本文化に適合して幅広く影響を与えた。本覚思想は院政期から鎌倉期にかけて、天台宗以外にも幅広く見られ、広範な時代思潮となっていた。例えば本地垂迹説でも、遠方の本地の仏より、末法・辺土の日本で救いを垂れる身近な神の方が重視され、やがて神と仏との位置関係が逆転するようになった。これも現実重視の本覚思想と無関係ではない。

　院政期の仏教は複合的な信仰が頂点に達し、儀礼も集大成される。だが、あまりに煩雑で実用に乏しかったため、今度は逆に単純化した実践的仏教が展開した。それが鎌倉仏教の特徴である。これは、一般の民衆の生活が或る程度向上し、また商業活動なども盛んになって、宗教に対してもそのような要請が起こったためだろう。鎌倉時代は総じて仏教界が活発で、新仏教と旧仏教、顕密仏教と異端派などに分けるよりも、全体として改革の機運が熟し、様々な新しい実践的な試みが為された時代と見るほうが適当である。このような改革を支えたのが、院政期から出てきた「聖」たち

妥協してきたかは批判の対象となりこそすれ、そのもの自体で興味の対象となることはありえない。従って、この問題に絡まない領域、また典型的に現れることのない領域については無視せざるをないのだが、それでは余りに偏向を来すであろうから、それらの領域については末木の記述をもって補うことにしたいのである。諒とされたい。仏教が私にとって重要なのは、第1に、仏教の開祖釈尊の覚りは因果思想の超脱であるはずにもかかわらず、実際には、仏教の中心思想は因果応報説であるという根本的な誤解が蔓延しているからであり、第2に、仏教は「出世間」（習俗・法・道徳・倫理などの「世間」の教えを超えた宗教性の次元）を指示しているからであって、それから人々の眼を逸らそうとする「方便」（その中心が因果思想である）は断罪されてしかるべきだと私は考える。従って戒律の問題も、戒律を守っているかどうか、妻帯しているかどうかではなく、仏教の本質からのみ扱われるべきであろう。

の活動である。彼らは本寺を離れた活動拠点としての寺院、即ち「別所」を中心として、伝統に縛られない自由な修行や布教に従事する僧であった。最近では、鎌倉時代の新しい仏教を、聖を含む「遁世僧」（国家に公認され、給与を支給される官僧に対する民間僧）の仏教と特徴づける試みも為されている。

　鎌倉仏教は法然教団の出現から始まる。法然上人源空（1133-1212）自身が叡山黒谷の別所を中心に活動した聖であり、貴族の許に出入りして説法した。彼の許には天台宗以外の真言宗や南都諸宗からも聖たちが集まり、その教団は恰も聖たちの集合体だった。法然は従来の浄土教の儀礼的側面の複雑さや教義面の弱点を克服し、極めて実践的な仏教に仕立てあげた。貴賤、賢愚、持戒・破戒、多聞・少聞を問わず、阿弥陀仏の名号を唱えさえすれば救われるというその教えは聖たち以外にも多くの信者を集めたが、従来の仏教の常識を逸脱する造悪無礙の主張を為す者も現れて、その過激な活動は既成の諸宗による反発・弾圧を招いた。その結果、安楽ら 2 名が死罪となり、法然も親鸞らとともに流罪になった。法然の没後も弟子たちは教団を維持したが、彼らも弾圧に遭って力を失い、九州を地盤とした鎮西義の一派が次第に勢力を持つようになった。なお、親鸞（1173-1262）の門流が浄土真宗として拡大するのは、室町時代後半になってからのことである。ともかく、法然の運動は当時の仏教界全体に影響を及ぼした。称名念仏は他の諸宗派にも採用されるようになったし、念仏に対抗するために様々な実践方法が開拓された。また教学面では、法然批判を通して様々な思想が新たに発展した。法相唯識学の新たな発展の担い手になり、弥勒信仰を広めた貞慶（1155-1213）、菩提心を礼拝する三時三宝礼や、仏の光明を観察する仏光観、更には光明真言を説いた華厳宗の明恵（1173-1232）、そして日蓮（1222-82）などである。

　造悪無礙を説く法然一派や、公然と妻帯した親鸞のように、末法の世に持戒はありえないとする戒律否定の動向[*2]とは対照的に、末世であるから

2　前註からも明らかなように、教学として戒律の否定を説くことと、悪びれもせず破戒生活を送ることとは別である。当時、僧侶の妻帯は別に珍しいことではなかった。例えば保元の乱で暗躍し、平治の乱の際に自殺した藤原通憲（信西、1106-60）の子の澄憲（1126-1203）だが、彼は天台宗の僧で権大僧都でありながら堂々と妻帯している。

こそ戒律復興は為されるべきだとの主張も強かった。ここで大きな役割を演じたのが、自誓受戒（授戒の師がいないときは仏前で自ら誓って授戒する）を行なって、西大寺を拠点に戒律復興を推進した叡尊（1201-90）である。彼は非人救済など積極的に社会事業をも行ない、社会的に大きな影響を与えた。弟子の忍性（1217-1303）の活躍もあって、再興された律宗は関東などに大きく広がった。

　浄土念仏とともに鎌倉新仏教を代表するのが禅である。禅は 12 世紀末に大日能忍が日本達磨宗を立てて広まったが、正式な伝法が無く邪義として弾圧を受けた。天台宗の栄西（1141-1215）は台密を継承する一方、入宋して臨済宗黄龍派の禅を伝えたが、達磨宗と同一視されることを嫌い、戒律を厳守し、『興禅護国論』を著した。この達磨宗一派を受け容れたのが、入宋して曹洞禅を継いだ道元（1200-53）である。彼の門流は当初は小さく、鎌倉後期に漸く大きな勢力になった。鎌倉時代に禅の普及に大きな役割を果たしたのは、栄西や道元よりも円爾弁円（1202-80）である。彼は入宋して臨済宗楊岐派の法を継いだが、禅密兼修の立場を取り、東福寺を中心に活動した。その後、蘭渓道隆（1213-78）など中国の禅僧の来日が相次ぎ、鎌倉幕府も庇護したことで次第に禅は日本に定着した。南北朝期に夢窓疎石が出て政治的にも大きな役割を果たし、室町時代には五山を中心に臨済宗の禅が幕府の庇護の下に栄え、中国文化の受容や貿易・外交などの面でも大きな力を発揮した。

　要するに、鎌倉仏教は伝統から逸脱したからこそ、却って民間に広まったのである。

　さて、仏教が最も勢力を持った鎌倉時代には、仏教と国家、仏教と神祇

彼は安居院流唱導の祖と言われるように、彼の子孫は代々、比叡山北谷竹林院の里房である安居院を拠点に、唱導僧として活躍し、女子は貴族に嫁ぐなどして一大門閥を形成した。門跡寺院は言うに及ばず、例えば天台座主が摂関家（室町時代になると将軍家の出身者も）によって占められていた以上、よほど道心堅固な僧でもなければ、貴族出身の高位の僧侶が妻妾を蓄えることに抵抗は無かっただろう。まして天台宗と真言宗では稚児灌頂（剃髪していない 7 歳から 18 歳までの少年修行僧との性行為を合法化した儀式）が行なわれていたのである。聖などの下級僧侶が妻帯しているのはなおさらのことであった。ところが他方で、同じ信西の子でも（母親は違うのだが）明遍（1142-1224）は 50 歳を過ぎてから遁世し、高野山に蓮華三昧院を開創した。こうなると、当然のことではあるが、人は生き方次第だと言わざるをえない。

との関係が問題になった。新仏教が世俗権力からの自立の動きを示したのに対し、主流をなす顕密仏教は政治権力との共存を図った。これを王法と仏法との相互依存、王仏相依と言う。ただし権門寺院が広大な荘園による経済力や武力（僧兵）を保有していたからといって、両者は対等の形で依存し合っていたのではない。むしろ仏教は仏の呪術的な力によって恐れられ、宗教的権力として世俗に巨大な力を及ぼしていたのである[*3]。他方、神祇との関係は、仏教本来の立場からすれば神祇不拝が原則であり、実際に専修念仏集団の間には神祇不拝論が起こったのだが、大部分の仏教諸宗派は土着の神祇を排斥することなく、むしろこれを取り込もうとした。平安後期に本地垂迹説が唱えられてこれが常識化し、仏教側としては仏教の優位を保ちながら神祇信仰を認め、神祇側としても仏教の保護の下に自らの権限を確保することができた。特に南都系の改革者たちは神祇信仰にも篤く、貞慶、明恵らは興福寺の春日明神を信仰した。南都と伊勢との関係も深く、重源（1121-1206）は東大寺再建祈願のために伊勢に参拝したし、律宗も伊勢信仰に熱心で、中世の伊勢神宮の繁栄と伊勢神道の形成に寄与した。一遍（1239-89）の熊野信仰は周知の通りである。かくして天台系の山王神道が成立する一方で、伊勢を中心として伊勢神道、両部神道などと呼ばれる理論が形成された。

　ところで、天台座主慈円（1155-1225）は関白九条兼実の弟であり、王法と仏法の両者を結びつける歴史論を『愚管抄』（1220）で展開した。同書は承久の乱の直前に著され、武士と摂関家が協力し、神仏の加護の下に皇統の継続が成り立つとするもので、後鳥羽上皇による倒幕計画を批判す

3　ここで末木は、王仏相依の極限の形として「即位灌頂」を挙げる。これは藤原氏に伝えられた天皇の即位に際しての仏教儀礼で、即位の際に天皇に伝授されるという。本尊は荼枳尼（ダキニ）天で、人の根源的精気である人黄を食う羅刹、愛欲の神として異端的な密教立川流と関係が深い。要するに「外法」である。その呪術的な力が王権の本質を形作る。王権はその継続性が重要な意味を持つため、仏教の原則に従って煩悩を滅し、性を否定しては成り立たない。王法が仏法から見れば「外法」である立川流に接点を持つのはそのためだ、と言うのだが、これは「藤原氏」、つまりは天皇の外戚の家に伝えられたことからしても、王仏相依の形というより、藤原氏の権力保持の方策の1つにしか私には見えない。藤原氏は自らが天皇の地位を簒奪することなく、しかも天皇を実質的に操ることで世俗的権力を維持し、天台座主の座に身内を据えることで、同時に宗教的権力をも維持したのであろう。

る意図を持っていた。『愚管抄』によれば、歴史は「道理」に従って必然的に展開するとされる。末法思想に、皇統は百代で衰えるという百王思想が重なり、次第に時代が悪くなるという下降史観の立場に立つ。即ち、初めは神武天皇以来「冥顕和合」で、神々の世界（冥）と人々の世界（顕）とが合致して進んでいたが、やがて冥の道理が推移するのを顕の人が理解できない道理の時代へと移り、更には、顕では誰もが道理と認めても冥の神々の心には適わない道理の時代へと移り変わり、最後は、道理を知らぬ今の状況に陥った、だから君臣力を合わせ、また摂関家と武士の協力が必要だと主張するものである。

　このような『愚管抄』の歴史観は、1世紀後の北畠親房（1293-1354）の『神皇正統記』（1339）になると大きく変化する。同書は建武の中興が崩れた南北朝の動乱の中で、改めて皇統を明らかにし、臣下の名分を知らせることを意図している。「大日本は神国なり」で始まる同書は、天竺と震旦における世界の生成と歴史の形成を紹介した上で、我が国のみ正しく皇統が伝えられてきたことに我が国の優越性を見ている。親房は仏教にも精通していたが、その歴史観に仏教的色彩は乏しく、それどころか仏教は天皇によって用いられるべき政治の道具とさえ見なされている。つまり王仏相依論は影を潜めている。しかも、日本が「神国」だという思想は、元々は日本の優位を述べたものではなく、本来仏の力では教化できない末法の辺土の日本を救うには日本の神の力による必要があるということにすぎなかったのに、ここではそれが逆転して日本の優位が主張されている。鎌倉時代の末頃から仏教の絶対的な優位が崩れ、神祇信仰が神道として次第に確立してくる。それと同時に、元寇を契機としてナショナリズムが興り、日本優越的な思想が形成されるようになった。

　さて、仏教が広まって以来、紀伊半島の諸山は山岳修行に格好の場となり、修験道が発展した。その開祖役行者は吉野金峰山で蔵王権現を感得したとされる。蔵王権現は忿怒形で片足を挙げた力動的な姿で表され、明らかに密教の明王の発展形だが、既存の仏では日本の衆生を救うことができないため、釈迦・千手観音・弥勒菩薩の徳を兼備して新たに出現したと言われる。修験道は後に、天台宗系の本山派が聖護院を中心とし、真言宗系の当山派が醍醐寺三宝院を中心として発展し、全国に広がる。紀伊半島の他には特に東北の出羽三山（羽黒山・月山・湯殿山）が名高い。修験道は一般の仏教とも神祇信仰とも違う独特の神格や組織、修行、儀礼などを発展させ、神仏習合の最も典型的な形態を示している。

　紀伊半島の諸山は山岳修行の場であるだけでなく、特殊な聖地として人々の信仰を集め、貴族たちの参詣が絶えなかった。先ず、吉野は弥勒菩薩が将来仏として成道する場と見なされ、それを期待して経筒に納められた写経が経塚に埋葬された。中には藤原道長のものも現存する。次いで、熊野は、特に院政期以後、本地垂迹説に基づく信仰が盛んになった。本宮が阿弥陀仏、新宮が薬師仏、那智が千手観音の垂迹とされ、三仏の垂迹の集まる熊野はこの世の浄土として、上皇や貴族などの熊野詣が盛んに行なわれた。また、高野山は真言宗の中心の修行道場であり、空海が禅定に入ったたまま弥勒仏の来生を待っているという信仰から、高野浄土と呼ばれて、人々はその地に埋葬されることを願うようになった。また、院政期頃には西国三十三所の観音霊場巡礼も紀伊半島を中心に行なわれるようになった。更に、紀伊半島の東端にある伊勢は、天武朝以来、皇祖神天照大神を祀る場として特別の役割を与えられたが、これは紀伊半島全体の山岳信仰の宗教性と無関係ではない。

　普遍的真理の探究を目指す仏教とは異なり、日本の神は最初から特定の場と結びついていた。そして仏教が日本に定着するのに伴い、仏もまた特定の場と結びついて、その霊験が喧伝されるようになった。清水寺や石山寺の観音などがその一例である。元来、観音菩薩は三十三身を取って衆生を済度すると言われ、習合しやすい性質を持っていた。だが観音だけでなく、生身の釈迦の姿を伝えるという嵯峨の清涼寺の釈迦像のように、特別の仏像が信仰を集めた例も見られる。つまり、神仏習合は単なる仏教の仏と日本の神との関係ではなく、実際には仏教の中にも本来の仏・菩薩と具体的な場や仏像の信仰との重層的関係があるのであって、本地垂迹説とはその重層性の理論化と見るべきなのである。

　本地垂迹説の最も典型的な例は山王神道である。山王信仰は比叡山の麓の坂本に在る日吉大社を中心に、天台宗と密接に関係して発展した。日吉大社は八王子山を神体山として、その下の大宮・二宮を中心に展開している。元々二宮（小比叡、大山咋神）が地主神的な存在だったが、その後大和の三輪（大神神社）から大宮（大比叡、大己貴神・大国主神）が勧請され、更に聖信子（田心姫神）とともに山王三聖として崇拝されるに至った。平安中期には八王子、客人、十禅師、三宮が加わって山王七社を形成し、七社は平安末期にはそれぞれ本地仏が割り当てられて体系化され、また北斗七星の星宿信仰とも結びついた。本地仏は以下の通りである（大宮―釈迦、二宮―薬師、聖信子―阿弥陀、八王子―千手観音、客人―十一面観音、十禅師―地蔵、三宮―普賢）。釈迦、薬師、阿弥陀はそれぞれ延暦寺の西塔、東塔、横川の本尊であり、山王は延暦寺と対応している。山王の本地垂迹説は鎌倉初期の成立と考えられる『耀天記』などに説かれるが、日本の衆生を救おうという大慈悲によって釈迦は大宮として現れたとされている。つまり、日本は末法の劣悪な辺土であるから、日本の衆生の救済のためには神としての垂迹が必要だというわけである。

　ところが鎌倉末期から南北朝になると、山王神道の理論は大きく発展し、内容的にも変化する。この時期に『山家要略記』や『渓嵐拾葉集』などが著された。これらの神道理論によると、山王神は天台教理と結び付けられ空・仮・中の三諦を表す。また『渓嵐拾葉集』では、従来の本地垂迹説が逆転するようになる。例えば、「神明は大日なり。釈迦は応迹の仏なり。此の時、我が国は大日の本国、西天は釈迦応迹の国なり」として、日本の神こそ本源であり、釈迦は神が姿を変えて現れたものだという説である。ここでは「大日本国」に「大日（如来）の本国」という解釈を与え、釈迦仏が出現したインドより日本の方に本源の位置を与えている。ここには本覚思想が関係している。本覚思想は抽象的な「理」よりも具体的な「事」を重視するため、かつて末法の辺土と貶められた日本を逆に本源の場へと高めるからである。これは元寇以来高まったナショナリズムと結合して、日本中心主義へと向かう。

　仏教系神道のもう1つの流れは両部神道である。これは天台宗系の山王神道に対して真言宗系と見なされてきたが、必ずしもそうではなく天台系の密教も入っているらしい。両部神道と呼ばれるのは、伊勢の内宮（天照大神を祀る）と外宮（豊受比売大神を祀る）の両宮を両部（胎蔵と金剛界）曼荼羅に喩えるからだと言われるが、密教系の神道が必ずしもそう考えているわけでもなく、また、密教系の神道は伊勢のみでなく、三輪神社を拠り所とする三輪流の神道もある。では、密教系神道は誰によって形成されたのか。どうやら紀伊半島の修験者たちによってであるらしい。山岳修験は初めから神仏習合的で、特に密教的な修行や儀礼を摂取していた。初期の密教系神道書を代表する『大和葛城宝山記』のように、葛城系神道に拠ったものもある。密教系神道の形成には、山を通して各地の寺社を結びつける修験者のネットワークが関与したのではないか。ところで、神社の中でも伊勢神宮は皇祖神を祀る特別な存在であり、神仏分離が顕著だったはずだが、それが密教と結びついたのは、中世には未だ僧侶の参拝も多く、完全に仏教と断絶していたわけではないからだとされる。ともかく、両部神道で重要なのは、天照の本地を密教の大日如来に確定したこと、このことによって伊勢を根源とする日本中心主義を生んだことである。大日如来は全ての仏の根源であり、全ての仏は大日如来の顕現である。大日と天照との同一視によって、天照にも大日と同じ根源性が与えられた。「大日本国」を「大日（如来）の本国」と解したのも、こうした密教系神道の説に拠っている。また、伊勢の両宮を両部の大日に配することは、外宮にも内宮と同等の地位を与えることになった。外宮の地位の向上は外宮の神官たちによる伊勢神道の文献・理論の創出によると言われるが、それだけでなく、両部神道の影響も大きかったと思われる。外宮の豊受は天照よりも根源的な天之御中主と結びつけられることによって、天之御中主を根源神とした神々の生成と宇宙生成が統合的に説かれるようになってくる。

　元々仏教と緊密に結びついていた山王神道とは異なり、伊勢は神仏隔離の性格を持つため独自の神道を形成する。中でも伊勢神道と呼ばれる独自の展開を示したのは、外宮の神官度会氏だった。伊勢は皇祖神を祀る内宮が優位にあったが、中世になると因習に囚われない外宮が勢力を伸ばしてきた。ここに「皇字論争」（1296）が起こる。それまで内宮のみが「皇大神宮」を名のっていたところに、外宮も書類に「豊受皇大神宮」と記したため、内宮側が反発したのである。このとき外宮側が自らに有利な証拠として提出した中に、後に神道五部書として纏められ、伊勢神道の基本文献とされたものがあった。神道五部書は『天照坐伊勢二所皇太神宮御鎮座次第記』（御鎮座次第記）、『伊勢二所皇太神御鎮座伝記』（御鎮座伝記）、『豊受皇太神御鎮座本紀』（御鎮座本紀）、『造伊勢二所太神宮宝基本記』（宝基本記）、『倭姫命世記』の 5 書で、いずれも奈良時代の成立ということになっているが、偽書の典型である。最も早い『宝基本記』が鎌倉初期、『倭姫命世記』が鎌倉中期、後の 3 書（神宮三部書）はそれ以後の成立と考えられている。『宝基本記』や『倭姫命世記』にも外宮を重視すべきことが書かれているが、とりわけ神宮三部書の段階になると、外宮の豊受を天之御中主と同一視して、内宮の天照よりも根源的な神であるという思想が見えるようになる。もう 1 つ重要なのは、同じ伊勢を巡る両部神道の仏教的な言説に対して、神道五部書では神仏隔離的な面を重視していることである。「混沌の始めを守り、仏法の息を屏し」（『宝基本記』『御鎮座伝記』）、「仏法の息を屏し、神祇を再拝し奉れ」（『倭姫命世記』）などと、仏教の忌避が言われている。このことが両部神道と異なる伊勢神道の純粋性を示すものとして注目されてきたが、飽くまでも神仏隔離であって、決して仏法否定ではないことに注意すべきであり、従って両部神道の言説と両立しないわけではない。

　豊受と天之御中主との同一視は両部神道でも見られたが、神道譜を遡ることによって根源神を見出そうという傾向はより顕著になる。『宝基本記』では天之御中主ではなく国常立を根源に置き、その場合、天照は「大元神」である国常立の、「広大な慈悲を起こして、自在神力で、様々な形を現し、種々の心行に随い、方便利益を為す」方便的な現象と見なされる。根源神を求める動向は両部神道の系譜からも出ている。初期の両部神道書の 1 つ『中臣祓訓解』では、神を本覚・不覚・始覚の 3 等に分類する。これらは『大乗起信論』の用語で、本覚思想の流行によって広く用いられるようになったが、本覚神は伊勢大神、不覚神は出雲の荒ぶる神、始覚神は岩清水や広田社である。始覚神が仏教によって迷いから覚めて本覚の理に帰るのに対して、本覚神は「本来清浄の理性、常住不変の妙体」であると説明され、それを「大元尊神」と呼んでいる。「大元尊神」は「大元神」と同じで、仏教理論を使いながら根源神を探求しているのである。神道五部書のもう1つ重要なことは、神を祀る際の心構え（人為を加えず、神意のままに随うこと）を重視し、清浄や正直の徳を強調していることで、それは後の神道の倫理の基礎となる。このような心のあり方の重視は本覚思想など仏教と繋がる点である。「神」は外なる神的存在であると同時に、内なる心の霊妙な働きをも意味する。中世の神道理論ではその重層性をも活かし、心を世界の根源に繋げてゆく。

　鎌倉末期から南北朝にかけて、中世神道理論が大成される。山王神道の『山家要略記』『渓嵐拾葉集』、両部神道の『麗気記』など大部の著作が纏められ、伊勢神道系では度会家行、慈遍、北畠親房などが次々に綜合的、体系的な書物を著した。そしてその後、中世神道の掉尾を飾って吉田兼倶が唯一神道を打ち立てる。

　度会家行（1256-1356）の『類聚神祇本源』（1320）は、仏教、儒教を始め、中国、日本の文献を渉猟し、道教や陰陽五行説、新来の宋学なども引用して、神仏習合を超える神道理論を目指したものである。その説は「機前説」と呼ばれる。当時の神道書が天地開闢を根源としたのに対し、開闢以前の根源に遡ってそれを「機前」と名づけた。「機前」は禅語だが、これを心の問題から転換し、宇宙の根源として立てたところが新しい。そしてその機前を活かす実践として清浄を重視する。清浄とは、要するに「元の元を明らかにし、本の心に任せる」ことであり、機後の世界において機前の純粋を保つことである。家行を継承した伊勢神道の理論家が北畠親房と慈遍である。彼らは家行には比較的薄かった神道と国家との関係を正面から問い、神道説を天皇論と結びつけた。彼らの論が近世以降の神道ナショナリズムの源流となり、『神皇正統記』が皇国史観の模範とされたことは周知の通りである。

　慈遍は卜部（吉田）氏、『徒然草』の兼好法師の兄弟とされる。叡山で天台学を修めた彼は、後に神道に関心を深め、『旧事本紀玄義』『豊葦原神風和記』などの伊勢神道系の著作の他に、山王神道の著作も著した。『神風和記』の「仏神同異事」によれば、仏神の悟りの境地は同じだが、教化の仕方は異なる。神道は世界が未展開の根源に立場を置くのに対し、仏法はそれが展開した二元対立的な現象世界で救済を示す。このように仏教よりも神道の方が根源的とされ、その根源から神々の系譜が生まれ、その延長上に天皇が位置づけられることになる。こうした神道ナショナリズムの発展上に位置するのが『旧事本紀玄義』巻5の根葉花実説である。我が国の神こそ根本であり、中国やインドの宗教は、それが展開した花や果実にすぎないと言う。そこから慈遍は「神宣は西天の仏を指して以て応迹と為す」と、仏の方を神の垂迹と見る反本地垂迹説に至っている。ただし慈遍は、根だけでは未だ不充分で、そこに仏教や儒教の教化が必要だと見ており、仏教などの全面否定にはなっていない。

　こうした神道理論の整備を受けて、吉田兼倶（1435-1511）の唯一神道が成立する。彼は自らの神道説を『唯一神道名法要集』に纏めた。その中で彼は、先ず神道を本迹縁起神道・両部習合神道・元本宗源神道の3つに分け、自己の立場を、神仏習合的な前2者を乗り越える最も根源的な元本宗源神道に位置づける。兼倶の説には仏教の影響が大きいにもかかわらず、ここにはっきりと神仏習合を批判した神道自身の自立的な理論が現れたことになる。その説は、国常立を大元尊神として中心に置き、神道の統合を図ろうとしたもので、慈遍に始まる根葉花実説を最終的に聖徳太子の密奏に仮託して定式化した。それは「我が日本は種子を生じ、震旦は枝葉に現し、天竺は花実を開く」と述べ、神道が仏教・儒教に優越する根本であることを最も端的に表している。

　このように中世神道は根源神を探求し、そこに神の秩序を見出そうとした。キリシタンが日本に入ったとき、仏教僧などの抵抗を受けながらも急速に広まったが、それも偶然とは言えない。当時、神道界でもこのように根源の探求が進められていたし、仏教界でも浄土真宗の阿弥陀仏一仏の信仰や、禅宗の心の一元論の展開が見られた。そのような原理の探求がキリシタンの唯一神信仰を受け容れやすくしていたのではないか。

　さて、室町時代の仏教だが、これは鎌倉仏教の通俗化のように見られ、あまり評価されて来なかった。だが、この時代の仏教は、武士、豪族、農民、商人など広範な層に受容され、新興の気運に溢れて発展した。従来の顕密仏教も新しい時代の要求に対応して展開したが、特に注目されるのは、鎌倉時代に基礎を築かれた新仏教が社会に定着したことである。特に禅宗、浄土系の諸宗、日蓮宗などの発展が著しい。その展開を通して、複雑な理論よりも実際の生活で用いやすい単純化された理論と実践が発展した。

　先ず禅宗だが、この時代、幕府と結びついて国教的な地位に立ったのは臨済禅である。その基礎を築いたのは夢窓疎石（1275-1351）である。彼は後醍醐天皇に招請されて南禅寺に入り、後には足利尊氏・直義兄弟の帰依も受けた。南北朝の動乱の中で敵味方の差別を否定する怨親平等の理念を掲げ、尊氏・直義を説いて戦没者のために安国寺利生塔を各地に建てさせ、また後醍醐天皇の追善の道場として天龍寺を創建したが、その費用の捻出のため天龍寺船によって宋との貿易を図った。このように政治にも深く関わり、また寺院の造園に優れた才能を発揮するなど、多方面に活躍した。夢窓自身は飽くまでも禅を第一に掲げて妥協はしなかったが、自らもこのように多方面で活躍し、様々な方面に多くの門人が育ったため、夢窓の門下から五山の禅が形成された。中国に倣って禅寺の寺格を定める五山制度は鎌倉期から見えるが、室町期には南禅寺を別格として天龍・相国・建仁・東福・万寿の京都五山が勢力を誇った。五山は中国の新しい文化を受け容れるセンターであり、仏教だけでなく、新来の朱子学なども先ず五山で学ばれた。高度の教養を要する漢詩や漢文学の華が開き、出版や建築・造形美術などにわたる五山文学・五山文化として全盛を誇った。五山の禅僧はその教養を活かして、幕府の外交顧問のような役割も果たした。五山文化の周りには北山文化、東山文化なども開花し、茶の湯などの新しい文化も勃興した。だが却って禅の修行が疎かとなり、真摯な修行者から批判を招いた。実際の禅の修行は、むしろ林下と呼ばれる五山外の諸寺で厳しく行なわれた。特に南浦紹明（大応国師）・宗峰妙超（大燈国師）・関山慧玄の大応派の系統は応燈関と呼ばれ、宗峰の大徳寺、関山の妙心寺は有名である。大応派は従来の諸行兼修的な禅に代わって純粋な禅を確立し、後の臨済禅の骨格を作った。だが、その大徳寺も一休宗純（1394-1481）によって、世俗に堕したものとして批判を浴びた。

　禅の思想では、例えば抜隊得勝（1327-87）が「自心本ヨリ仏ナリ。是ヲサトルヲ成仏トイヽ、コレニ迷フヲ衆生ト云フ」（『仮名法語』）と言っているように、「自心」を悟ることが重視される。このような心の探求が禅の根幹であり、また見性成仏と言われるように、自己の本性を悟ることが求められた。ところが、これと矛盾するかのように、林下の禅が大きく発展したのは葬儀や祈禱などの儀礼を通してであった。特に曹洞宗は瑩山紹瑾（1268-1325）以降、大胆に儀礼的要素を取り入れて勢力の伸張を図った。後の葬式仏教の原型は室町期の禅宗に発する。禅宗では修行途中で亡くなった修行者を弔うのに、亡僧の修行を完成させるべく亡僧葬法が定められたが、それを在家にも適用したのである。地方の大名を始めとして在家の檀越の力が増し、整然たる葬儀が必要とされたが、従来の顕密仏教の煩雑な方式ではその要求に応えられなかった。その要求に簡素で整備された葬儀で応えたのが曹洞宗である。曹洞宗は坐禅を通してではなく、むしろ儀礼を通して地方に大きく教線を拡大することになった。

　曹洞宗が地方に展開したのに対し、日蓮宗は日像（1269-1342）の布教以後、京の町衆を中心に大きく勢力を伸ばした。これは、勃興する町民たちにとって現世利益を説く教説が大きな魅力となったこととともに、将軍に改宗を迫って迫害を受けた日親（1407-88）のような不屈の態度が感銘を与えたからであろう。混乱する情勢の中で、町衆は法華信仰を拠り所に団結し、自衛体制をとって一大軍事勢力に発展した。彼らが敵視したのは特に一向一揆の勢力であり、天文元年（1532）には山科本願寺を焼き討ちしたが、天文 5 年には比叡山が戦国大名たちと結んだ連合軍相手の天文法華の乱で敗退した。

　一揆とは、「一味同心」と言われるように、目的を一つにして連帯する集団であり、その団結のために特定の信仰に拠った。法華一揆や一向一揆は戦国時代に特徴的な現象である。信仰が民衆の力と一体になって政治権力を握り、支配を行なったのは、日本史上他に例が無く、宗教と政治との関係を考える上で特筆すべきことである。

　ここで一向一揆を起こした浄土真宗を見てみる。親鸞没後、その墓所に廟堂が建てられ、子孫が留守職を世襲した。本願寺である。だがその勢力は浄土真宗内でも弱小で、親鸞の門弟に由来する他派が優勢だった。だが蓮如（1415-99）に至って一気に勢力を伸ばす。蓮如の近江の教化、門徒の拡大と叡山勢力との抗争、越前吉崎への引退、越前での門徒の拡大、高田門徒と結んだ加賀国守護との抗争と勝利、蓮如の吉崎退去と山科本願寺の建立、吉崎退去後、一揆が加賀守護富樫政親を攻め滅ぼして加賀国支配を実現したこと、また、蓮如以後一向一揆が諸国に広がり、織田信長の石山本願寺攻めによる顕如の石山退去まで宗教による支配を実現したこと、これらは周知の出来事である。蓮如自身は他宗や政治権力との軋轢を嫌ったし、常に門徒の過激な行動を戒め続けたと言われる。それでもなぜ一揆は拡大し続けたのか。その勢力拡大は蓮如の布教方法にあったと思われる。彼の教えは主に手紙で門徒たちに伝えられ、それらは「御文（御文章）」の名で纏められている。蓮如は、宗祖親鸞が複雑な教学議論を展開したのとは対照的に、弥陀一仏をひたすら信じ、後世を願うことに教えを単純化した。阿弥陀一仏を頼めば、一切の神も仏も喜び護って下さるのであるから、阿弥陀如来だけを頼んで信心決定すれば、必ず西方極楽浄土に往生することができる、と。これは他宗、他教への優越の主張であり、仏教の一神教化であろう。この教えによれば、念仏して往生を遂げるのも、苦難に遭って死ぬのも同じことで、前世の業に任せればよいのであるから、信心が確立した上では、いかなる死に方をしても救われることになる。仏法のために死ぬのは一種の仏恩報謝と見なされている。そうなれば、死をも躊躇うことなく敢然と合戦することができる。この姿勢は、後のキリシタン時代において、殉教をものともせずに迫害に耐える精神と通ずるものがある。このような浄土真宗の動向[*4]は、神道界の根源神の探求と並んで、キ

4　浄土真宗の勢力拡大の背後には、蓮如以後の本願寺法主による門徒の統制、とりわけ破門権の掌握という生臭い事情があったと考えられる。破門権の掌握は門徒に対する統制の厳しさを物語るもので、破門された僧侶や門徒は村八分にも等しい状況に追い込まれた。例えば、近江国堅田本福寺（この寺は寛正6年（1465）正月、比叡山延暦寺の悪僧150人ほどが悪党どもを誘って本願寺を襲い焼き討ちしたときに、蓮如を守って大功を立てたのを始め、蓮如の右腕となって本願寺発展の基礎を築いた）の5代目住職明宗は3度破門され、3度目には明宗自身が餓死し、本福寺一族のうち明宗と死をともにした者10名、生き別れ死に別れになった者10余名とされる。本願寺法主がたとえ破門権を掌握したとしても、各地に散在する教団の全ての坊主や門徒の行動を監視し、本願寺の意に背いた者たちを取り締まることはできない。そのため摘発も限られていた。精々1カ国に1人か2人を異端や邪説の廉で破門していたに過ぎない。それが蓮如の時代になると急速に増える。一家衆という制度ができたからである。一家衆は本願寺法主の血縁者であり、蓮如は27人の子供のうち、男子13人を本願寺派の発展地帯の中心部に寺院を建てて住まわせ、教団の藩屏とした。彼らは地方教団の坊主や門徒

リシタン受容の精神的基盤を用意したと見ることができる。

2　『発心集』──仏教説話の変容

　さて、平安時代に能因法師と和泉式部は、現世の虚構性を自覚することでそれを突破しようとした。その自覚的生が中世を開いてゆく。中世の生とは、因果応報の突破・超脱に他ならない。能因法師と和泉式部は、和歌という作品を通して浮かび上がる、因果を突破する生の姿であった。だが他方、直截的な生の行為によって因果の虚構性の突破を証する群像があった。形こそ仏教説話という前時代の継承ではあるが、中世は出離・隠遁を盛んに語るだけでなく、それを実際にラディカルに遂行する時代であった。中世の仏教説話に登場する群像は、死という限界状況を行為によって乗り越えようとする者たちに満ちている。

　ところで、私は前に、平安期にも因果を突破・超脱した者はいた、と述べた。それではどうして彼らに論及しなかったのか。至極尤もな問いではある。だが、私の答えはこうだ。即ち、本人たちが超脱していたとしても、それを説話の語り手も聞き手も、そしてそれを収録した者のいずれもが凡眼の持ち主で、因果信仰の中にいたとしたらどうか、と。真実はそれを看破する眼力の持ち主にしか姿を現さないだろう。そして、今ここに 1 人の慧眼の持ち主がいる。鴨長明（1153-1216）という。彼はこれまで中途半端な遁世者という不名誉な評価を与えられてきたように思われる。だが、その評価は誤りである。そのことを以下で示すために、先ずは彼の『発心集[*5]』の「多武峰増賀上人、遁世往生の事」を取り上げることにしたい。

の目付役であり、少しでも気に障ることをすれば、一家衆は三羽の矢を射通すように勘気、つまり破門したという。勿論、破門には私利私欲が絡んでいる。また、同様の制度は時宗にも既にあった。善知識（僧侶）が阿弥陀仏と同格となり、門徒の極楽往生を保証したり、取り消したりする権限を手に入れたのである。これは遊行上人による門徒の統制であり、銭の収奪が目的である。これがいわゆる宗教の一側面である。一側面と言うには余りに深刻な問題を抱えていると思われるが。以上に関しては、笠原一男編著『罪と罰』（上掲）123-142 頁を参照のこと。

5　引用は、浅見和彦・伊東玉美訳注『発心集』上・下（角川ソフィア文庫、平成 26 年）による。

これは、なるほど先行する諸説話と同類話ではある。ところが、彼の説話にだけ有って先行説話には無い言葉がある。そこにこそ長明の眼力が、つまり虚構を看破し突破する中世的性格が歴々と現れているように思われるのである。

（1）増賀上人伝

　増賀上人伝には幾つかの先行説話が存在する。『法華験記』巻下、第82話「多武峰の増賀上人」が最も古く、次いで『続本朝往生伝』第12話「沙門増賀」、そして『今昔』巻12、第33話「多武峰増賀聖人語」と『今昔』巻19、第18話「三条大皇大后宮出家語」である。『発心集』とほぼ同時期の成立とされる『古事談』（1212-15）も増賀上人伝を収録しているが、長明はそれを参照していないらしい。漢文の『増賀行業記』は『発心集』と同内容だが、こちらの方が『発心集』に依拠している。そこで、以下では各テクストの異同と古代と中世の説話の違いが明瞭となるように、最も古いテクストの「多武峰の増賀上人」（『法華験記』巻下、第82話）を基準に据え、後に成立したテクストの文言をそれと比較しよう。

A「多武峰の増賀上人」（『法華験記』巻下、第82話）
　①(a)「増賀聖は、平安宮の人なり」と記すのみ。
　　(b) 生後間もなく両親の都合で坂東に下る途中、乳母が児（後の増賀）を抱いて、馬上で居眠りをして児を落としたことに気づかず、数十町行った。事態を父母に報告すると、父母は驚き泣き叫んで言う。「一行の後を付いてくる多数の牛、馬、人夫等に踏み殺されてしまったのではないか。」せめて屍骸を捜そうと戻ってみると、泥の中の石の上に傷1つ無く、泥水にも汚れずに天を向いて微笑んでいる。父母を始めとして皆、希有のことなり、と称嘆した。その夜の夢（母親の？）に見る。泥の石の上に珍宝で飾った床があり、そこに天衣を敷いた上に児が据えられている。その四隅に四童子が立って、合掌しながら「仏の口から生まれた子だから、私が守護しよう。」と言った。夢から覚めて、ますます希有の心を起こした。

② 4歳で言葉を話し、「比叡山に登って法華経を読み、一乗仏教を習いたい」と言って、その後は沈黙した。父母は驚いて「鬼神でも憑いて話させたのだろうか」と怖畏した。母が次のような夢を見る。児に乳を飲ませていると、乳呑み児が年30余の僧になって、手に経巻を持っている。傍らに賢き者がいて「宿因当に聖人となるべし」と言った。両親は仰ぎ信じた。

③ (a)10歳で比叡山に登って、天台座主の慈恵大僧正の弟子となる。法華大乗を読誦、顕密の正教を学ぶ。止観に通達し、一乗を解る。迦旃、須菩提に喩えられるほど優秀である。毎日、法華経一部読誦、三時に法華懺法を欠かさず行なう。

(b) 出仮利生を厭い、名聞利養に背いて、遁世隠居を志す。

④ (a) 冷泉天皇が護持僧に為すも、口に狂言を唱え、身に狂事を為して職場放棄。

(b) 国母の女院、請じて戒師と為すも、粗悪粗暴の言葉を吐いて職場放棄。

⑤ 叡山を去り、花洛を厭い、多武峰に多年籠居。戒律を持し、四季ごとに三七の法華懺法を行なう。夢に南岳大師、天台大師等が出てきて修行を褒め称え、また神仏が来臨し、「普賢菩薩の来護」を伝える。世間のニュースは異人（護法童子？）が来て告げるか夢告で知る。隠居の後は誰とも会わず、修道に努めた。

⑥ (a) 命終の10数日前、自分の命終を知る。世間の場合と違って、死を「喜悦する」。

(b) 命終時に諸の大衆を集めて、西方往生する嬉しさを述べる。講筵を修して念仏を勤修。また番論議を行なわせ、参加者に和歌を詠ませる。辞世の歌は、「みつわさす八十あまりの老のなみ海月の骨に逢ふぞ嬉しき」。

⑦ 編者のコメント。死期に歓喜するのは、貧者が如意宝を得たようなもので、これも聖道をよく修したからである。

⑧大衆を散ぜしめて静室に入り、法華経を誦し、手に金剛合掌の印を結んで、坐禅しながら入滅。「年 80」。

B「沙門増賀」（『続本朝往生伝』第 12 話）

① (a)「参議橘恒平卿の子」とする。

　(b) 記述無し。

②記述無し。

③A と同内容だが、簡略である。

④ 増賀を請用しようとしたとき、これを嫌って偽悪を行なった例として、A は (a)(b) の 2 例を挙げたが、B は別の 4 例を挙げる。

　(c) 后宮授戒の請があって参入した後、御前で「見風を示」した（「見風」は「臭風」の誤りか？　D の記述からして、大便をひり出したこと、をいうか？）

　(d) 誰が自分を「嫪毒の輩と為し、后囲に啓達するか」と言った。（なお、「嫪毒」は秦の宰相呂不韋の食客だったが、宦官と偽りその巨根によって政（後の始皇帝）の母で淫乱な太后の寵愛を受け二子を儲けるも密通が露見、反乱を起こそうとして失敗、車裂の刑に処せられた。『史記』「呂不韋伝」を参照のこと。増賀の巨根云々については D ④ (d) を見よ。）

　(e) 師の良源僧正が大僧正に任じられて参内するとき、前駆の一員となって「干鮭をもて剣となし、牝牛をもて乗物となせり」。供奉の人たちは増賀を排除しようとしたが、増賀はこれを拒絶。「自分以外に良源僧正の車の牛口前駆は勤仕できようか」と言った。

　(f) 法会に請ぜられ、それを応諾して説法の文案を練っていたとき、「こんなことは名聞利養に渉るものであり、きっと魔縁であろう」と思って、結局願主と喧嘩して説法もせずに帰ってしまった。

⑤記述無し。

⑥ (a) 記述無し。

　(b')A とは全く別内容。

　　臨終の時に、先ず、α. 独り囲碁し、次いで、β. 泥障（あふり、馬

具の 1 つ）を被って胡蝶の舞を舞う。弟子の仁賀が理由を問うと、
「少年の時にこの両のことを見て、心の中に慕ひき。今最後に及
びて、その思忽ちに発りぬ。仍りて本懐を遂ぐるなり。」と答えた。
その後念仏を続けていると、瑞相が室に満ちた。その前に、辞
世の歌「みつわさす・・・」を詠んだ。

⑦ 編者のコメント無し。

⑧「別記に云はく」として、以下が付加されている。

長保 4 年から食欲が減退し、坐禅できなくなり、○同 5 年 6 月 8 日
未刻、沐浴して人を集め、声明を誦せしめ、和歌を詠んだ。○ 9 日
卯刻、自ら起きて西方に向かい念仏し、金剛合掌して居ながら入滅。
○「年 87」。○後見るに爛れず壊れず、云々といふ。

C「多武峰増賀聖人語」（『今昔』巻 12、第 33 話）

① (a)「俗姓ハ□氏、京ノ人ナリ」。

(b) A とほぼ同文。

② A とほぼ同文。

③ (a) A とほぼ同文だが、「出家シテ、名ヲ増賀ト云フ」という語句が
付加される。

(b) A より詳細で、また新しい内容も付加している。付加の部分は次
の通り。

増賀は僧として有名になったが、これを厭い、多武峰での修行を
願うが、師の良源も周囲の学生たちも強く引きとめたので、「思
ヒ歎テ心ニ狂気ヲ翔フ」（わざと発狂したふりをした）。

(c)(d)(e)(f) 無し。

(g) 新たな説話が加わる。

叡山に、僧に物品を供養する所があった。通常は下使いの僧を
遣わしてこれを受け取るのだが、増賀は自分で黒く汚れた折箱
を提げ、そこに行って貰おうとした。供え物を分ける役僧はこ
れを見て、「この人は身分の高い学生［がくしょう］ではないか。
自ら供物を貰うとは奇怪なことだ。」と言って、他の人に持たせ

てやろうとした。すると増賀は、「ぜひ私がいただきたい」と言うので、「何かわけでもあるのだろう。それなら差し上げます。」と言って与えた。増賀はそれを貰い、自分の僧坊には持っていかず、多くの人夫たちが行き来する道に持って行き、彼らと並んで、木の枝を箸として自分も食べ、人夫たちにも食わせたので、人々はそれを見て、「これは普通ではない、気が狂ったのだ」と怪しみ遠ざけ、汚がった。

④ 後出（⑤の後）。

③ (g) と⑤の繋ぎとして、次の話が付加される。

　(h) いつもこのように振舞ったので、一緒にいる学生たちも付き合おうとせず、師の座主にも申し上げた。すると座主も「こうなった者はどうしようもない」と言った。それを聞いて増賀は「思い通りになった」と思って、⑤へ

⑤ A とほぼ同内容だが、多武峰の住居の描写が付加され、逆に普賢菩薩の来護の記述が消える。

④ (a)A と同内容。ただし、この偽悪行為の後に、「狂った態度を取ればとるほど、尊いという評判がまさった」という内容の言葉が付加される。

　(b) 無し。これは D(c)(d) へ回ったか？

⑥ (a)A とほぼ同内容だが、「喜悦の表情」の記述が無く、代わりに「からだの調子が悪い」という記述がある。

　(b)A とほぼ同内容。和歌「みつわさす・・・」も同じ。

　　ただし、「竜門寺の春久聖人（増賀の甥）が付き添っており、歓談していた」ことが付加されている。

　(b') α. 碁を打つ場面と、β.胡蝶舞の場面、描写が詳細になっている。

　　α. 竜門寺の聖人や弟子たちに、今日入滅すると宣告した後、隣の僧坊にある碁盤を取り寄せるように言う。その上に仏像でも据えるのか、と思っていると、「自分を抱き起こしてくれ」と言って、竜門寺の聖人に「碁を一番打とう」と言う。竜門寺の聖人は「念仏を唱えようとなさらず、いったい気でも狂われたのだろうか」

と悲しく思ったが、相手は恐れ敬っている尊い聖人なので、言われるがままに碁盤の上に石を 10 個ほど互いに置いた。すると、「よしよし、もうこれで充分、打つまい」と言って、並べた石を崩した。竜門寺の聖人がおずおずと「どうして碁をお打ちになったのですか」と問うと、「昔、小坊主だったとき、人が碁を打つのを見たことがある。今、口に念仏を唱えながら、そのことが思い出されて、碁を打ちたいなあ、と思ったから打ったのだよ。」と言う。

β. また「抱き起こしてくれ」と言うので、抱き起こす。「泥障を 1 つ捜して持ってきてくれ」と言うので、持ってくる。「それを結んでわしの首に掛けてくれ」と言うので、言われた通りに聖人の首に掛けた。聖人は苦痛をこらえて左右の肘を伸ばして、「古泥障を纏うて舞うよ」と言って、2, 3 度舞ってから、「これを取り除けてくれ」と言うので取り除けた。竜門の聖人が恐る恐る、「どうして舞などなさるのですか」と問うと、答えて言った。「若いとき、隣の僧坊に小坊主たちがたくさんいて、笑いさざめいていたので覗いてみると、1 人の小坊主が泥障を首に掛けて、『胡蝶胡蝶と人は言うが、古泥障を纏うて舞うよ』と歌いながら舞ったのを、自分もやってみたいなあ、と思ったが、その後長年忘れていたのを今急に思い出されたので、昔心に掛けたことを果たそう、と思って舞ったのだ。もう思い出すことは何も無い。」と言った。

⑦ A とほぼ同内容。ただし、その後に「其ノ後、多武ノ峰ノ山ニ埋テケリ」が入る。

⑧ A とほぼ同内容。ただし、次の記述が新たに付加される。

「だから、本当に最後に思い出したことは必ず成し遂げるべきである。これを知って聖人も碁を打ち、泥障をも纏って舞いなさったのだ。竜門の聖人の夢に、増賀聖人が堤れて、上品上生に往生した、と告げたということだ。」

D「三条大皇大后宮出家語」（『今昔』巻 19、第 18 話）

④ B(c)(d) を著しく増広。この説話全体の前半部（第 1 段から第 3 段）

が増賀の奇行譚である。

第1段——三条大皇大后宮（円融天皇皇后）が老境になられたので出家しようとお思いになられ、多武峰に籠居している増賀上人に御髪を切らせようと仰せられて、お召しの使いを出した。上人は快諾。弟子たちは「上人が使者を殴りつけるのではないか」と思っていたので不思議がった。

第2段——御出家の日。三条の宮に参上した増賀上人の風貌。「眼は恐ろしげで、尊くはありながら気味悪そうで、人に怖がられるのももっともだ」と見る人は思った。几帳の傍まで行って、出家の作法を行なった後、宮の髪に鋏を入れ終わる。退出しようとするときに、増賀は大声で、「わざわざこの増賀を召して、このようにお切らせになるとは、どういうことか。全く合点がゆきません。」と言って、「自分の汚い一物が大きいことを聞き及んだからか、昔は相当のものであったわい、云々」と卑猥なことを述べたので、宮も上人を尊く思う気持ちも失せ、周りの僧俗は皆茫然とした気持ちであろう、と述べる。

第3段——退出しようとして、皇大宮大夫の前に座って、「拙僧は老年になり風邪も重く、下痢を病んでいるので参上しかねたのであるが、ぜひとのお召しで参上したものの、最早耐え難いので急ぎ退出する」旨を述べるや否や、西の対の南の放出の簀子にしゃがんで尻をまくり、水便を撒き散らした。その音は宮の辺りまで聞こえた。若い殿上人や侍などは大笑いした。上人退出の後、長老の僧や貴族たちは、このような狂人を召したことを口を極めて謗ったが後の祭りだった。宮は出家後、仏道に専心した。

　さて、いよいよ『発心集』巻1、第5話「多武峰増賀上人、遁世往生の事」である。『発心集』は先ず、「増賀上人は経平の宰相の子、慈恵僧正の弟子なり」と紹介する。橘経平は正確には恒平（B(a)）であるが、生没年から見て、父ではありえない。ともあれ、『発心集』が他の説話集と類似している部分はここまでである。『発心集』の意図は、増賀の「物狂い」（奇行）のみに狙いを定めることで彼の価値転換の遂行を明示すること、ただこの1点に置かれている。だから、俗世間だけでなく出世間の権門体制に巣食う俗世間的価値も徹底的に批判される。長明の取り上げる奇行の逸話は6つである。

　幼い頃から碩徳人に勝れていた増賀は、将来さぞ出世するだろう、と思われていたが、「心の内には深く世を厭ひて、名利にほだされず、極楽に生れんことをのみぞ、人知れず願はれける」。ここから第1の奇行が始まる。因みに先行説話には見えない。「思ふほどの道心の発らぬことをのみぞ嘆きて」、根本中堂に千夜参籠し、毎晩千回礼拝し、「道心を祈り申しけり」。初めは無言で礼拝していたが、六、七百夜になってからは「付き給へ、付き給へ」と密かに言いながら礼拝したので、これを聞いた人は、「この僧は何を祈っているのだろうか、天狗でも憑いたのか」など怪しんだり笑ったりしていた。終わりの方になって、「道心付き給へ」とはっきり聞こえた時、人は「あはれなり」などと言った。

　「つきたまへ」と言えば、当時は（それとも当時も、と言うべきだろうか?）、超能力か幸運か何かが「憑く」ことを願うのが普通だと思われていたのだろうが、増賀は「道心」つまり菩提心が付くことを願っていた、という一種の笑い話である。だが、これはとても笑うに笑えない話である。と言うのは、仏道修行の根本に鋭く切り込んでいるからである。先ず、仏道の根本は、仏に成ろうと願うこと、つまり道心を発すこと（発菩提心）である。しかも、信満成仏、つまり発菩提心の位（初住位）がそのまま仏の位（妙覚位）だというのが大乗仏教の基本的立場である。とすれば、道心が付くことは成仏にも等しい。だが、肝心の道心は発そうとして発るものではない。発心は自力の計らいを超えた出来事である。この説話末尾のコメントが示すように、「いかにして乱れやすき心をしづめん」が、長明の課題であったことを考えれば、道心はこちらから求めたからといって得られるものではなく、さりとて放っておけば向こうからひとりでにやって来るものでもないというディレンマを、長明が増賀の「道心付き給へ」という呟きに読み取ったであろうことは想像に難くない。いかにして自力の計らい、つまり自意識を超えるか、これは『発心集』だけでなく、『方丈記』

をも貫く、長明晩年の一貫したテーマである。この点については以下でも言及する。

　次の逸話は、恐らく「番論議」（A ⑥ (b)）と「供物」（C ③ (g)）の両話を統合したのだろうと推測されるが、こうなっている。──先の千夜の参籠が満ちた後、増賀の世を厭う心が益々深くなり、何とかして「身をいたづらになさん」（無用な身になろう）と機会を待っていると、或るとき「内論議」（宗義を巡る講師と問者との問答、御斎会結願の 1 月 14 日に、紫宸殿や仁寿殿で行なわれた）という儀式があった。いつもの通り、議論の後にもてなし料理の残り物を庭に投げ捨てると、大勢の乞食が四方から集まってきて争って食べる習慣があったのだが、この宰相の禅師増賀上人は、「にはかに大衆の中より走り出でて、これを取って食ふ」。見る人は、「この禅師は、物に狂ふか」と大騒ぎした。これを聞いて増賀は、「我は物に狂はず。かく言はるる大衆達こそ物に狂はるめれ。」と言って、全く驚かない。「呆れたことだ」と言い合っているうちに、これを機会として増賀は隠遁してしまった。

　増賀には体制に安住する大衆の方こそが狂人に見えた、と言うのである。ここで問われているのは、真に布施・供養に値する者は誰か、ということである。三輪空寂・三輪清浄の布施とはよく言われることであるが、施す者、受け取る者、施す物品の 3 者がともに空・清浄でなければ真の布施ではない、ということである。施す在家は田畑を耕し、田畑を耕さざる出家は福田を耕してこそ布施を受けるに値する。しかるに福田を耕すわけでもなく、ましてや在家の財施に飽食して乞食に布施するとは狂気の沙汰ではないか。かくして増賀は出奔して多武峰に籠ってしまう。以後の増賀は花洛と権門仏教に対して反体制的な偽悪を様々にしかけてゆくのである。

　例えば、（A ④ (b) とほぼ同内容、B ④ (c)(d)、D ④を簡略化）多武峰で思う存分修行して歳月を送った後、尊い僧だという評判が立ち、時の后の宮が授戒の師として召したので、増賀は嫌々ながら参上し、南殿の欄干の傍で、様々に聞き苦しい言葉を口にして、結局何もせずに退出した。また、（B ④ (f) とほぼ同内容）仏像の供養を願う人の許へ行く途中、説法の内容などを考えていると、「名利を思ふにこそ、魔縁便りを得てげり」（名誉や

利益を求めて文案を考えているから、悪魔に付け込む隙を与えてしまった）
と気づき、先方に着くや否や、ちょっとしたことを咎めだてして、檀越と
口論し、供養も行なわずに帰ってしまった。長明の付したコメントは、「こ
れらのありさまは、人にうとまれて、再びかやうのことをいひかけられじ
となるべし」なのだが、わざわざコメントしているところを見ると、長明
もまた、法会への招きが嫌なら初めから謝絶すればよいのに、と思ったの
ではなかろうか。やはり偽悪は後味が良くない。

　当然、偽悪が痛みを伴う場合も出てくる（前半のみ B ④ (e) と同内容、
後半は僅かに C ③ (h) に関連）。——師の慈恵僧正が僧位昇進のお礼を申
し上げたとき、増賀は干鮭を太刀として佩き、骨ばかりの痩せこけた牝牛
に乗って、師の車の前駆をしよう、と言いながらあちこち乗り回したので、
怪しみ驚かぬ者はいなかった。そして、「名聞こそ苦しかりけれ。乞児の
身ぞ楽しかり。」と歌いながら離れた。慈恵僧正も凡人ではないので、あ
の「私が車の前駆をやろう」という増賀の声が、「悲しきかな。我が師悪
道に入りなんとす。」と聞こえたので、車の中で、「これも利生（衆生に利
益を与えること）のためなり」とお答えになったというのだが、わざわざ
記述していることからすると、恐らく長明にとって慈恵僧正のこの言葉は
弁解以外の何ものでもなかったはずである。

　増賀は臨終の床でも 2 つの奇行をやってのける（B ⑥ (b') α.β. とほぼ同
内容、C ⑥ (b') α.β. を大幅に短縮）。先ず、碁盤を持ってこさせて一人で
碁を打ち、次に障泥（＝泥障）を持ってこさせて被り、胡蝶という舞の真
似をした（ここまでは先行説話と同じだが、ここからが決定的に異なるこ
とに注意されたい）。弟子たちが怪しんで理由を問うと、「いとけなかりし
時、この二事を人に諫められて、思ひながら、空しくやみにしが、心にか
かりたれば、もし生死の執となることもぞあると思うて」と仰った。

　囲碁にせよ舞にせよ、正念に集中すべき臨終の作法からは最も遠い行
ないである。だからこそ弟子たちも訝って理由を訊いたわけだが、増賀は、
仏の教え給える「心の師とはなるとも、心を師とすることなかれ」（『発心
集』序）をも更に超える生き方を示した。即ち、「心の師となって」僧侶
としてあるべき型を守って生きるよりは、むしろいとけなかりし時の心の

ままに自由に生きたのである。増賀にとって重要なのは、飽くまでも生死
の執を断つことであって、いわゆる浄土に往生することなどではなかった。
浄土往生を願って生死の執を断つことは却って不浄である。生死の執を断
つこと、それこそが即ち浄土往生なのである。それは、偽善を超えること
はもとより偽悪をも超えた浄土の現成であり、つまりは因果超脱の姿であ
る。それゆえ、増賀が「すでに、聖衆の迎へを見て、悦んで」詠んだ歌、「み
つはさす八十あまりの老の浪くらげの骨にあひにけるかな」（先行説話の
結句は「逢ふぞ嬉しき」となっている）の「くらげの骨にあひにけるかな」
とは、80歳余りの稀有なる長寿に出逢った嬉しさを意味しているわけで
はない。むしろ、稀有なる長寿において畢竟出逢ったのは「くらげの骨」、
文字通り“有り難き物”であり、長明がコメントに言う「境界離れんため
の思ひ」だったはずである。

　以上のことから、長明は平安朝の先行説話の迷信深さ、特に『今昔』
の冗長と凡眼を窘めつつ、増賀の生は自意識の突破・超脱の姿である、と
いう中世説話の見識を示したと言えるだろう。

（2）源大夫の発心と蓮花城の入水

　『発心集』に登場する浄土往生を求める群像は、死という人にとって絶
対的な運命を行為によって乗り越えようとする者たちに満ち溢れている。
中には身燈、入水、断食、補陀落渡海といったような極端な行為に走った
往生者の伝もある。彼らはいずれも名も無き者たちである。その彼らの寡
黙な、しかし過激な捨身行が、名も無き人々に感動を与え、無きはずの名
とともに今なお語り継がれている。そのような物語の主人公も、「自意識」
という観点から見るなら対照的な相貌を示すということを、編者長明は「源
大夫」と「蓮花城」という2人の人物の生き方によって鮮やかに描き分け
た。源大夫については、「讃州源大夫にはかに発心往生の事」（『発心集』
巻3、第4話）の先行説話として「讃岐国多度郡五位聞法即出語」（『今昔』
巻19、第14話）があり、ほぼ同内容であるが、『今昔』の方は例のよう
に細密かつ冗長である。他方、蓮花城（「蓮花城入水の事」『発心集』巻3、

第8話）については『今昔』に類話は無い。ただし、これは『日本紀略』安元2年（1176）8月15日条に見える実話であり、このとき長明は22歳、蓮花城の入水を止めようと説得した登蓮と、長明は面識があった。なお、登蓮は後述の『無名抄』にも登場する。

　讃岐国の源大夫という男の話は異様なまでの迫力があり、往生譚の中で最も感動的であることは衆目の一致するところだろう。『発心集』や『今昔』の冒頭部によると、源大夫は生き物を殺し続け、人を殺さぬ日は無いという恐ろしい男だった。或るとき、源大夫が狩をして帰る途中、仏供養をしている家の前を通り過ぎた。源大夫は郎党たちにこう尋ねる。あれは何をやっているのか、と。郎党たちはかくかくしかじかです、と説明する。仏供養を見たことのない源大夫は、中にずんずん入ってゆく。庭にいた人々は悪名高き源大夫の姿を見るや、肝を潰して地面に這いつくばる。源大夫は彼らの背中を乗り越えて行き、導師が説法している傍に座り込んでこう尋ねる。お前の話の中身は要するに何なのだ、と。噂の乱暴者に出逢った僧は恐ろしさにわななきながら、阿弥陀仏の御誓いの頼もしいこと、極楽の楽しいこと、この世の苦しみ、無常のありさまなどを細かに説き聞かせた。源大夫は言う。それは素晴らしい。それなら俺は法師になって、その仏がおられる所へ参ろうと思う。しかし道が分からない。心を込めてお呼びしようと思うが、仏は答えて下さるだろうか、と。僧は答える。誠に深く道心を起こしてお呼びすれば、必ず答えて下さるはずです、と。すると源大夫は、それなら俺を今すぐ法師にしろ、と言う。僧は驚いて言葉が出ない。そのとき郎党たちがやって来て言う。今日出家なさるというのはいくらなんでも急ぎすぎです、一度帰って支度をしてから出家なさいませ、と。源大夫は腹を立てて、俺のやろうとすることを邪魔だてするな、と眼を剥き、太刀を引き抜いて振り回した。郎党も、今日の供養に集まった衆人も、皆驚愕した。源人夫は導師に、今すぐ頭を剃れ、と責め立てる。仕方なく、導師は震えながら源大夫の頭を剃った。

　このように、源大夫の行動には一分の無駄も無い。実に直截的である。導師の恐怖も郎党の狼狽も衆人の驚愕も、源大夫に起こった信心にとっては不純な夾雑物に過ぎない。源大夫は現世的な全ての価値判断をかなぐり捨ててまっしぐらに行動する。全て決断とは因果の截断である。源大夫は既に、こうしたらどうなるだろうか、1日に何遍念仏を唱えたら極楽往生できるだろうか、などという論理の彼岸にいる。出家した源大夫は、西に向かって、声の限り「南無阿弥陀仏」と唱えながら一直線に進んで行った。日を経て遥かに行き行くと、その先に山寺が在った。源大夫の様子がおかしいので、その寺の僧は事のわけを尋ねた。源大夫がかくかくしかじかとありのままに答えると、僧の尊ぶこと限りない。それなら、腹が減っているだろう、と干飯を渡すと、源大夫、「つゆ物食はん心なし。ただ仏のいらへ給はんまでは、山林海川なりとも、命の絶えんを限りにて、行かんと思ふ心のみ深くて、そのほかには、何ごとも覚えず。」と言い、なお西を指して仏の名を呼びながら歩んで行った。

　これは最早この世の者の行為ではない。この直截的な行為が源大夫を既にあの世の者に変えて、この世の彼を動かしている。判断を超え推論を超えた、絶対者への呼びかけがそのまま応答となり、この世における直截的な行為となって現れている、と言い換えてもよい。『今昔』はここを劇的に脚色して、源大夫に「阿弥陀仏、ヨヤ、ヲイ、ヲイ」と呼びかけさせている。この時、呼びかけと応答とは同時である。源大夫の呼びかけは、阿弥陀仏からの応答と救いを求めて自我の発動する、通常の意味での称名念仏とは違う。そこには、救われたい私が、私を救ってくださる阿弥陀仏に対して名号を称える、というような分節化は存在しない。源大夫の呼びかけは、私も弥陀も無い、一切の思惑を離れたただの呼びかけ、絶対無分節の発語にすぎない。虚飾を排した、純一無雑の、無我の行為である。そこには質的転換がある。現世の自我の分別を転換し、自力・他力の分別さえ超えて、ただ無心の呼びかけそのものと化した源大夫は、阿弥陀仏の声を聞いた。聞いたと言っても、耳で聞いたのではあるまい。聞いたのですらあるまい。源大夫が阿弥陀仏そのものと化した、或いは一遍上人が後に言うように、南無阿弥陀仏が往生したのだ、と言えば蛇足にすぎようか。ともかく、先の寺の僧が源大夫の跡を尋ねて行ってみると、遥かに西の海に突き出た山の端の岩の上に源大夫が座っている。「ここで阿弥陀仏がお答えくださったので、待っているのです」と言って、声を挙げて呼び奉る。まことに、海の西にかすかに御声が聞こえた。7日後、僧が来てみると、源大夫は「もとのところにつゆもかはらず、掌を合せつつ、西に向かひて、ねぶりたるが如くに居たり。舌の先より青き蓮の花なん一房生ひ出でたりける。」

　『今昔』と比較してみると、『発心集』は源大夫の餓死への意志と実践、そしてその帰結としての往生とを緊密に結びつけるとともに、源大夫の呼びかけと阿弥陀仏の応答に焦点を絞っている点で、宿善・宿業説話でないことは勿論のこと、現報を強調した因果応報説話ですらなく、因果一如・因果同時を強調した説話となっている。事実、長明は説話末尾で、「功積めることなけれども、一筋に憑み奉る心深ければ、往生すること、またかくの如し」とコメントしている。確かに、源大夫において、現世の分別を超えた決断が無分別智からの行為となり、それが現世の生を価値転換的に意味づけている。源大夫こそは自意識を捨て切った者の姿である。その自意識を捨て去ることそのことが同時に往生であることは、増賀上人の生死の執の截断が同時に浄土往生であったのと同様である。

　ところで『発心集』の場合、源大夫の説話は、巻2、第10話「橘大夫発願往生の事」と一対を成している。源大夫と橘大夫の2人とも北四国ゆかりの人で、ともに「大夫」の通称で知られ、かねて信仰を持たぬ悪人であったが、意外にも往生を成就した「悪人往生」の話である。都を遠く離れた「大夫」の精神が生の意味を根底から転換する姿として登場するのが、中世初期という時代であった。

　このような時代に、身燈[*6]、入水[*7]、補陀落渡海[*8]、断食などの極端に

6　『法華経』薬王菩薩本事品に出る。

7　入水が摂関期から鎌倉時代にかけて流行った背景には、四天王寺念仏の盛行があると思われる。摂関期に浄土教が貴族社会に浸透し始めた頃から、四天王寺の西大門は極楽浄土の東門と正面に向き合うという信仰が起こった。その端緒は、寛弘4年（1007）に四天王寺金堂の六重金塔から発見された『荒陵寺御手印縁起』の中の「当極楽東門中心」という一節にあると言われる。これは現在では偽書とされるが、当時は聖徳太子の遺文として四天王寺信仰隆盛をもたらした。それがエスカレートし、落日の時などに幻視される極楽に到ろうとして、四天王寺西大門の浜辺から入水自殺する者が続出した。

8　補陀落渡海もまた身燈や入水と同様に往生を求めての自殺である。それは、西方の極楽浄土のように、南方には補陀落と呼ばれる観音菩薩の浄土があるとされ、渡海船と呼ばれる小型の木造船に行者が乗り込み、そのまま沖に出るというものである。最も有名なのは那智勝浦の補陀落渡海で、『熊野年代記』によると、868年から1722年の間

走った往生者がいたことは、先に述べた通りである。身燈とは往生を求めての焼身自殺であり、入水とは同じく入水自殺である。これらは意識的な行為であるがゆえに、意識を超え出た事柄としての往生と自己矛盾している。そして、『発心集』は「蓮花城」という男の入水事件を取り上げ、「源大夫」と同様に過激な行為に走りながらも、これとは対照的に往生できなかった「蓮花城」の苦衷を物語る。それはこういう話である。

　近頃、蓮花城と言って、人に知られた聖がいた。登蓮法師は知り合いで、何かと蓮花城の面倒をみてきた。何年か経った或る日、登蓮に蓮花城が言った。「年々衰弱してきたので、死期が近いことは間違いありません。身が強く、心が澄んでいる今、正念で入水して臨終を迎えたいと思います。」と。登蓮は驚いて言う。「とんでもない、1日でも多く念仏の功徳を積むべきです。入水などは愚か者のする行です。」と。登蓮はこう諫めたものの、蓮花城の決意は固いと見て、最早止めず、入水の準備を手伝った。そしてとうとう蓮花城は桂川の深い所に行って、念仏を高らかに唱え、やがて水底に沈んでいった。噂を聞きつけた人々が大勢集まり、暫く入水を尊び崇め、蓮花城の死を悲しみ悼んだ。登蓮は「長年親しく付き合った間柄なのに」と思うと、深い悲しみに襲われ、涙をこらえながら帰った。

　その後、何日か経って登蓮は物の怪に取り憑かれた。霊が現れて「蓮花城」を名のる。登蓮は蓮花城の霊に言う。「長年付き合いを重ね、恨まれることはないはずだ。ましてや発心もご立派で、尊いご最期を遂げられたのではなかったか。」と。すると、物の怪は答えた。「私の入水を何度も留めて下さったのに、自分の心も弁えず、無意味な死を選んでしまいました。他人のためにしたことではないので、飛び込む直前に後悔するはずなどないと思っていましたが、いかなる天魔のしわざだったのでしょうか、まさに水に入ろうとした時、突

に20回実施されたという。補陀落渡海は、その意識的行為のゆえに往生との自己矛盾を孕んでいることを、渡海僧の苦悩という形で描いた小説に、井上靖『補陀落渡海記』（講談社文芸文庫、2000年）がある。

然悔しい気持ちになりました。」と。ここで「天魔のしわざ」とは他でもない、自己の決断によって往生しようという計らい、言い換えれば自己の判断で死を選択決定できると思い上がった自意識を意味する。ところが、自意識の判断は生の本能によって根本的に規定されている。従って、往生の決断は自意識自身によって裏切られざるをえない。ここに「悔しい気持ちになり」（「くやしくなんなりて」）の現れる根拠がある。つまり、計らわれた往生は自己矛盾なのである。しかし、衆人環視の中では最早入水を取りやめるわけにはいかない。蓮花城は既に自意識地獄に陥ってしまっている。死に直面して生にあがく蓮花城は、「あはれ、ただ今制し給へかしと思ひて、（登蓮と）目を見合せたりしかど、（登蓮は）知らぬ顔にて、今はとくとく、ともよほして、沈みてん恨めしさに、何の往生の事も覚えず。すずろなる道（地獄・餓鬼界など）に入りて侍るなり。このこと、我が愚かなる過なれば、人を恨み申すべきならねど、最期に口惜しと思ひし一念によりて、かく詣でたるなり。」と言った。

　以上のことから、蓮花城は最期まで自意識に取り殺されたことになる。それでは、蓮花城はどこをどう間違えたのだろうか。先ず第1に、正気のままで往生を遂げようとしたところであろう。仏教で生老病死が「苦」と呼ばれるのは、それらが苦痛を伴うからというよりは、むしろそれらが「なぜ」を超えた「自我の意のままにならぬこと」だからである。往生もまた死である以上、現世の論理では理解も制御もできない。要するに無我である。従って本来無我である往生を正気という名の我で意志決定しよう、制御しようとすること自体がそもそも不可能なのである。往生の正念において正気でいることは天魔の所業に他ならない。それではどうしたらよいのか。正気を転換して狂気となり、無我を以て対処してこそ、死が往生へと転換する道が開けるのである。源大夫の場合と比較してみればよい。源大夫の往生の正念とは、「阿弥陀仏、ヨヤ、ヲイ、ヲイ」と呼びかけながら西へ西へと脇目も振らず直進することだった。源大夫は呼びかけに成り切った。往生の正念とは、このような狂気への転換でなければならない。

蓮花城は（そして現代人のほとんどすべても）往生の正念を意志の集中力、つまり執著の強さと取り違えたのである。それは、浄土に往生したい、しかも入水という誰にも真似できない方法を立派にやり遂げることで、という蓮花城の願いが世俗的な欲・煩悩にすぎず、従って動機が不純であることに無自覚だったということでもある。これが蓮花城の第2の間違いである。蓮花城は、増賀上人のように生死の執を断つことこそが一大事であって、浄土に往生することではなく、生死の執の截断が同時に浄土往生なのだということに死んだ後も気づいていない。蓮花城は世俗的な名誉心のために死んだ。皮肉なことに、死んでも往生できず、現世に留まっていることで有名になった。

　長明は蓮花城の入水事件に、こうコメントしている。「人の心、はかりがたきものなれば、必ずしも清浄質直の心よりも起らず。あるいは、勝他名聞にも住し、あるいは、憍慢嫉妬をもととして、愚かに身燈、入海するは浄土に生るるぞとばかり知りて、心のはやるままに、かやうの行を思ひ立つことし侍りなん。すなはち外道の苦行に同じ。大きなる邪見といふべし。」と。それでは、往生の正念とは本来何をいうのか。長明はこう述べる。「仏の助けよりほかには、正念ならんこと極めてかたし」と。どのように生き、どのように死ぬかなど、このような透徹した局面においては単なる偶然的な出来事にすぎず、さして重要ではない。重要なことはただ、生においては生に執せず、死においては死に執せず、仏の側から恩寵として贈られる正念に身を委ねることだ、長明はそう言うのだろう。

　なお、『発心集』巻7、第13話「斎所権介成清の子、高野に住む事」に、成清の嫡子が東大寺の重源上人に出家を請う場面がある。成清の嫡子が、「私は捨て去りがたい妻子があり、出家を決心せねばならぬ事情のある身ではありません。ただ、世の無常を思うと、何事も無益に思われて、ひたすら身命を仏道に投げ出して、仏の悲願をお頼み申し上げることこそ賢いことだと思い、一途に決心いたしました。」と言うと、重源はこの経緯を聞いて涙を流し、「とてもとても立派なことです。こちらには弟子と名づけた聖はたくさんいますが、何と無く世を捨てた者はおりません。」と言って、様々な事情で出家した例を挙げている。ここで、「何と無く世を捨てた」

（「すずろに世を捨てたる」）が、実に尊い言葉である。現世的価値に生きる人間にとって、一切の行動・事象には動機・理由・原因・根拠が無ければならない。従って、出家の決断にもまたしかるべき動機が無ければならない、と見なされてしまう。かくして往生・出家を願う人の心をも勝他名聞・憍慢嫉妬が支配することになる。往生・出家の決断とは、根拠の連鎖・因果の切断でなければならないにもかかわらず。出世間・出家が世間の超越である以上、当然、それは因果の超脱である。「すずろに」即ち「何となく、さしたる動機も無く」という語にこそ、往生・成仏の精髄が現れている。

　なお、中世は説話集や記録類が夥しく書かれた時代であり、源顕兼の『古事談』、『宇治拾遺物語』、『撰集抄』、『十訓抄』、橘成季の『古今著聞集』、愚勧住信の『私聚百因縁集』、無住道暁（1227-1312）の『沙石集』他が知られている。往生譚一色だった前代と比べると、筆録者の意図の違いで力点も大分違う。要するに多様である。汎仏教的傾向が顕著であるように見える。だが、因果応報を堅持している点は変わらない。例えば無住は、臨済宗の高僧であり、密教にも浄土教にも精通していただけでなく、相当の境界に達していたはずであるが、その『沙石集[*9]』は法談を意図して編集されているためか、因果応報譚に堕しているのが残念である。『撰集抄』（後述する）が際立った特色を持っている他は、因果の本質に肉薄しているものは見当たらない。その点でも、鴨長明の『発心集』がいかに優れた著作であるかが理解されるだろう。再評価されてしかるべきだと思う。

9　無住は『沙石集』序で、書き溜めた数々の物語を「狂言綺語ノアダナル戯レヲ縁トシテ、仏乗ノ妙ナル道ニ入レ、世間浅近ノ賎シキ事ヲ譬ヘトシテ、勝義ノ深キ理ヲ知ラシメント思フ」という意図で活用したと述べ、人は誰しも難しい話にはそっぽを向き、他愛も無い話を好むものであるから、「コレヲ見ム人、ツタナキ語ヲアザムカズシテ法義ヲ悟リ、浮カレタル事ヲタダサズシテ因果ヲワキマヘ、生死ノ郷ヲ出ヅル媒トシ、涅槃ノ都ニ至ルシルベトセヨ」と記す。「知因識果」は『沙石集』『妻鏡』『雑談集』まで、無住が一貫して力説した教理だった。「先世ノ果報ニテ貧富サダマリ有リ」（『沙石集』巻1,7)、「業因ニヨリテ、今ノ世ノ貧富苦楽アリ」（『雑談集』巻5)、「凡ソ人ノ果報ノ勝劣ハ、前生ノ戒ノ持犯ニ依ツテナリ」（『妻鏡』）などと無住は語る。無住が巧妙な説教者だったことは認めるが、狂言綺語を縁として衆人を仏道に誘い込むための方便とし、「利益有ル妄語ナラバ、反ツテ実語ナリ」（『雑談集』巻2「妄語得失事」）とまで居直られると、人は随分見くびられたものだと歎息したくなると同時に、無住の記す説話も却って実話とは思われなくなってくる。因果応報譚は本質的にフィクションだからだ。

3　長明と兼好

　鴨長明（出家して蓮胤）と卜部兼好（兼好法師）は中世を代表する随筆家であるという 1 点を除けば、対照的な人物だと思われてきた。

　長明は『方丈記』の名文と 5 大災厄の優れた描写を褒められるとしても、そこに源平争乱も同時代の人物の記述もなされていないことを不服とされ、また下鴨神社の神職に就けず、後鳥羽上皇の和歌所寄人を無断で辞めて、出奔するように隠遁者となった頑固さを大人気ないと指弾されたり、その仏道に徹しきれずに狂言綺語の中途半端な出家生活を批判されたり、散々な言われようをされてきた。ところが彼は、上に見たように、「すずろに世を捨てたる」ことに着目するなど、実はなかなかの見識の持ち主なのである。

　他方、兼好はその独自な美意識と柔軟な発想を高く評価されながらも、例の「花はさかりに、・・・」（『徒然草』137 段）の心的態度が、歌人正徹や連歌師心敬から絶賛されている一方で、本居宣長からは、人の自然な心に対する偏頗な理解だと批判されるなど、現在でも評価と好き嫌いの分かれる人物ではある。

　長明と兼好、彼らはその隠遁生活の中で何を第一義として考え、また何を摑んだのであろうか。

（1）鴨長明

　現世の係累から逃れて無一物となる生活は、平安朝以来、知識人の憧れとなっていた。後鳥羽上皇の地下歌人鴨長明もそのような草庵に棲む隠者の典型であった。

　長明は下鴨神社の禰宜の家に生まれた。父の長継は有能な人物だったらしく、若くして河合神社（下鴨神社摂社）の禰宜を、そして下鴨神社神職の最高位である正禰宜惣官を勤めた。従って長明は何不自由ない生活を送っていたと思われる。しかし、父が 35 歳ほどの若さで亡くなった。長明 19 歳頃の出来事である。その後の長明の動静はよく判らない。『方丈記』には、「父方の祖母の家を伝へて、久しくかの所に住む」とあるため、父の死後、父方の祖母の家を継いで住んでいたらしい。だが、そこもやがて明け渡さざるを得なくなり、「三十あまりにしてさらにわが心と一つの庵をむすぶ」。今までの家と比べれば「十分が一」の小さな家である。自分の住む棟だけを作った。築地を築いたが、その材質は竹であり、門を建てる費用は無かった。車寄せの柱もまた竹だった。雪が降り風が吹くと危険である。河原の近くなので水難の虞れもあり、盗賊の恐怖もあった。「すべて、あられぬ世を念じ過ぐしつつ、心をなやませる事、三十余年なり。その間、をりをりのたがひめ、おのづから短き運を悟りぬ。すなはち、五十の春を迎へて、家を出で、世を背けり。」

　そういう不安な生活を送り苦悩していた 30 余年間に、長明が打ち込んでいたのは和歌と管絃の道であった。当時、後鳥羽上皇の許で、後に『新古今和歌集』となる新しい勅撰和歌集の編纂作業が進められていた。御所内に和歌所が新設され、定家、家隆など第一級の歌人たちが寄人として働いていた。そのような中、長明の歌人としての活躍が後鳥羽上皇の眼に留まり、長明も地下の寄人に加えられることになった。その精勤ぶりは、「まかり出づることなく、夜昼、奉公おこたらず」（源家長日記）と言われるほどであった。ところが、長明は和歌所に急に姿を見せなくなり、「かきこもり侍りけるよし」であったが、呼び出そうとしても「いづくにありとも聞えで」所在が分からなくなった。「ただ事ともおぼえず」と家長は記している。なお、その日記によれば、長明にはかつて後鳥羽上皇に褒められた題詠があったらしい。『新古今集』に「和歌所歌合に、深山暁月といふ事を」を詞書として採られた歌である。

　　夜もすがら独りみ山のまきの葉にくもるもすめる有明の月

（新古今 1523）

　　独りみ山（「独り見」と「深山」とを掛ける。）まき（槙・真木）は針葉樹のこと。

　それではどうして長明は出家遁世したのだろうか。先の引用によれば、

「をりをりのたがひめ、おのづから短き運を悟りぬ」ということだが、『新古今集』に載った和歌の詞書は、「身の望みかなひ侍らで、社のまじらひもせで籠りゐて侍りけるに、葵をみてよめる」となっている。

> 見ればまづいとど涙ぞもろかづらいかに契りてかけはなれけん
>
> （新古今 1778）
>
> もろかづら（諸葛。賀茂祭で用いられる、髪や冠にさす飾り、桂に葵をつける。「もろき」を掛ける。）かけ（「もろかづら」の縁語）

　つまりは、こういう経緯だったらしい。長明の精勤ぶりに感心した後鳥羽上皇は、下鴨神社の摂社、河合神社の禰宜の席が空いたのを機に、長明を充てようとした。長明は上皇の内意を聞いて嬉し涙を流した。ところが、これに長明の親戚で下鴨神社惣官の鴨祐兼が激しく反対した。上皇も祐兼の意向を無下にもできず、長明に代替案を示したが、長明はこれを拒絶した。そして先に述べたように出奔してしまった。家長の日記によれば、周囲の人の眼に長明の対応は、「さほどこはごはしき心（強情）」と映ったようである。長明から言わせれば、このときの気持ちは、「人を頼めば身他の有なり。人をはぐくめば心恩愛につかはる。世にしたがへば身くるし。したがはねば狂せるに似たり。いづれの所を占めて、いかなるわざをしてか、しばしもこの身を宿し、たまゆらも心を休むべき。」（『方丈記[10]』）ということになる。ここを彼は次のように詠んでいる。

> 述懐の心を
>
> あれば厭ふそむけば慕ふ数ならぬ身と心とのなかぞゆかしき
>
> （玉葉 2518）[11]

10　引用は、『方丈記・徒然草・正法眼蔵随聞記・歎異抄』（古典文学全集、小学館、昭和 46 年）による。

11　長明の代表歌と見なしうるこれら 3 首の和歌を歌詞として、作曲家の千原英喜（1957- ）は『混声合唱のための「方丈記」』「3.夜もすがら」を作曲している。なお、この「夜もすがら」は、平成 26 年度の「全日本合唱コンクール」（中学・高校部門は

　現世の人間関係は所有するか所有されるかだが、現世の常識に従えば身が苦しい。従わなければ狂人に甘んじるしかない。どちらにしても身と心とが調和しない。どうしたらこの厭わしい関係をあるべき姿になしうるのか、狂気を装う自己保身も、結局は自意識の過剰を招くだけで、浄土への出離に背くばかりではないか、と長明は歎息する。

　長明は 50 歳で出家遁世し、洛北大原で天台別所を中心とする文人的隠棲を 5 年送ったと見られる。その後、洛南の日野に移り、維摩居士に倣って方丈の庵を造り、隠者としての生活を始めたらしい。上で確認したように、長明にとって最も根本的な問題は、実は己が身の不遇にあったのではなく、その乱れやすい心にこそあった。不遇は、そのような心の乱れを増幅させるにすぎなかった。『発心集』執筆の意図もまた、この乱れやすい心を鎮める工夫の模索にあったのだが、このことを長明は「序」において明確にこう述べている。

　　　仏の教へ給へることあり。
　　　「心の師とはなるとも、心を師とすることなかれ」と。
　　　まことなるかな、この言。

　「人一期過ぐるあひだに、思ひと思ふわざ、悪業にあらずといふことなし。」出家遁世して世塵に穢されない人であっても、道心は屋外の「鹿」のように繋いでおきがたく、逆に煩悩は「家の犬」のように付き纏って離れがたい。「因果の理」を知らず、「名利の謬り」に沈んでいては、欲望の絆に引かれて地獄の底に堕ちてしまいそうである。「心あらん人」はこれを恐れないはずがあるだろうか。だから、「我が心のはかなく愚かなることを顧みて、かの仏の教へのままに、心を許さずして、このたび生死をはなれて、とく浄土に生れんこと」願うばかりである。しかしそれは、喩え

盛岡市、その他の部門は高松市で開催）の課題曲のうちの 1 曲となり、多くの混声合唱団が取り上げたが、福島県立郡山高校の演奏は他の追随を許さぬ名演であったと思う。その印象はその後様々な団体の演奏を聴いた今でも変わっていない。

て言えば、荒々しい「駒」を「牧士」が遠い場所まで引いて行くようなものであって難しい。しかも、この道心には強弱・浅深の違いがある。「かつ自心をはかるに、善を背くにもあらず、悪を離るるにもあらず、風の前の草のなびきやすきが如し。また浪の上の月の静まりがたきに似たり。いかにしてか、かく愚かなる心を教へんとする。」

　なお、長明がまだ大原に隠棲していた頃、家長は偶然に長明と再会し、その痩せ衰えた姿に愕然としたという。旧友の前で長明は涙を流しながら、紙袋の中から琵琶の撥を取り出した。それはかつて後鳥羽上皇が長明に贈った撥であった。そして「これはいかにも、苔の下まで同じ所に朽ちはてんずるなり」と言ったという（源家長日記）。撥をあの世まで持っていこうとは、凄まじい長明の執著である。『発心集』には、大事にしていた水瓶を執著の因だと言って、石の上で叩き割った教懐上人の話（巻1、第7話）、賞愛していた紅梅を根元から切り捨ててしまった陽範阿闍梨の話（同）など、断惑ゆえの過激な行動が記されている。

　そういう不安定で揺れ動く自分の心を鎮めるためにこそ、長明は出家遁世したのではあるが、草庵に住む者、必ずしも仏道修行に専心していたわけではない。長明のように修行に専心できぬ揺れ動く心の持ち主こそが草庵に籠ったのである。それゆえ自らの乱れる心の師となるべき工夫が必要なのだった。長明は「広さはわづかに方丈、高さは七尺がうち」の庵の内部を、こう描写している。「西南に竹の吊棚を構へて、黒き皮籠三合を置けり。すなはち和哥管絃往生要集ごときの抄物を入れたり。かたはらに琴琵琶おのおの一張を立つ。いはゆる折琴継琵琶これなり。」（『方丈記』）と。

　仮の庵に「阿弥陀仏の絵像を安置し、そばに普賢をかき、前に法華経を置」いてあるのは出家として当然だが、これらとともに和歌や管絃の道具が並べられている。果たしてこれを仏道の不徹底と見るべきだろうか。長明自身は必ずしもそうは考えていない。それどころか、これらの「数寄」こそが仏道への道であると居直った。例えば『無名抄[*12]』（71）では和歌の積極的な意義を述べている。「いづくかは歌のただものいふにまさる徳

12　引用は、久保田淳訳注『無名抄』（角川ソフィア文庫、平成25年）による。

とせむ。一言葉に多くの理を籠め、表さずして深き心ざしをつくし、見ぬ世の事を面影に浮かべ、卑しきを借りて優を表し、おろかなるようにて妙なる理を究むればこそ、心も及ばず言葉も足らぬ時、これにて思ひを述べ、わづか三十一字がなかに天地を動かす徳を具し、鬼神を和むる術には侍れ。」和歌がただものを言うことに勝るのは、一つの言葉に多くの理を籠め、心も及ばず、言うべき言葉も足らぬ時、僅か 31 文字の定型によって天地鬼神を感動させうることだ、と言うのである。和歌の徳に対する絶大なる信頼がここには見える。更に長明は和歌の道に専心する数寄の心が仏道への道だと考える。やはり『無名抄』に、「ますほのすすき」についての有名な話（16）が載っている。

　　雨の降った日、気の合った者同士が集まって雑談していたとき、「ますほのすすきというのは、どんなすすきだろう」と言い合ううちに、或る老人が「渡辺という所に、それを知っている聖がいると聞きました」とぼんやり言い出した。例の登蓮法師がこれを聞いて口数も少なくなり、家の主に「蓑笠を貸してください」と言う。早速、蓑笠を身につけ、藁沓を履いて急いで出ようとするので、人々は不思議がって訳を尋ねる。すると、「渡辺に出かけるのです。長年疑問に思っていたことを知っている人がいると聞いて、どうして尋ねて行かないでいられましょうか」と言う。「それにしても、雨がやんでからお出かけなさい」と忠告したけれども、「いで、はかなきことをものたまふものかな。命はわれも人も、雨の晴れ間など待つべきことかは。何事も今静かに。」とだけ言い捨てて出て行った。

　長明は、「いみじかりける数寄者なりかし」と感歎している。雨の晴れ間を待ってから山かけよう、というのは世間の分別である。このような分別を超えた数寄者の直截なる行動は「出離解脱の門出」（『発心集』巻 6、第 9 話「宝日上人、和歌を詠じて行とする事」）である、と長明は考えるのである。これは和歌だけでなく、管絃についても同様である。長明は恵心僧都源信の例を出して、源信も最初は和歌を狂言綺語として排除していたが、沙弥満誓の「世の中を何にたとへん朝ぼらけ漕ぎ行く舟の跡の白波」という歌によって「聖教と和歌とは、はやく一つなりけり」と悟った、と述べる（同）。と同時に、「管絃も、浄土の業と信ずる人のためには、往生の業となれり」（『発心集』巻7、第5話「太子の御墓覚能上人、管絃を好む事」）とも述べるのである。『発心集』は、管絃の数寄人が往生への道を歩む説話を数多く収めている。例えば、巻6、第8話「時光、茂光、数奇（＝数寄）天聴に及ぶ事」はこうである。

　　市光時光という笙吹きがいた。茂光という篳篥師と囲碁を打って雅楽の或る曲を唱和していたが、その時勅使がやってきて時光を召す。ところが囲碁と雅楽の唱和に熱中する時光には全く耳に入らない。空しく帰った勅使の報告を受けて、帝は「いとあはれなる者どもかな。さほどに楽にめでて、何事も忘るるばかり思ふらんこそ、いとやんごとなけれ。王位は口惜しきものなりけり。行きてもえ聞かぬこと。」と言って涙ぐまれたという。

数寄に没頭する時、人は現世的権威も乱れやすい心も超越して、既に浄土にある。こうした心境に到りえない帝位は、却って口惜しいものである、と歎くのである。長明はこうコメントしている。「これらを思へば、この世のこと思ひ捨てんことも、数奇は殊にたよりとなりぬべし」と。長明をも含む当時の知識人は、先述の源大夫のような直截なる行動には走りえなかった。ただ傍観しつつ憧れて讃嘆しうるのみである。そこで彼は知識人に特有の過剰なる自意識を滅するために、窮余の一策を実行に移す。即ち、仏教から狂言綺語と戒められた和歌・管絃の道に専心するのである。狂言綺語に専心することは仏教では罪であるとしても、数寄に専心して心を澄ませることは果たして罪であろうか。執心は罪だが、一事に専心して乱れやすい心を鎮めることは、自意識過剰の自己が浄土に趣くための方便ではないか。かくして、狂言綺語を逆手に取ることで、「何事も忘るるばかり思ふ」境地に到ることを浄土へと向かうための方便だと見なすに至る。数寄への専心だけが長明のような知識人が実感しうる真実だったのだ。だから長明はこう主張して憚らない。「勤めは功と志とによる業なれば、必ずしもこれをあだなりと思ふべきにあらず。中にも、数奇といふは、人の交はりを好まず、身のしづめるをも愁へず、花の咲き散るをあはれみ、月の出入を思ふにつけて、常に心を澄まして、世の濁りにし（＝染）まぬを事とすれば、おのづから生滅のことわりも顕はれ、名利の余執つきぬべし。これ出離解脱の門出に侍るべし。」（『発心集』巻6、第9話「宝日上人、和歌を詠じて行とする事」）

　ただし、数寄への専心は飽くまでも「たより」（方便）であり、「門出」であるにすぎない。長明はそれを弁えていた。一事への専心において現れるのは「生滅のことわり」であり、「名利の余執つき」ることである。浄土往生はこれらとは別次元の事柄であり、その間には連続性は無い。生滅の埋を知り、名利の余執が尽きて心の動揺を鎮めることができたとしても、それ自体がやはり我執であり自意識の働きであって、浄土往生へと通じているわけではない。長明はそれを痛感していた。長明は『方丈記』の末尾近くでこう記している。「そもそも一期の月影かたぶきて、余算の山の端に近し。たちまちに三途の闇に向はんとす。何のわざをかかこたんとする。仏の教へ給ふおもむきは、事にふれて執心なかれとなり。今、草庵を愛するも、閑寂に著するも、さはりなるべし。いかが要なき楽しみを述べて、あたら時を過さむ。」死の近いことを予測して、長明は草庵に閑居することの究極の意味を自問する。生の究極の意味にとっては、一事への専心も、心を澄ませるべく草庵を愛して閑寂に著することも、罪に他ならない。数寄への専心も畢竟自意識の領域の事柄であり、自意識の過剰が「魔」に他ならないことが長明には見えていた。

　『発心集』巻4、第7話「ある女房、臨終に魔の変ずるを見る事」での女房と聖との問答は、この点を余すところ無く語っている。

　　臨終を迎えた或る女房が顔面蒼白になる。聖は「何が見えるのか」と問う。女は「恐ろしい者どもが火の車を引いてやって来る」と答える。聖は「阿弥陀仏の本願を強く頼んで名号を唱えよ、五逆の人でさえ善知識に会って念仏を十度申せば極楽に往生する、ましてそれほど重い罪は作っていないだろう」と言う。女は言われた通り念仏していると、顔色が戻り、今度は嬉しそうにしている。聖が尋ねると、「玉飾りのついた車に、天女がたくさん乗って、音楽を奏でながら迎えに来た」と言う。聖は「それに乗ろうとしてはいけない」と言い、「阿弥陀仏を念じて仏の来迎に預かろうと思え」と教える。また暫くすると、今度は「墨染めの衣を着た僧が極楽へ誘う姿が見える」と言う。聖は、「ゆめゆめ、その僧に具せんとおぼすな。極楽へ参るには、しるべ（道案内）いらず。仏の悲願に乗りて、おのずから至る国なれば、念仏を申して一人参らんとおぼせ。」と勧めた。暫くして、女は、「ありつる僧も見えず、人もなし」と言う。聖は、「その隙に、とく参らんと心を至して、強くおぼして念仏し給へ」と教えた。その後、念仏五六十返ばかり申して、女の息は絶えた。「これも、魔のさまざまに形を変へて、たばかりけるにこそ。」

　地獄の使者は勿論のこと、天女の来迎も僧の誘いも、全て「魔のたばかり」であった。ここで「魔」とは、他でもない自己意識・我執のことである。自意識の妄想が臨終の床まで忍び寄って、自己自身を騙すのである。第2章でも何度か指摘したことだが、「指方立相」という「方便」の危うさはこの自己欺瞞を増長させる点にある。この娑婆世界はもとより極楽世界もまた空にして無相なのだ。ところが人は、極楽は壮麗や愉悦に満ちた世界だと表象する。それは自意識の願望の生み出す妄想であるにもかかわらず、それを見ることが恰も極楽往生への手形ででもあるかのように人を誘惑する。振り返ってみれば、平安時代の往生伝や法華験記に夥しく登場した「夢告」もそのようなものとして機能していた。だがこれもまた「魔のたばかり」であり自意識の拵え上げた幻想である。この魔のたばかりを打ち砕くのは、聖の「極楽へ参るには、しるべいらず」という一言である。「仏の悲願に乗りて、おのずから至る」他力の信こそが浄土への転換を成す。そして、「ありつる僧も見えず、人もなし」という空にして無相の処こそが極楽浄土なのである。

　長明は「心の師とはなるとも、心を師とすることなかれ」をモットーとして隠遁生活を送った。だが、そもそも自己が「心の師」となろうとすること自体が自己矛盾なのである。長明は草庵の閑寂の中でこの自己矛盾の心を鎮めようとした。先の『方丈記』はこう続く。「静かなる暁、このことわりを思ひつづけて、みづから心に問ひていはく、世を遁れて山林に交るは、心ををさめて道を行はむとなり。しかるを汝、すがたは聖人にて、心は濁りに染めり、栖はすなはち浄名居士の跡をけがせりといへども、たもつところはわづかに周利槃特が行にだに及ばず。」と。これは、長明が心澄む生き方の限界を正直に告白した言葉である。遁世して一事に専心して心澄む境界にあることは、仏弟子の中で最も愚かだったとされる周利槃特の行ないにすら及ばない。だが、この世で澄む心がどうして濁っているのであろうか。それは、この世で心澄もうとすること自体が自意識の営み、つまり閑寂への執著だからであろう。だからそれは「仏の悲願に乗りて、おのずから至る国」へ通じる道では決してない。自力の「心の師」が他力の浄土へ往生することなど、最初から拒まれているのが道理なのだ。このような長明の心は、結局どうなるのか。「もしこれ貧賤の報のみづから悩ますか、はたまた妄心のいたりて狂せるか。そのとき心さらに答ふる事なし。」自意識が自ら苦しめているのか、それとも外から妄心がやって来て自分を狂わせるのか。自ら心の乱れを鎮めることはできても、外からやって来る狂気ばかりはどうしようもない。人間の分別悟性にこの狂気の何たるかを知ることはできない道理なのだ。

　　ただかたはらに舌根をやとひて、不請阿弥陀仏両三遍申してやみぬ。

　これが『方丈記』の結語である。この世の側から請来することのできない阿弥陀仏に対しては、「舌根をやとひて」称名し、そのまま傍らに放ち置くしかない。呼びかけることしかできないのだ。阿弥陀仏を請来することは自意識という魔の行為であり、仏を人へと引き下ろす業であって、その請いに阿弥陀仏が応ずる保証など無いからである。「不請」とは“この世の側からの請来を超えた”の謂であろう。長明は、蓮花城のように自意識過剰の狂態に出ることを拒否して、独り心を澄ませた。そしてその心澄む中で「狂せるか」と自問した。そこには最初から答えなど無い。だが、答えの無いところに生きる真の狂態を長明は自分の中に見出していた。一事に専心して心澄む境界を「濁りに染めり」と気づいた長明は、既に自意識を超えている。だから長明には、弥陀の四十八願が「法相にもたがひ、因果のことわりにもそむけり」（『発心集』巻 6、第 13 話「上東門院の女房、深山に住む事」）ということも良く見えていた。長明は、弥陀の本願が宿善ゆえの往生という「因果のことわり」を超脱していること、つまり因果を超えた弥陀の本願こそが悪人往生を可能にするという智にまみえることができた。建暦 2 年（1212）に『方丈記』を一気に執筆した後、死の直前に書き上げた『発心集』の諸説話とそれらに対するコメントこそが、その何よりの証拠であろう。真の狂態を生き抜いた源大夫の「悪人往生」に共感した長明は、しかし「悪人正機」へと突き抜けるところまでは行かなかったように思われる。

(2) 悪人往生から悪人正機へ

　さて、平安時代の一般人の浄土教は「善人正機」が基本であり、悪人往生を説くにしても「宿善」と罪の悔い改めを根拠としているのだった。これは悪人・凡夫の自意識の投射像にすぎない。他方、長明は、因果を超えた弥陀の本願こそが悪人往生を可能にするという智にまみえ、自意識を超えた救済の論理を垣間見た。長明は、この世の悪は前世の宿善と悔い改めという此岸の我々の側の条件によって帳消しになると見なす平安浄土教の立場を、これは彼岸の仏を此岸の人の分別対象とすることだと批判し、この世で我々が往生の条件として何を想定しようと、救うのは彼岸の弥陀の側なのだという立場へと超越した。この点で長明は法然の立場に接近していたし、また真の狂態を知ったという点では、ひょっとしたら親鸞の立場にさえ接近していた。ここに長明の中世人としての面目がある[*13]。

13　『発心集』巻 8、第 7 話「ある武士の母、子を怨み、頓死の事」の末尾のコメントは、まるで法然の「鎌倉の二品比丘尼に進ずる御返事」の文言のようである。長明はこう記している、「中にも、阿弥陀仏の悲願はなほざりなることかは。諸仏の捨て給へる五逆の悪人をも、助けんと誓い給へれば、昔も今も、智あるも智なきも、貴賤道俗老少男女

　法然上人源空（1133-1212）は、善人と悪人との間に救いの点でいかな
る差別をも設けない。とは言え、なるほど善人も悪人も平等に救われるけ
れども、悪人は倫理的・道徳的に善人であろうと努めよ、と言う。結局の
ところ、善人傾斜型の善人悪人平等正機の救いが法然の論理なのである。
日本浄土教の教学の展開については既に詳しく論じたところであるから、
ここでは既に論じた平安貴族などの俗流浄土教から中世浄土教への流れを
簡単に振り返っておくことにしたい。

　『選択本願念仏集[*14]』において、法然は、平安時代に要求された往生の
条件、つまり人間的・倫理的・宗教的善人を正機とする立場を否定する見
解を述べている。善人正機は極く限られた富貴の人（造像・起塔の善行
に堪えうる人）、智恵・高才の人、多聞・多見の人、持戒・持律の人など
のエリートたちのものであり、善人正機は大多数の劣等者（＝悪人）に往
生の希望を失わせるものである。「しかれば則ち、弥陀如来、法蔵比丘の
昔、平等の慈悲に催されて、普く一切を摂せんがために、造像起塔等の諸
行をもって、往生の本願としたまはず、ただ称名念仏の一行をもって、そ
の本願としたまへるなり。」ここには善悪に対する報いとしての極楽往生
の可否という論理は存在しない。法然は、悪人の罪の悔い改めの有無、宿
善の有無に関係なく、善人・悪人ともに平等の救いを得る「称名念仏の一
行」を「往生の本願」として説いた。「ワレラガ往生ハユメユメワガミノ
ヨキ・アシキニハヨリ候マジ。ヒトヘニ仏ノ御チカラバカリニテ候ベキナ
リ。」（「正如房へつかはす御文[*15]」）

　「ワガミノヨキ・アシキ」を超えて我々を慈悲に包むのは彼岸の仏であ
り、決して此岸の我々ではない。彼岸の仏の慈悲を此岸で救済の根拠と
するのは自力慢心の輩に他ならない。彼岸の慈悲は此岸の善悪・権威の一

をえらばず、往生するためし、耳に満ち、眼にさへぎれり。聞けども信ぜず、見れども
尊まず。ただ末世の我らが分にあらずとのみもてはなれて、あるいは宿善といひ、ある
いは天魔のしわざなんどいひつつ、行者の励みと仏の願力とをば、我も信ぜず、人にも
道心を発さするは、いと心憂きことなり。かく賢く尊きかと思へば、前の世の業報定ま
りて、得がたき福祐をばいかにせんと、火水に入る如く仏神に祈り騒ぎ、昼夜に走り求
む。詮は、ただ深く無明の酒にたぶらかされて、正念を失なへるなるべし。」
14　引用は、大橋俊雄『法然全集』第 2 巻（春秋社、1989 年）による。
15　引用は、大橋俊雄『法然全集』第 3 巻（春秋社、1989 年）による。

切を超越している。このように、法然における往生の論理は念仏のみによる往生であり、弥陀の本願は此岸の善悪・権威の一切を超越している以上、従来要求されたような諸条件は往生の条件から切り捨てられたかに見える。しかし、此岸において弥陀の本願は無力である。彼岸の超越者は此岸の一切に何一つとして対応しないからである。だから、法然は此岸の人間に現世的な倫理との融和を説く。「罪ハ十悪・五逆のモノムマルト信ジテ、少罪ヲモオカサジトオモフベシ。罪人ナホムマル、イハムヤ善人ヲヤ。行ハ一念・十念ムナシカラズト信ジテ、無間ニ修スベシ、一念ナホムマル、イカニイハムヤ多念ヲヤ。」（「正如房へつかはす御文」）弥陀仏に浄土への往生を願うのは、十悪・五逆の罪人にも可能ではあるが、往生せしめるか否かを決定するのは飽くまでも弥陀仏の慈悲である。此岸に生きる我々は少しの罪も犯すまいとせねばならない、というのが現世の倫理である。救う仏がましますからといって悪を好む道理はどこにもない。現世に生きる以上は善を為せ。法然によれば、これが弥陀の来迎を願いつつ現世に生きる者の倫理である。従って、悪人往生に関しても、法照禅師の『五会法事讃』を引いて言うように、悪人は悪人のままこの世を過ごして仏と成るのではなく、「ただ心を廻して多く念仏せば、能く瓦礫をして変じて金となさしめん」、つまり念仏の功徳によって瓦礫を金に変えるように、悪人を善人に変え、悪を断じて仏にすると言うのである（『選択本願念仏集』）。

　これが法然の善人往生に傾斜した悪人往生論であり、善人悪人平等正機論であった。確かに、彼岸と此岸とを対立させて、彼岸の慈悲が此岸を包むと考える法然の二元論によるならば、此岸に生きる我々にもしかるべき倫理が要求されるだろう。法然門下の念仏者の間から、いわゆる「本願ぼこり」が現れなかったのも、この善人往生に傾斜した法然浄土教の倫理性のためである。弥陀は悪人を悪人のまま善人と平等に扱うのであるから、悪を積極的に犯して救われようという論理は生まれるはずもなかったのである。だが、増賀上人の偽悪や源大夫の狂態のような一元論に傾斜した生き方は、当然のことながら法然浄土教からはみ出さざるをえぬ部分を持っている。これは親鸞の悪人正機説に吸収されることになるであろう。尤もこれはこれで「本願ぼこり」という鬼子を生み出すことになったのだが。

　悪人も含めて全ての人間が等しく往生できるとする法然の念仏易行の教えは、下機を救う方便なりと、南都北嶺の旧仏教から一斉に攻撃を受けた。それにもかかわらず、その優れた教えは弟子たちによって一層尖鋭化されてゆく。特に親鸞（1173-1263）は、一際特異な存在である。彼は師の教えを絶対他力へと徹底化した。先に引用した師法然の「ヒトヘニ仏ノ御チカラバカリニテ候ベキナリ」という思想の徹底である。我々と仏の二元論において、我々の側から仏に近づこうとするのが自力聖道門であるのに対し、仏の側の絶対の慈悲を説いたのが法然の念仏門である。このような捉え方で、いわゆる自力聖道門の核心が捉え切れているとも思われないが、念仏門の理解ではそういうことになっている。それはともかく、親鸞は「ヒトヘニ仏ノ御チカラバカリ」という彼岸の絶対性に中心を置き、全てをそこに帰した。言わば、弥陀一元論の主張である。

　「南無の言は帰命なり。（中略）帰命は本願招喚の勅命なり。発願廻向といふは、如来すでに発願して衆生の行を廻施したまふの心なり。」（『教行信証』行巻[16]）帰命とは言っても、此岸の我々が彼岸の如来に帰命するのだと誤解してはならない。それでは我々が自力で如来に帰命することになってしまう。帰命の主体である我々と帰命の対象である弥陀仏とが分裂してしまっている。我々が弥陀の名号を唱えた功徳で浄土に往生する、といった自力の廻向ではない。そうではなくて、我々が発する「南無」という一言は、彼岸の如来が我々を召喚・廻向する一声なのである。言わば、彼岸の如来が我々の口を通して自分の名を唱えて廻向したもう、それが称名念仏という行である。我々人間の側からの廻向ではなく、それを既に超えて、弥陀仏は至心に廻向したもう。それゆえこれは主体の転換であり、従って「不廻向」と呼ばれる。そこでは人の智恵や学問はもとより、偽悪や善行の根拠は既に超えられている。現世における意味の分節は否定されるのでもなく肯定されるでもなく、端的に〈無意味〉なものとして超えられているのである。このとき、現世の意味の分節に依拠している二元分別悟性の輩は〈無意味〉の不安に投げ込まれる。彼らは戸惑わざるをえ

16　引用は、石田瑞麿『親鸞全集』第1巻（春秋社、1985年）による。

ず、往生の確証を相変わらず分別悟性に求めて安心を得ようとする。ところが親鸞はここで、「親鸞ニヲキテハ、タダ念仏シテ弥陀ニタスケラレマヒラスベシト、ヨキヒトノオホセヲカブリテ、信ズルヨリホカニ別の子細ナキナリ」と言うのみである。この極端な他力易行の信を現世の我々はなかなか受け容れられない。それどころか、却って不安になるばかりである。踊躍歓喜すべき往生安心の確証なのに、それがちっとも嬉しくない。なぜか。それは我々の煩悩が邪魔をしているからである。人間が生まれながらにして身に纏った煩悩は、いかなる修行によっても、この世にある限り脱ぎ捨てることはできない。そして弥陀の本願は、このような煩悩具足の凡夫である我々をこそ目がけて発せられていたのである。だから、この不安こそは、煩悩の仕業であると同時に往生に対する確証でもある。

　親鸞は意味分節の分別悟性の領域における自意識の魔を否定も肯定もしない。言わば、一挙に飛び越える。関わり合わない。そしてむしろ自らを罪悪深重の凡夫として、地獄を一定すみかと覚悟する。阿弥陀仏はそのような我々をこそ至心に廻向したまうのである。親鸞の徹底した他力の思想は、弥陀は我々の自意識の葛藤をそのまま放置しながら既に我々を救いたもうていたという弥陀の慈悲への感謝に到りつく。

　それを端的に語ったのが、いわゆる悪人正機説である。それは「善人ナオモテ往生ヲトグ、イハンヤ悪人ヲヤ」（『歎異抄[17]』）という一文に示されている。ここで「悪人」とは煩悩具足、煩悩深重、煩悩熾盛の凡夫である我々のことである。また渡世のために止む無く殺生せざるをえない衆生のことである。我々も彼らも自力作善のかなわぬ宿業ゆえに、悪業を犯す罪人としてこの世に生きている。そして弥陀の本願は、このような煩悩具足、煩悩深重、煩悩熾盛の悪人である我々をこそ目がけて発せられているのである。これに対して、善人とは自力作善の人々のことである。自力作善の可能な者は、ややもすれば自己を恃む心が強いために、自力の限界を知らず、自力を捨て去りがたい。たとえ念仏者であっても、罪を念仏の力で消して往生しようとする者は自力の輩である。平安時代に見られ、鎌

17　引用は、石田瑞麿『親鸞全集』別巻（春秋社、1987年）による。

倉時代にも盛んだった、臨終正念によって善人になって救われようとする輩である。こうした自力の輩をさえ、差別無く弥陀の慈悲は包んでいる。とすれば、ましてや已むをえぬ悪の宿業に苦しみ、自力による救いを断念せざるをえぬ悪人の往生は確実だと言う。弥陀の本願は人の側からの自力の肯定・否定如何にかかわらず、それを超えて、既に成就してしまっている。これが弥陀の側からの救済の論理である。親鸞はこの彼岸の論理を、悪人正機という形で逆説的に語ったのである。

　親鸞は自らを罪悪深重、煩悩熾盛の凡夫と語る。地獄を一定すみかと覚悟して、親鸞は彼岸の側からの救済の論理を語る。「罪」という語は日本文学史および思想史にしばしば登場するが、親鸞ほど自分の罪を徹底して追究した人は他にいない。弥陀によって自分の罪が超えられた立場から、弥陀に生かされる自然法爾の生を現世で生きてゆく。我々はここに、自意識からの真の解放の姿を認めることができるだろう。

　悪人だからこそ往生は確証されている。だからといって、親鸞は悪を勧めたわけではない。容認したわけでもない。かといって、法然のように、現世の倫理と折り合おうとしたわけでもない。親鸞の救いは、人が身につけている前世・現世の悪業・罪業を念仏によって消し尽し、善人となって往生するというのではない。善にせよ、悪にせよ、現世の価値基準で判断することを戒めたのである。「ヨキココロノヲコルモ、宿善ノモヨホスユヘナリ。悪事ノオモハレセセラルルモ悪業ノハカラフユヘナリ。」（同）親鸞によれば、現世の善業も悪業も、全ては前世の宿業による。全てが現世の我々の判断に委ねられているのなら、善業を行なうのも悪業を行なうのも我々の意志決定によるだろう。だが、我々の行為の一切は宿業によるのである。とすれば、我々は全てを業報に任せて、善悪の判断を超えて、弥陀の心に委ねて生きるより他ないことになる。以上の親鸞の論理は、あたかも因果応報を是認するかのような印象を与えるが、親鸞の真意はそこには無い。と言うのも、親鸞は「宿善」と言い「悪業」と言いながら、過去世の善悪業の探求を現世での価値判断と見なして、初めから排除しているからである。弥陀の救いに全てを委ねて、善悪無記へと善悪を超える。現世の価値判断を超えることに重点が置かれているのは仏教の根本精神への回帰である。倫理道徳から宗教性の次元への超越こそが親鸞の真意である。それゆえ親鸞はこう言うのである。

　　　善悪ノフタツ、総ジテモテ存知セザルナリ。ソノユヘハ、如来ノ御心ニヨシトオボシメスホドニ、知リトヲシタラバコソ、ヨキヲシリタルニテモアラメ。如来ノアシトオボシメスホドニ、シリトヲシタラバコソ、アシキヲシリタルニテモアラメド、煩悩具足ノ凡夫・火宅無常ノ世界ハヨロヅノコト、ミナソラゴトタワゴト、マコトアルコトナキニ、タダ念仏ノミゾマコトニテオハシマス。」（同）

　火宅無常の世の中に生きる我々は、煩悩ゆえに如来の御心には届かない。我々の善悪の分別は皆そらごと・たわごとである。親鸞は自力の善悪の判断と行為を戒めて、ただ「念仏ノミ」の絶対他力へと現世を超脱した。

　親鸞に至って、奈良時代以来の罪と罰の論理は完全に姿を変えたことになる。かつて様々な罰という報いをもたらした罪は、親鸞によって救いの確証に変わった。悔い改めるべきは悪人ではなく、善人に変わったのである。倫理的・宗教的善人を往生の条件とした善人正機の世界において、大多数を占める煩悩具足の凡夫を救うべく用意された悪人往生伝も、親鸞に至ってその役割を終えた。むしろそうした大多数の悪人こそが弥陀の救いの正機へと逆転したのである。また、古代以来、往生や成仏という仏教的救済の不可欠の条件と見なされていた正直・慈悲・柔和などの倫理的善も条件から外された。これは、親鸞に至って倫理と宗教とが完全に分離したことを意味する。因果を超脱する論理の完成である。しかし、悪人こそが往生するという悪人正機説は、倫理否定の言動を進んで取る念仏者を出現させた。悪人正機が弥陀の真意であるならば、進んで人を殺し、物を盗むことが念仏者の救済の条件と誤解されたのである。それが「本願ぼこり」である。純粋に信仰・宗教の次元に限定されるべき悪人正機の論理を、彼らは社会的・倫理的論理として行動した。だが、親鸞にとって、弥陀の本願の前には現世の凡夫の善悪の行為など全く無意味である。ただし、親鸞の悪人正機説が、本願ぼこりを否定する論理を持ち合わせていないことも事実である。両者は次元を異にするからである。悪人正機は宗教的次元に限定された論理であり、人として現世を幸福に生きてゆくための論理ではなかった。ましてや、往生の条件と無関係な善悪の倫理的行動の面で悪人正機を誤解して、自分の意志で積極的に悪を犯し、それを善悪正機の救いの条件に加算することなど、悪人正機の論理に対する異端以外の何ものでもない。実際に親鸞は様々な消息で本願ぼこりを戒めているが、効果は無かった。これがいわゆるカルト宗教に今日でも現れる論理であることを、ここで指摘するに留めておこう。

（3）兼好

　長明は『方丈記』の結語近くで、澄める心を求めた遁世において、「心は濁りに染めり」と自嘲し、また「もしこれ貧賤の報のみづから悩ますか、はたまた妄心のいたりて狂せるか」と自問して、自分の「妄心」と向き合ったのだった。思うに、妄心から完全に自由な人間はいない。また、これを捨てて生きることもできない。妄心つまり妄念とどうつき合うかは、当時の遁世僧にとっても一大事であった。

　さて、ここに高野山の別所、蓮花谷を開いた明遍（1142-1224）と法然との対話がある。

　　高野の明遍僧都、善光寺参詣のかへりあしに、法然上人に対面。僧都問云、「いかゞして今度生死をはなるるべく候」。上人云、「念仏申てこそは」。問給はく、「誠にしかり。但、妄念おこるをば、いかゞ仕候べき」。上人答云、「妄念おこれども本願力にて往生するなり」。僧都さうけたまはりぬとて、出給ぬ。上人つぶやきて云、「妄念おこさずして往生せんとおもはん人は、むまれつきの目鼻取すてゝ、念仏申さんと思ふがごとし」。（『一言芳談[18]』）

18　引用は、『仮名法語集』（岩波古典文学体系、昭和 39 年）による。

　要するに、法然は明遍の問いに、妄念が起こるとしても、起こるに任せて念仏せよ、と勧めた。これが親鸞ならば、妄念こそが往生の証に他ならない、と答えるはずだ。そして、いわゆる聖道門であれば、妄念即菩提なり、と答えるだろう。これらはよほど宗教的安心ができていないと、それこそ妄言となってしまう。いずれにせよ、当時の出家遁世者にとっても、いかに妄念が問題だったかが知られよう。

　いわゆる俗人の場合、妄念を追い払おうとすればするほど、今度はその追い払おうとする妄念が火に油を注ぐように次々と妄念を生み出すことになる。他方、既に決定往生に達している者も、俗世に生きて俗事に対処せざるをえない限り、親兄弟・妻子・仲間とのほだしに纏わる妄念から離れることはできない。聖道門の代表である禅者にしても、聖胎長養とか仏向上とか、要するに悟後の修行が大切である。悟りっ放しなどあろうはずもなく、悟った後にはやはり衆生の許へ戻って来て俗事に対処せねばならない。問題はそのとき俗に染まるか否かである。それが人間の現実である。それゆえ妄念は「目鼻」に喩えられるわけである。特に遁世者が閑寂な環境を求める所以もそこにある。

　それでは遁世者はどう生活を工夫したのか。

　　　人はおのれをつづまやかにし、奢りを退けて、財を持たず、世をむさぼらざらんぞいみじかるべき。昔より、賢き人の富めるは稀なり。（『徒然草[*19]』18段）

　　　名利に使はれて、しづかなるいとまなく、一生を苦しむるこそ愚かなれ。財多ければ身を守るに貧し。害を買ひ、累を招くなかだちなり。（後略）

　　　　　　　　　　　　　（中略）

　　　まことの人は智もなく、徳もなく、功もなく、名もなし。誰か知り、誰か伝へん。これ、徳を隠し愚を守るにはあらず。本より賢愚得失

19　引用は、『方丈記・徒然草・正法眼蔵随聞記・歎異抄』（上掲）による。

の境にをらざればなり。

　迷ひの心をもちて名利の要を求むるに、かくのごとし。万事は皆非なり。言ふにたらず、願ふにたらず。（同、38 段）

　現世の生活を彩る一切の飾り、それが財であれ、智、徳、功、名であれ、「万事は皆非なり。言ふにたらず、願ふにたらず。」「奢り」や「世をむさぼる」生活を退けるのは、そのことによって人の自由と人間性が奪われるからである。それゆえ遁世者の生活はこれらを否定することから始めなければならない。そこでは最早、人間相互の世俗的な関係は第一義ではない。「弥陀ノ五劫思惟ノ願ヲヨクヨク案ズレバ、親鸞一人ガタメナリケリ」（『歎異抄』）なのであって、一人一人が絶対的な個として仏の慈悲に包まれた存在である。人は仲間内の一人である以前に、また人々としての絆を超えて、独りで仏と向き合うのである。

　こうして財も智も徳も功名も名利も人との絆をも否定し尽した遁世者に残るのは、独りであることだけとなる。それは現世の価値体系内で、群集の只中で感じる疎外としての孤独ではない。そうではなく、現世の価値体系そのものを否定し尽した、他者と絶対的に隔絶して無一物であること、即ち孤絶である。従って、その遁世者はなお世間に留まる限り、一所不住の漂泊者として生きざるをえない。平安時代の貴族たちも出離遁世する者こそいたが、旅の必然性に迫られながらも虚構の中に後退して、実際に旅に出ることは無かった。

　後世者はいつも旅にいでたる思ひに住するなり。雲のはて、海のはてに行〔く〕とも、此身のあらんかぎりは、かたのごとくの衣食住所なくてはかなふべからざれども、執すると執せざるとの事のほかにかはりたるなり。つねに一夜のやどりにして、始終のすみかにあらずと存ずるには、さはりなく念仏の申さるゝ也。（『一言芳談』）

　なるほど遁世者（後世者）といえども肉体を持って生きざるをえない以上は、「衣食住所」が不可欠で、『徒然草』にもあるように、「人の身に、止むことをえずしていとなむ所、第一に食ふ物、第二に着る物、第三に居る所なり。（中略）人間の大事、この三つには過ぎず。」（123 段）ではあるのだが、これらの衣食住にも定住すれば執著が生まれる。この意味でも旅は遁世者にとって必然的なのである。

　また、因果を超脱した境界に遊戯する風狂にしても、自力臭の残る偽悪・狂態に頽落しないためには、「つねに一夜のやどりにして、始終のすみかにあらず」と思い定めて、一所不住を生きるのでなければならない。しかもそれは、そのつど独りの自由なる決断であるとともに、勝他名聞・憍慢嫉妬を動機とした意識的な行為であってはならず、各人固有の縁に応じた清浄質直の心の自然な発露でなければならない。

　こうした風狂の時に出逢いながら、旅にも出ず狂態にも走らずに現世の時を生きたディレッタントの兼好（ca.1283-1352 以後）[20]は、ものぐるほしき思いに襲われたはずだ。草庵の内に居ながら、旅に出た思いに住する兼好にとって、現世はあまりに俗事に満ちている。『徒然草』序段は周知の通り、こうなっている。

　　　つれづれなるままに、日くらし、硯にむかひて、心にうつりゆくよしなし事を、そこはかとなく書きつくれば、あやしうこそものぐるほしけれ。

　ここで「ものぐるほし」とは、彼岸の時と此岸の時との 2 つの異質な時を同時に生きる矛盾した生の気分を意味している。兼好はこの「ものぐ

20　兼好の宗教観だが、『徒然草』を読む限り、浄土門に対する言及が多い割には自ら熱心に浄土往生を願っているようには思われない。この点で意外と浄土教的色彩は希薄である。また顕教的でも密教的でも禅的でもない。要するに複合的信仰というか汎仏教的な信仰というか、そういう（矛盾した表現を用いれば）合理的な信仰の持ち主なのだろうが、そこに有職故実や王朝美への懐古趣味、田舎じみたものへの軽蔑、人事百般への醒めた関心、迷信の拒否、霊験への留保など様々な要素が加わる。兼好は一途な長明とは違って、懐が深いというか食えないというか、とにかく一筋縄ではいかない人物ではある。最澄に対する空海みたいなものである。こういうふうに考えると、彼の思想に一番近いのは実は仏教ではなくて、むしろ老荘思想ではないか。兼好自身、老荘的真人を理想としていたように見える。『徒然草』38 段などは、特にそれを思わせる。仏教者としての兼好については後述する。

るほしき」気分において、無常なる現世の相を冷徹に観る。兼好もまた無常観の人である。その彼岸から此岸を観る働きは、この序段では「心」と呼ばれている。その心に移ろいつつ映りゆく「よしなき事」は、無常なるこの世で繰り広げられている俗事であり、また俗人の狂態である。そしてそれらを「書きつくる」とは、「いとまある身になりて、世の事を心にかけぬ」（同、98段、『一言芳談』からの引用）状態にある彼岸の心に、推移し映る此岸の諸相を写し取る行為であって、写せば写すほど、彼岸と此岸の2つの時の交錯が顕在化してくる。「つれづれ」とは、この時の交錯を「日くらし」持ち堪える事態のことである。このように、『徒然草』序段は兼好の単なる心理状態を述べたものではない。兼好という存在者とその「つれづれなるものぐるほしき心」の存在構造、特にその情態性について述べたものだと私は考える。

　この「心」を235段では、次のように展開している。

　　　主ある家には、すずろなる人、心のままに入り来る事なし。主なき所には、道行き人みだりに立ち入り、狐・梟やうの物も、人気にせかれねば、所得顔に入り棲み、木霊など言ふけしからぬかたちも、あらはるるものなり。
　　　又、鏡には色・かたちなき故に、万の影来りてうつる。鏡に色・かたちあらましかば、うつらざらまし。
　　　虚空よく物をいる。我等が心に念々のほしきままに来り浮ぶも、心といふもののなきにやあらん。心に主あらましかば、胸のうちに、若干のことは入り来たらざらまし。

　諸縁を離れて心が虚空の如く実体性をもたないとき、心は空にして無相であるからこそ、よく物事の有るがままの相を映し出すと言う。兼好のこうした空の認識、諸縁の放下と仏道への専心の主張を支えているのは何であろうか。それは無常の自覚なのである。この点について述べた段は数多く、いずれも印象的だが、幾つか引用してみよう。

　五月五日、賀茂の競馬を見侍りしに、車の前に雑人立ち隔てて見えざりしかば、各［おのおの］おりて、埒のきはに寄りたれど、ことに人多く立ちこみて、分け入りぬべきやうもなし。かかる折に、向ひなる棟の木に、法師の、登りて、木の股についゐて物見るあり。とりつきながらいたう睡りて、落ちぬべき時に目をさます事、度々なり。これを見る人、嘲りあさみて、「世のしれものかな。かく危き枝の上にて、安き心ありてねぶるらんよ」と言ふに、我が心にふと思ひしままに、「我等が生死の到来、ただ今にもやあらん。それを忘れて物見て日を暮らす、愚かなる事はなほまさりたるものを」と言ひたれば、前なる人ども、「誠にさにこそ候ひけれ。尤も愚かに候」と言ひて、皆、うしろを見かへりて、「ここへ入らせ給へ」とて、所を去りて、呼び入れ侍りにき。（41段）

　老来りて、始めて道を行ぜんと待つことなかれ。古き墳、多くはこれ少年の人なり。はからざるに病をうけて、忽ちにこの世を去らんとする時にこそ、はじめて過ぎぬるかたのあやまれる事は知らるなれ。あやまりといふは、他の事にあらず、速かにすべき事をゆるくし、ゆるくすべきことを急ぎて、過ぎにしことの悔しきなり。その時悔ゆとも、かひあらんや。

　人はただ、無常の身に迫りぬる事を心にひしとかけて、つかのまも忘るまじきなり。さらば、などかこの世の濁りも薄く、仏道をつとむる心もまめやかならざらん。

　「昔ありける聖は、人来りて自他の要事をいふ時、答へて言はく、今火急の事ありて、既に朝夕にせまれりとて、耳をふたぎて念仏して、つひに往生を遂げけり」と、禅林の十因に侍り。心戒といひける聖は、あまりにこの世のかりそめなる事を思ひて、しづかについゐけることだになく、常はうずくまりてのみぞありける。（49段）

　大事を思ひたたん人は、去りがたく、心にかからん事の本意を遂げずして、さながら捨つべきなり。「しばし、この事はてて」、「おなじくはかの事沙汰しおきて」、「しかしかの事、人の嘲〔り〕やあらん、行末難なくしたためまうけて」、「年来もあればこそあれ、その事待たん、ほどあらば。もの騒がしからぬやうに」など思はんには、えさらぬ事のみいとどかさなりて、事の尽くるかぎりもなく、思ひ立つ日もあるべからず。おほやう、人を見るに、少し心あるきはは、皆このあらましにてぞ一期は過ぐめる。

　近き火などに逃ぐる人は、「しばし」とや言ふ。身を助けんとすれば、恥をも顧みず、財をも捨てて遁れ去るぞかし。命は人を待つものかは。無常の来る事は、水火の攻むるよりも速かに、遁れがたきものを、その時、老いたる親、いときなき子、君の恩、人の情、捨てがたしとて捨てざらんや。（59段）

　蟻のごとくに集まりて、東西に急ぎ、南北に走る。高きあり、賤しきあり。老いたるあり、若きあり。行く所あり、帰る家あり。夕に寝ねて朝に起く。いとなむ所何事ぞや。生を貪り、利を求めてやむ時なし。

　身を養ひて何事をか待つ。期する処、ただ老と死とにあり。その来る事速かにして、念々の間にとどまらず。是を待つ間、何の楽しびかあらん。まどへる者はこれを恐れず。名利におぼれて先途の近き事を顧みねばなり。愚かなる人は、またこれを悲しぶ。常住ならんことを思ひて、変化の理を知らねばなり。（74段）

　寸陰惜しむ人なし。これよく知れるか、愚かなるか。（後略）

　されば、道人は、遠く日月を惜しむべからず。ただ今の一念、空しく過ぐる事を惜しむべし。もし人来りて、我が命、明日は必ず失はるべしと告げ知らせたらんに、今日の暮るるあひだ、何事をか頼み、何事をか営まん。我等が生ける今日の日、なんぞその時節にことならん。一日のうちに、飲食・便利・睡眠・言語・行歩、やむ事をえずして、多くの時を失ふ。その余りの暇幾ばくならぬうちに、無益の事をなし、無益の事を言ひ、無益の事を思惟して時を移すのみな

らず、日を消し、月を亙りて、一生を送る。尤も愚かなり。（108 段）

　　人間の儀式、いづれの事か去り難からぬ。世俗の黙［もだ］しが
　たきに随ひて、これを必ずとせば、願ひも多く、身も苦しく、心の
　暇もなく、一生は雑事の小節にさへられて、むなしく暮れなん。日
　暮れ、塗［みち］遠し。吾が生既に蹉跎たり。諸縁を放下すべき時
　なり。信をも守らじ。礼義をも思はじ。この心をも得ざらん人は、
　物狂ひとも言へ、うつつなし、情なしとも思へ。毀るとも苦しまじ。
　誉むとも聞き入れじ。（112 段）

「心戒といひける聖」のように、死をうずくまって待ち受けているから
といって、死がいざやって来たときに即座に対応できるとは限らない。我々
は皆、「木の股についゐて物見る」法師と同じ危うさの中にいる。死を待
ちながら生きているとはいうが、「死は前よりしも来らず、かねて後に迫
れり。人皆死ある事を知りて、待つこと、しかも急ならざるに、覚えずし
て来る。」（155 段）我々は未だ来ない死を待ち構えているのではなく、死
は既に迫っているのだと思い定めて、「ただ今の一念、空しく過ぐる事を
惜しむ」べきである。

　　されば、人、死を憎まば、生を愛すべし。存命の喜び、日々に楽
　しまざらんや。愚かなる人、この楽しびを忘れて、いたづかはしく（苦
　労して）外の楽しびを求め、この財を忘れて、危ふく他の財をむさ
　ぼるには、志、満つ事なし。生ける間生を楽しまずして、死に臨み
　て死を恐れば、この理あるべからず。人皆生を楽しまざるは、死を
　恐れざる故なり。死を恐れざるにはあらず、死の近き事を忘るるなり。
　もし又、生死の相にあづからずといはば、実の理を得たりといふべし。
　（93 段）

死を恐れないから生を楽しむことができない、死が迫っていればこそ
生を楽しむことができる、と兼好は「かたへの人」の論理を代弁する。周

囲の者どもは彼を嘲笑するのだが、これは無常の迅速なることを知らずにいる愚か者どもの言い分である。人は「生を貪り、利を求めてやむ時」がないが、そのように「身を養ひて何事を待つ」かといえば、結局は「ただ老と死と」ではないか。しかも老死の来るのは「速かにして、念々の間にとどまらず」。生死は本来一体であるからこそ、死によって一度限りの生が輝くのである。死はこの世に生まれ出た者の運命であり、必ずやって来る。だが、いつ何どきやって来るかは分からない。今すぐかも知れない。だとしたら、「今」こそ、人の世の儀式や雑事、そして「老いたる親、いときなき子、君の恩、人の情」などの「諸縁を放下すべき時」であろう。こういういつ死んでもよい生き方をするによって、一度きりの生を充実させるのでなければならない。禅語を用いて言えば、大死一番絶後再蘇である。このとき現世は死からの蘇りの輝きに彩られ、人は彼岸からの恩寵の賜物として自然法爾の生を生きられるようになる。そこでは無常がはかなしと諦観されるだけではなく、更に進んで現世の時の一瞬一瞬が充実の相を帯びて輝く。それはつれづれなる観想の時の現成である。そしてこのつれづれなる観想が観る人兼好にとっての隠遁生活の内実なのであり、それを可能にする生き方こそが、「縁をはなれて身を閑にし、ことにあづからずして心を安く」すること、つまり「まぎるるかたなく、ただひとりある」（75段）ことなのだった。

　つれづれなる観想は、無常なる現世の諸相に美を見出す。無常を観る兼好の心に移ろいつつ映るよしなし事は、無常であるからこそよしなき事のまま美として現成する。そういう形で兼好は王朝美を捉え返した。

　　あだし野の露きゆる時なく、鳥部山の煙立ち去らでのみ住み果つるならひならば、いかにもののあはれもなからん。世はさだめなきこそいみじけれ。（7段）

兼好は「もののあはれ」を無常に媒介された美と捉える。もののあはれを直接性の美と捉える宣長が無常観を最初から排除してしまっている以上、兼好の美は宣長にとってどこまでも異質なままである。だから、宣長にとって『徒然草』の例の 137 段は、頑なで臍曲がりな捉え方にしか映らない。宣長は『玉勝間』の「兼好法師が詞のあげつらひ」において、「さるを、かのほうしがいへるごとくなるは、人の心にさかひたる、後の世のさかしら心の、つくり風流にして、まことのみやびごころにはあらず、かのほうしがいへる言ども、此のたぐひ多し、皆同じ事也」と全面的に批判しているが、それも当然である。

　　　花はさかりに、月はくまなきをのみ見るものかは。雨にむかひて月を恋ひ、たれこめて春の行方知らぬも、なほあはれに情ふかし。咲きぬべきほどの梢、散りしをれたる庭などこそ見所多けれ。（後略）
　　　万の事も、始め終りこそをかしけれ。男女の情も、ひとへに逢ひ見るをばいふものかは。逢はでやみにし憂さを思ひ、あだなる契りをかこち、長き夜をひとりあかし、遠き雲井を思ひやり、浅茅が宿に昔をしのぶこそ、色好むとは言はめ。

　このように兼好の人間観・自然観を一貫しているのは無常法の観想、即ち無常観である。それは無常法の概念知でないのは無論だが、分別知でも経験知でもない。ただし厳密に言えば、無常という動態の全一的知覚でもない。それは飽くまでも観想であり静観なのだが、しかも単なる観想ではなくて、情態性に彩られた気分的観想とでも呼ぶべきものである。従ってそれは幽玄で微妙な美を捉えることができる。

　　　なにがしとかや言ひし世捨人の、「この世のほだし持ちたらぬ身に、ただ空の名残のみぞ惜しき」と言ひしこと、誠にさも覚えぬべけれ。（20段）

　「折節のうつりかはるこそ、ものごとにあはれなれ」で始まる 19 段や、「万のことは、月見るにこそ慰むものなれ」で始まる 21 段では、明確な輪郭よりもむしろその周縁部の朧さに対象の本質を観て取り、「名を聞くより」で始まる 71 段では、人間の記憶と心理の微かな動きをも感受し、137 段

と 138 段では、祭そのものよりも、むしろ人通りの絶えた都大路や用済み
となった「後の葵」に祭の本質を観て、191 段では、昼よりもむしろ夜に
こそもののあはれを覚えている。このような無常の諸相を一挙に把握する
のが中世であり、また中世が発見した美の形である。歌人正徹（1381-1459）
は、「花はさかりに、月はくまなきをのみ見るものかはと、兼好が書きた
る様なる心ねをもちたるものは、世間にただ一人ならではなき也」（『正徹
物語』）と賞讃し、また連歌師心敬（1406-11475）もまた、「兼好法師が云ふ、
月花をば、目にて見るものかは。雨の夜に思ひあかし、散りしをれたる木
かげにきて、過ぎにしかたをおもふこそと書き侍る、まことに艶ふかく覚
え侍り」（『ささめごと』）と記している。連歌の基本は上の句と下の句と
の付け合いの不連続の連続にあるが、連歌師たちは無常の諸相の把握に最
大の関心を払ったのである。

　ところが、このような隠遁者の美の観想、無常観は、長明が『方丈記』
末尾で痛切に語ったような自己矛盾へと、再び兼好をも追い込んでゆかざ
るをえない運命にある。それは一体なぜであろうか。私は上で、兼好の無
常観は無常という動態の全一的知覚ではない、と述べた。兼好はどこまで
も観る人である。そこではやはり観る主体と観られる無常とが乖離してい
て一如となってはいない。それは兼好が生死を分かち、人生は死ぬからこ
そ楽しい、という彼の考え方にも現れている。兼好には、例の「かたへの
人」の「もし又、生死の相にあづからずといはば、実の理を得たりといふ
べし」（93 段）という最後の一句が、本当のところは呑み込めていなかっ
たようだ。無常法の全一的知覚とは、生死一如の別名であり、それは生と
死とを各別と把握しない点から見れば「生死の相にあづからず」というこ
とだからである。

　観られる無常の諸相とそれを観る者の無常の自覚との乖離、これを突破
するには、無常の動態とともに生きることが（これを無常の如実知見と言
う）そのままそのつど生死の決断となり、その瞬間瞬間の輝きを己の生に
成就すること以外に無いであろう。そしてそのような者は既に平安時代末
期に現れていた。

4　西行と『撰集抄』

（1）西行の人と歌

　摂関期から院政期に、人々はこの世を夢幻の如きものと思い、この世からの出離を願った。だが、往生伝などの説話作家を代表とする彼らが往生を願った浄土は、つぶさに見ると共同幻想による虚構にすぎず、また女流日記・物語作家たちが自己の存在意味を求めようと創作した物語は、文字通り虚構にすぎなかった。そこでのキーワードは「宿善」や「宿世」であり、現世中心主義と化した因果応報思想が基調を成しているのだった。

　だが、虚構としての現世を自覚的に突破して生きようとする者たちも現れた。和泉式部にとって、生の意味は自らの生の全てを恋という行為に賭けることにあった。それは恋の儚さへの倦怠から放心へと至って、遂には我が身の罪業への自覚となったが、その自覚が極まった時、罪業からの救いも命を賭けた行為自身において、彼岸の方からひとりでに開けているのだった。他方、現世の時空を旅という行為によって満たし、その道程の即今当処で開かれた新しい世界を三十一文字で言い止めようとする生き方が現れた。その時この世は新たな意味で包まれる。このような現実の再生に参入し、漂泊の指標である歌枕へと自分の脚で歩んでいったのが数寄の人、能因法師であった。また、歌人ではないが、現世を厭離し尽した修行僧増賀は一切の地上的権威に偽悪を仕掛けたが、その狂態も遂には生死の執もろともに超脱され、風狂への道が拓かれた。このことのもつ意味は大きい。和歌を狂言綺語の戯れとして戒めていた恵心僧都源信さえもが、遂には狂言綺語の戯れを讃仏乗の因として歌道の意味を認めた。無常観の定着と釈教歌の流行を背景として成立した狂言綺語観は数寄を支えるに至る。生死の執の突破と新たな現実の創造へと向かって、平安期に既に文学においては風狂と漂泊への道が、思想においては因果超脱への道が準備されていたのである。

　中世とは、王朝文化の崩壊過程であると同時に、新たな現実の創造へと向かって一人一人が根底から生死の意味への問いを発した時代であるが、この時代、後世者の中から、現世を「つねに一夜のやどりにして、始終のすみかにあらず」と思って、「いつも旅にいでたる思ひに住する」（『一言芳談』）生き方が定着してゆく。漂泊への思いとは、単なる現世の否定やそこからの逃避ではなく、むしろ現世に新しい意味を切り拓くことへの決断である。後世者の生活の根本は、俗世間の一切の価値からの自由であり、自然法爾を独り生きることである。そのような生き方の中から、実際に旅に出て風狂の時にまみえる者が現れた。中世の旅人とは、こうした新たな現実の創造に独りで参ずることを己の生きる意味とし、その即今当処の輝きを己の生として体現する者をいう。無常なるこの世に生きる意味への問いに対して己の生で応答する者のみが、真に旅人の名に値するのである。

　そして中世を拓いた風狂の旅人、それが西行（1118-1241）であった。

　西行を論ずることは難しい[*21]。西行はなるほど能因と同じ旅の歌僧であり、実際に能因を慕ったのだが、それで彼の本質を言い当てたことにはならない。先ず、出家の理由が謎である。若年で出家したため、当然様々な憶測を呼んだ。そこに奇特な死とくる。「願はくは花の下にて春死なんそのきさらぎの望月の頃」（『山家集』77）の願い通りに、文治6年2月16日、釈尊入滅の日に寂した。彼は伝説となり、これが理解の邪魔をする。何より、西行が僧としてどの程度の境界にあったかが解らない。どんな仏教の何をどの程度学んだのか、どんな修行をしたのかも解らない。和歌は、なるほど名歌が多い。他の歌人を圧倒するほどに。だが、「心なき身にもあはれはしられけり鴫たつ沢の秋の夕暮」（同470）一つ取っても、「心なき身」が解らない。「俗情を捨てた僧としての身」などと解説されているが、どうにもしっくりこない。僧であることと歌人であることとが、本人の中でどう折り合っているかが解らない。恋の歌を詠んでもいるから、生臭坊主だったのかと勘ぐられもする。それに何より「心」という語の多用が尋常ではない。坊主のくせに自意識から脱却できなかったのか、それも人間らしくて宜しい、と貶されたかと思えば褒められたりもする。そして破格、畳語の多用。ともすれば悪趣味でさえある。以上は、西行の伝記や和歌を

21　西行に関するほとんど無数の文献の中で、管見するところ西行の人間的真実に迫りえているのは、白洲正子『西行』（新潮社、昭和63）のみであろう。

多少なりとも知っている者にとって偽らざる印象ではなかろうか。これが同時代の藤原俊成（1114-1204）やその子の定家（1162-1241）なら、王朝の和歌の世界を幽玄や有心の中世的美へと完結した歌人、と纏めることもできるだろう。だが、西行は様々な意味で独特である。結局、西行とは誰であったのか。西行の悟りがどの程度で、それが彼の和歌とどう関わっているのか。この問題には次項で切り込むとして、ここでは彼の生涯について和歌を絡めながら見ておく。

　藤原頼長の日記『台記』康治元年（1142）3月15日条にいう。「そもそも西行は、もと兵衛尉義清なり。左衛門大夫康清の子。重代の勇士なるを以て法皇に仕へたり。俗時より心を仏道に入れ、家富み年若く、心愁ひ無きも、遂に以て遁世せり。人これを歎美せるなり。」『台記』が伝え、同時代人が一般に認めて歎美していた、仏教に深く帰依していたがゆえの出家、これが西行の出家原因の第1の説である。「家富み年若く、心愁ひ無きも」というのだから、これと言った理由無き「すずろなる出家」説である。第2の説は、「人生無常」説である。前日まで親しく語り合った友人の急死に衝撃を受けて、「老少不定」の思いに駆られて、女児が袖に取り縋るのを「これこそ陣の前の敵、煩悩の絆を切る初めなり」と言って縁から蹴り落として出家したという（『西行物語』）。これは『撰集抄』他にも見える説で、明らかに虚構を含んでいるのだが、「人生無常」に触れた歌は『山家集』の「雑」を探せば幾つも見つかる。例えば、「ながらへんと思ふ心ぞつゆもなきいとふにだにもたへぬ憂き身は」（718）、「思ひ出づる過ぎにし方をはづかしみあるにもの憂きこの世なりけり」（719）など。第3は「悲恋」説である。『源平盛衰記』巻8には、「さても西行発心のおこりを尋ぬれば、源は恋ゆゑとぞ承る」と伝えており、『山家集』にもそれらしき歌がある。「知らざりき雲居のよそに見し月のかげを袂に宿すべしとは」（617）や、「おもかげの忘らるまじき別れかな名残りを人の月にとどめて」（621）、「歎けとて月やはものを思はするかこち顔なるわが涙かな」（628）がそれである。相手は待賢門院璋子とされる。西行と縁の深い徳大寺家の人で、権大納言藤原公実の女である。鳥羽後宮に入って、崇徳、後白河の生母になったが、崇徳の実際の父は白河上皇と言われ、保元の乱の伏線を成した一人である。

　第1の説は「原因」概念に反しているため、他の2説のいずれか、或いはそれらの複合ということになるだろうが、この種の詮索はどうしても下衆の勘ぐりになってしまう。そもそも確証が無い。ここで重要なことは、能因の出家の場合にも指摘したことだが、西行の場合も、出家遁世したからといって、それで何かが解決したわけではないということである。真の出家ができるのか、という不安は、出家の決断によって更に拡がった。深く仏道に帰依していた若き西行は、出家遁世の決断によって俗世の苦悩を断ち切るはずだった。だが、断ち切った途端に不安が増していった。そうした西行の不安を詠んだ歌が『山家集』にある。

　　　わが宿は山のあなたにあるものをなにに憂き世を知らぬ心ぞ（716）
　　　　世をのがれて伊勢の方へまかりけるに、鈴鹿山にて
　　　鈴鹿山うき世をよそにふり捨てていかになりゆくわが身なるらん（728）

　ともあれ、西行は保延6年（1140）23歳で出家した。法名は円位である。出家後の西行の行動と心情を『山家集』から読み取っていこう。先ず、出家を決意した頃の歌である。

　　　　世にあらじと思ひ立ちける頃、東山にて、人々
　　　　霞二寄スル述懐といふことを詠める
　　　そらになる心は春のかすみにて世にあらじとも思ひ立つかな（723）

　「そらになる心」の「そら」とは「空」であろうが、この「空」は多義的である。「空っぽの心」と解せば「不安で空ろな気持ち」であろうし、出家して新たな世界へ趣くことへの不安であるかもしれない。だが、「こころもそらに」は、元々心が身からあくがれ出づることを意味している。その場合、身は俗界にあり、心は新たな世界へと飛翔する「空［そら］へと舞い上がる心」、仏道の世界へと勇み立つ気持ちとなるだろう。恐らく「そらになる心」は、これら両者のいずれをも含んでいるに違いない。だが、

更に仏教語の「空［クウ］」の義までも籠められているとしたらどうだろうか。その場合、「空になる心」の「心」もまた仏教語だということになるが、その「心」はどのような意味で用いられているのだろうか。前2者の「空」解釈に対して、この第3の「空」は穿ちすぎだと思われるだろう。だが、必ずしもそうでないことは次項で明かされるはずである。

　ともかく出家後、西行は洛外（東山、嵯峨）に庵を結んだらしい。

　　　捨てたれど隠れてすまぬ人になればなほ世にあるに似たるなりけり（1416）
　　　世の中を捨てて捨て得ぬ心地して都離れぬわが身なりけり（1417）
　　　　　いにしへ頃、東山に阿弥陀房と申しける上人の庵室にまかりて見け
　　　　　るに、なにとなくあはれにおぼえて詠める
　　　柴の庵と聞くはくやしき名なれども世に好ましき住居なりけり（725）

　西行は出家して直ちに人跡稀な所に隠遁したのではなかった。都への未練が残っていたのだろうか。もっとも、当時の隠遁者は草庵での閑居に愉しさを求めていたのであるから、西行も例外ではなかったのかもしれない。しかし、修行にはやはり辛苦があった。

　　　　　世を遁れて、鞍馬の奥に侍りけるに、筧氷りて、水まうで来ざりけり。
　　　　　春になるまでかく侍りけるなりと申しけるを聞きて、よめる
　　　わりなしや氷る筧の水ゆゑに思ひ捨ててし春の待たるる（571）

　西行は己の不徹底を痛感した。隠れて生きる覚悟を決めて出家したはずなのに、相変わらず都の内外に留まっている己の不徹底を。そこで鞍馬の奥に入ってみたものの、余りの寒さに捨てたはずの都を思い、春が待たれて仕方が無い。だが、草庵への定住によって精神の自由を求める隠遁生活は、特定の場所への執着によって却って不自由になるという自己矛盾を必然的に伴うのである。長明もそれを痛切に自覚したのだった。そこで隠遁者は定住から漂泊へ、一所不住の旅へと踏み出す。こうして隠者は草庵から旅へ、旅から草庵へと往還する。静から動へ、動から静への反復が隠者

の生となる。西行もまたそうであった。
　天養元年（1144）、西行は陸奥、出羽の旅に出た。27歳の頃である。先人能因法師の跡を慕って、歌枕を自分もまた辿ってみようとの数寄の心の促しによるものとされている。

　　　　みちの国へ修行してまかりけるに、白川の関に留まりて、所柄にや、常よりも月おもしろくあはれにて、能因が「秋風ぞ吹く」と申しけん折、何時なりけんと思ひ出でられて、名残り多くおぼえければ、関屋の柱に書きつけける
　　　白川の関屋を月のもる影は人の心に留むるなりけり　（1126）

　勿論、この歌は能因の「都をば霞とともに立ちしかど秋風ぞ吹く白河の関」を踏まえている。西行はこの旅で他にも実方中将の墓や、能因の辿った武隈の松、信夫のおもはくの橋、名取川などの歌枕を探訪し、懐旧の情に浸っている。例えば、

　　　朽ちもせぬその名ばかりをとどめ置きて枯野の薄形見にぞ見る（800）
　　　枯れにける松なき跡の武隈はみきと言ひてもかひなかるべし（1128）
　　　踏まま憂き紅葉の錦散りしきて人も通はぬおもはくの橋（1129）
　　　名取河岸の紅葉のうつる影はおなじ錦を底にさへ敷く　（1130）

　だが一転して初冬の平泉では、汀の凍った衣川を見てその凛冽の気に打たれたのだろうか、その冷えた冴えがそのまま歌に結晶している。注目すべきは、これが直接経験そのままの表出となっていて、陸奥の冬という気候的条件のもたらす景色を詠むという分別の痕跡が聊かも見えないことである。

　　　　十月十二日、平泉にまかり着きたるに、雪降り、嵐激しく、ことの外に荒れたりけり。いつしか衣河見まほしくて、まかりむかひて、見けり。

　　　河の岸につきて、衣河の城しまはしたる事柄、やう変りてものを見
　　　る心地しけり。汀凍りてとりわき冴えければ
　　とりわきて心もしみて冴えぞわたる衣河見にきたる今日しも（1131）

　ここにもまた「心」が登場する。これがいわゆる日常的経験・悟性的認
識の主体でないことは既に明瞭で、西行は「衣河の城」つまり後世芭蕉が『奥
の細道』で記した「和泉が城」を見ても、世俗的判断を下すわけでもなく、
その一風変わった城構えも、西行の「心」には風景として映っているだけ
のようである。西行も見たはずの奥州藤原氏の勢威を示す、例えば中尊寺
金色堂や毛越寺の堂塔などが、彼の「心」にどう映ったは知られていない。
　因みに、束稲［たばしね］山を遠望して吉野の桜を思い出している歌
もある。

　　　陸奥の国に平泉にむかひて束稲と申す山の侍るに、異木は少なきや
　　　うに桜の限り見えて、花の咲きたりけるを見て、詠める
　　聞きもせず束稲山の桜花吉野のほかにかかるべしとは（1442）

　衣川が初冬、ここ束稲山が桜の季節であるから、西行は数ヶ月もこの地
に留まっていたことになる。この時の旅で、西行は出羽国の滝の山（龍山
寺）に行って歌を残しており、更に八十島（象潟）、北の浜まで足を伸ば
したと推測されるが、実際のことは判らない。西行が能因の跡を慕って陸
奥を旅したように、遥か後世、芭蕉も西行の跡を辿ることになる。
　陸奥・出羽行の数年後、久安5年（1149）頃、西行は高野山に入った。
伊勢に移り住むまで、30年にわたる高野山居住時代の始まりである。もっ
ともこの間、西行は何度と無く出入りを繰り返し、京にも行けば中国四国
に旅してもいる。
　ところで、高野山に居住したからには西行は真言宗に帰依したことにな
るが、彼の仏教思想はいかなるものだったのか。出家直後に身を寄せたと
考えられる東山の寺（長楽寺、雙林寺）や鞍馬寺は、当時は延暦寺系統で
あるから、西行は台密を学んだはずだ。その後移った嵯峨の法輪寺は真言

宗で、以後、彼の関係した寺院は全て真言宗であるらしい。しかし、彼の作品からは天台・真言のみならず、様々な傾向が混在しているのが実情である。ここで『聞書集』全263首のうち、私が仏教関係の詞書を調べた出典を参考までに掲げておく。

　『法華経』廿八品（1-30）、『無量義経』（31）、『普賢経』（32）、『心経』（33）、『阿弥陀経』（34-39）、『華厳経』「夜摩天宮菩薩説偈品」のいわゆる「如心偈」（40-41）、『大般涅槃経』「迦葉菩薩品」（42）、『浄信士度人経』（43）、『大方等大集経』（44）、『菩提心論』（138-143）、『往生要集』大文第二「欣求浄土」の「十楽」（144-145）、「地獄絵を見て」（198-224）

　『山家集』にも釈教歌はあるが、『聞書集』と同じ傾向を示している。要するに、大別すれば密教と浄土教と言えなくもないが、汎仏教的と見ておいたほうが無難であろう。余り先入見で高野山への遁世＝密教への信仰、ましてや当時は覚鑁上人の真言密教と浄土信仰との融合が推進されていたなどと決めてかかると、足元を掬われることになる。まして「十楽」や「地獄ゑを見て」に罪業の自覚などを見すぎると、西行の和歌までもが狭められて理解されることになる。西行はもっと懐が大きい。

　従って、西行が高野山でいかなる活動に従事していたかに関しても、僧として一山の中心にいたというのは勿論甚だしい誤解だが、谷々の別所で集団を形成していた聖たちと同居していたわけでもない。また、僧として身分が高くなかったからと言って、旧説のように高野聖の先蹤だったなどというのも論外である。勧進活動は確かにしたが、それは徳大寺家や皇室と西行との特殊な範囲内に限定されており、西行の本質がそのようなところにあったとは到底言えない。彼がやったことと言えば、高野山に蓮華乗院を勧進、造営したことくらいである。治承元年（1177）、東別所にあった蓮華乗院を壇上に移築し「長日不断の談義」の会堂にしたことに関わったのである。その他、紀伊の日前宮造営のために高野山に課された費用を、平清盛に免除してもらう口利き役になった。それでは、西行は普段は何をしていたのか。仏法を学び、歌を詠んでいた。しばしば吉野に入ったり、ときどき都内外の友人知人と歌の贈答を含めて交流した。仏道と歌道、見事なまでにただそれだけの人生である。親密な友人は何人か知られている。そのうちの一人西住とは次のように詠み交わしている。

> 高野の奥の院の橋の上にて、月明かかりければ、もろともになが
> め明かして、その頃、西住上人京へ出でにけり。その夜の月忘れ難
> くて、また同じ橋の月の頃、西住上人の許へ言ひ遣はしける
> こととなく君恋ひわたる橋の上にあらそふものは月の影のみ（1157）
> 　　　かへし　　　　　　　　　　　　　　　　　西住
> 思ひやる心は見えで橋の上にあらそひけりな月の影のみ　（1158）

　まるで恋の歌ではないか。同性愛的だと評する者もいる。西行が恋の歌
を詠んだからといって、僧にあるまじき行為だなどと目くじらを立てるの
は慎みたいものである。我々などは妄念のみで朝から晩まで生きているの
だから。

　さて、高野山居住時代の西行は保元の乱を経験した。その際の彼の行動
は彼の人物の有り方を示すものである。保元元年（1156）7月2日、鳥羽
法皇崩御。偶々西行は都に来ていて御大葬に参ずるを得たが、7月10日
崇徳上皇挙兵、保元の乱の勃発である。だが、平清盛、源義朝の白河殿夜
討によって上皇の企てはあっけなく潰え、23日には早くも讃岐配流とな
る。この間剃髪して仁和寺に籠っている上皇に、西行は伺候した。

> 世の中に大事出で来て、新院あらぬ様にならせおはしまして、御髪
> おろして、仁和寺の北院におはしましけるにまゐりて、兼賢阿闍梨
> 出てあひたり。月明かくて詠みける
> かかる世にかげも変らずすむ月を見るわが身さへ恨めしきかな（1227）

　西行が崇徳上皇の悲運を歎いていることは確かである。だが、その同情
は人間的、歌道的な範囲を超えなかった。上皇を動かし、あえなく破滅さ
せた政治的判断と行動に対しては、西行はいかなる同情も寄せてはいない。
無論、崇徳側と対立した鳥羽法皇側に対しても同様である。政治に近い側
にいながら、政治に対する完全な拒絶が西行を特徴づけている。どちらの

側の気持ちも分かる。だがそこまでであって、その先は我関せずを貫く。それが西行の態度であった。彼は出家者としての態度を貫いたのである。

　崇徳院は讃岐配流後 8 年して崩じた。西行はこの間四国に赴かなかった。ただ、院に仕える女房との歌の贈答（1230-1237）をしており、事実上院との歌による対話だったのだが、その際、西行は院が仏道修行に打ち込むことを願い、勧めているだけであって、院の不幸な運命にも怨念にも、「あさましやいかなるゆゑの報いにてかかることしも有る世なるらん」（1231）としか言わない。「かかること」とは院の配流である。しかし院の崩御 4 年経った仁安 11 年（1167）、西行は院の慰霊のためと弘法大師の跡を訪うため、中国道から四国への旅に向かった。白峯陵での詠歌は次の通りである。

> 　　讃岐に詣でて、松山の津と申す所に、院おはしましけん御跡たづね
> 　　けれど、かたも無かりければ
> 松山の波に流れて来し舟のやがて空しくなりにけるかな（1353）
> 松山の波の景色は変らじをかたなく君はなりましにけり（1354）
> 　　白峯と申しける所に、御墓の侍りけるに、まゐりて
> よしや君昔の玉のゆかとてもかからん後は何にかはせん（1355）

　次いで、西行は弘法大師生誕の地、善通寺に行って大師の跡を訪い、その裏山に庵を結んで一冬を過ごした。次の歌は大師の故郷にいて澄み渡る気持ちと安らかさとを伝えている。

> 　　曇りなき山にて海の月見れば島ぞこほりの絶え間なりける（1356）
> 　　今よりはいとはじ命あればこそかかるすまひのあはれをも知れ（1357）

　しかし、いかに大師の故郷でも、住み憂くなればやはり漂泊への思いが募ったらしい。

> 　　ここをまたわれ住み憂くて浮かれなば松はひとりにならんとすらん（1359）

　西行は高野山に戻って、蓮華乗院を勧進したり、日前宮造営免除に従事したりしていたが、治承4年（1180）、高野山を出て伊勢へ行き、二見浦の山中の庵に起居した。高野山の分裂抗争に嫌気がさしたためとも、源平戦乱の時世を避けたためとも言われているが、やはり一所不住の欲求に素直に従ったのだろう。伊勢が以前に何度か訪れた馴染みの地であったことも、同地を選ぶ契機となったに違いない。『千載和歌集』には次の歌が採られている。

　　　　高野の山を住みうかれてのち、伊勢国二見浦の山寺に侍りけるに、
　　　　大神宮の御山をば神路山と申す。大日如来の御垂迹を思ひてよみ侍
　　　　りける
　　　　深く入りて神路の奥をたづぬればまた上もなき峯の松風（千載 1278）

　伊勢へと移り住んだことによって、伊勢神宮の神官、荒木田満良らとの交流が生まれた。伊勢神宮と言えば神仏隔離の強い神社ではあるが、当時、伊勢の神官の間には仏教、つまり神仏習合がかなり浸透していた。満良も後に出家して蓮阿となった。一方、西行も神官との交流を通して神祇信仰に触れ、本地垂迹思想を吸収していった。次の歌などはそれをよく示す歌だと言えるだろう。

　　　　伊勢にまかりたりけるに、大神宮にまゐりて詠みける
　　　　榊葉に心をかけん木綿［ゆふ］垂［し］でて思へば神も仏なりけり（1223）

　蓮阿は『西行上人談抄』の中で、二見浦での西行の暮らしを伝えている。「西行上人二見浦に草庵結びて、浜萩を折り敷きたる様にて哀れなるすまひ、見るもいと心澄むさま、大精進菩薩の草を座とし給へりけるもかくやとおぼえき。硯は石の、わざとにはあらず、もとより水入るる所くぼみたるを置かれたり。和歌の文台は、ある時は花がたみ、扇やうのものを用ゐき。歌のことを談ずとても、その隙には「一生幾ばくならず、来世近きにあり」といふ文を、口ずさみにいはれし、哀れに貴くおぼえし。今も面影

たえぬ道忘れがたし。」

　清明さに満ちた生活であり、また記述である。西行が伊勢で詠んだ歌も
その清明さを感じさせるものとなっている。

　　　　　伊勢大神宮にて
　　宮ばしらしたつ岩ねにしきたてゝ露もくもらぬ日の御影哉
　　　　　　　　　　　　　　　　　　　　（『西行上人集』600）
　　　　　神路山にて
　　神路山月さやかなるかひありて天が下をばてらすなりけり（同、601）

　文治2年（1186）、西行は伊勢から東国へ旅立った。2度目の陸奥行である。
今回は、平重衡に焼かれた東大寺大仏殿再建を志した重源上人から、砂金
勧進を依頼されたためであった。この目的がどの程度達成されたかよりも
大事なことは、このとき名歌が幾つか生まれたこと、源頼朝と鎌倉で会談
した言葉の中に重要な箇所があることである。

　　　　あづまのかたへ相知りたる人のもとへまかりけるに、小夜の中山見
　　　　しことの昔になりたりける思ひ出でられて
　　　年たけてまた越ゆべしと思ひきやいのちなりけり小夜の中山（同、475）

　このような名歌に何か言うことは全て蛇足である。それを承知で言えば、
「いのちなりけり」には、「長生きしたものだなあ」という詠歎と「運命だ
なあ」という感懐とが融合している。「小夜の中山」は静岡県掛川市にあ
る峠で、「小夜」は、当時は「さや」と言った。
　また、西行自身「これこそわが第一の自讃歌」と語ったと慈円の伝えて
いる（『拾玉集』）名歌も生まれた。次の歌である。

　　　風になびく富士のけぶりの空に消えて行方も知らぬわが思ひかな
　　　　　　　　　　　　　　　　　　　　　　　　（同、346）

　問題は、数ある名歌の中で、よりにもよってこの歌をなぜ西行自身が「第一の自讃歌」と語ったのか、であろう。この歌が何を詠み、名歌たる所以がどこにあるかについて、これまで無数の解釈が行なわれてきたが、私の知りたいのは解釈者の印象の吐露でも解説でもない。飽くまでも西行自身の見解なのである。だが、そのようなことは果たして可能だろうか。これは西行の歌論の解読に関わる事柄であると思われる。

　さて、『吾妻鏡』は文治2年8月15日条で、頼朝と西行との会見を詳細に記述している。頼朝の請いにより、「歌道幷びに弓馬の事」について終夜談じたという有名な記事である。それによると、西行は、弓馬の事は、在俗の当初は家風を伝えていたが、保延6年遁世の折、秀郷以来九代嫡家相承の兵法を焼失し、罪業によってその事については全て忘却してしまったと答えている。「詠歌は、花月に対して動感の折節、僅かに卅一字を作る許なり。全く奥旨を知らず。然れば、是彼報じ申さんと欲する所無しと云々。」この詠歌に関する西行の言葉はまさしく歌論であるから次項で触れる。

　西行がいつ陸奥への旅から戻ったのかは判らない。これ以降が西行の最晩年である。文治3年（1187）嵯峨に草庵を結び、文治5年（1189）頃、弘川寺に移り、翌年2月16日入寂した。この時期、大事なことが幾つかある。

　第1に、「たはぶれ歌」（全13首）と「地獄絵を見て」（全27首）という対照的な傾向をもつ連作が生まれたことである。後者には「源平争乱の歌」（全3首）が続く。「たはぶれ歌」とは子供の遊びを詠んだ作品で、時代を超えた普遍性をもつ傑作である。一方、「地獄絵を見て」は地獄絵を見た印象をリアルに詠んだもので、『往生要集』が背景にあることは間違いない。「源平争乱の歌」は、西行には珍しく時事的な歌である。問題は、これら互いに異なる歌群の関係をどう理解すべきかだが、私はこれらを矛盾対立と取る必要はなく、西行の歌道のヴァリエーションの豊かさと受け取ればよいと考える。いずれも『聞書集』に載るもので、3首ずつ引用しておく。

　　　　嵯峨に住みけるに、たはぶれ歌とて人々よみけるを

うなゐ子がすさみに鳴らす麦笛の声におどろく夏の昼臥し　（聞書 165）

竹馬を杖にもけふはたのむかなわらはあそびを思ひ出でつつ　（聞書 167）

恋しきをたはぶれられしそのかみのいはけなかりしをりの心は　（聞書 174）

　　地獄絵を見て

見るも憂しいかにすべきかわが心かかるむくいの罪やありける　（聞書 198）

あはれみし乳房のことも忘れけりわがかなしみの苦のみおぼえて　（聞書 211）

たらちをのゆくへをわれも知らぬかなおなじ焔にむすぶらめども　（聞書 212）

　　世の中に武者おこりて、西東北南、軍ならぬ所なし。打続き人の死
　　ぬる数聞くおびただし。まこととも覚えぬほどなり。これは何事の
　　争ひぞや、あはれなることのさまかなと覚えて

死出の山越ゆるたえまはあらじかしなくなる人の数続きつつ　（聞書 225）

　　武者の限り群れて死出の山越ゆらん、山だちと申すおそれはあらじ
　　かしと、この世ならば頼もしくもや、宇治の軍かとよ、馬筏とかや
　　にて渡りたりけりと聞えし

沈むなる死出の山川みなぎりて馬筏もやかなはざるらん　（聞書 226）

　　木曾と申す武者死に侍りにけりな

木曾人は海のいかりを沈めかねて死出の山にも入りにけるかな　（聞書 227）

　第 2 に、歌合に参加したことのなかった西行が、「自歌合［じかあわせ］」
という形式を自ら選択し、『御裳濯河歌合』と『宮河歌合』を編して、そ
の判をそれぞれ俊成、定家父子に依頼した。俊成の加判は意外に率直で、
特に今日西行の名歌と見なされている作が敗けと判断されていることが目
を引く。興味深いが、今はそれを論ずる場ではないので次に進む。

　最後に、今日、西行の最終的な歌境を示すものと認められている歌を引
いておこう。それは慈円との贈答歌であり、慈円のいる比叡山無動寺に西
行が訪ねていって詠んだ琵琶湖の歌と、それに和して慈円のつけた返歌で
ある。

　　　　円位上人無動寺へ登りて、大乗院の放出［はなちいで］に湖を見や
　　　りて

にほてるやなぎたる朝に見わたせば漕ぎゆく跡の浪だにもなし

　　　帰りなんとて、朝のことにてほどもありしに、「今は歌と申すこと
　　　は思ひ絶えたれど、結句をばこれにてこそつかうまつべかりけれ」
　　　とてよみたりしかば、ただに過ぎがたくて和し侍りし

ほのぼのとあふみの海を漕ぐ舟の跡なきかたにゆく心かな（『拾玉集』）

（2）西行の歌論

　いよいよ西行の歌論の番である。西行の歌論などと言うと怪訝な思いを
する向きもあるだろう。西行自身の書き記した歌論は存在しないからであ
る。だが、晩年になって周囲の者に語った言葉を実質上の歌論と見ること
はできるはずだ。このような西行歌論は3種ある。第1は、伊勢の神官、
荒木田満良（蓮阿）の『西行上人談抄』に載っている言葉、第2は、西行
が最晩年に高雄を訪れ、若き明恵上人高弁（1173-1232）に自分の和歌に
対する姿勢を語ったとされる『栂尾明恵上人伝』、そして第3は、『吾妻鏡』
に載る既出の「詠歌は、花月に対して動感の折節、僅かに卅一字を作る許
なり。全く奥旨を知らず。然れば、是彼報じ申さんと欲する所無しと云々」
という言葉である。これらのうち、第3の『吾妻鏡』の記事は簡潔すぎる
以前に、我々の最大の関心である西行における「仏道と歌道との関係」が
述べられていない。それでは他の2つはどうだろうか。
　先ず、『西行上人談抄』から引用する。

　　さて歌はいかやうによむべきぞと申しかば、上人いはく、和歌は
　うるはしくよむなり。古今集の風躰を本としてよむべし。中にも雑
　の部をつねにみるべし。

　　おほかた、歌はすきの源なり。心のすきてよむべきなり。住吉の
　明神もそれを色々に感じ給ふなり。したがひて太神宮の神主は、心

きよくすきて和歌をこのむべきなり。御神よろこばせ給ふべし。

　むかし上人のいはれしは、つねに心すむ故に悪念なくて、後世をおもふもその心すむなりといはれき。此ことまことなり。蓮阿満七十のとし、いまは余念なしと思ひて、家をいでて念仏門に入りしより、専一向に浄土をもとむるに、和歌をこのみし心にて道心をこのめば、まことに発心すすみやすかりけり。

　西行の言葉を要約すれば、詠歌の基本は「心きよくすく」こと、「つねに心すむ」こと、要するに「数寄」にあるということになるだろうが、するとこれは『吾妻鏡』に言う「動感」を心構えの方から述べたものだということになろう。惜しむらくは、これもまた仏道と歌道との関係が明らかではない。相手が神官ということもあって神祇信仰に事寄せてあり、仏教に関しても僅かに浄土信仰に触れている程度である。西行の信仰は汎仏教的だったと思われるから、これらだけからは西行における仏道と歌道との関係は分からない。仏道との関係が分からないから、西行の詠歌の本質であるらしい「すく」も「動感」も気分的了解を免れない。「心きよくすく」ことが、いかにして詠歌になるかが分からない。そもそも西行が「心」という語で何を言おうとしているかが分からない。

　それでは『栂尾明恵上人伝』はどうか。（興福寺蔵本に拠るが、仮名はひらがなに直し、適宜句読点を施した。また、行論上の必要から意味の纏まり毎に番号を打った。）

　①西行上人常に来りて物語して云はく、我哥を読む事は遥に世の常に異なり、②花・郭公・月・雪都て万物の興〔に〕向ひても、凡そ所有相［あらゆるそう］皆是れ虚妄なる事眼に遮り耳に満てり。③又読み出す所の哥句は皆是れ真言に非ずや。④花を読むともげに花と思ふ事無く、月を詠ずれども実に月とも存ぜず、如是［かくのごとく］して縁に任せ興に随ひて読み置く所なり。⑤紅虹たなびけば虚空いろどれるに似たり。⑥白日嚇けば虚空明らかなるに似たり。

　　⑦然れども虚空は本明らかなる物にも非ず、又いろどれる物にも非ず。⑧我又此の虚空の如くなる心の上にをいて、種々の風情をいろどると雖も更に蹤跡無し。⑨此の哥即ち是れ如来の真の形躰なり。⑩去れば一首詠み出でては一躰の尊像を造る思ひを成し、一句を思ひ続けては秘密の真言を唱ふるに同じ。⑪我此の哥に依りて法を得る事有り。⑫若し爰に到らずして妄りに人此の詞を学ばゝ大いに邪路に入るべし、と云々。⑬さて読みける、

　　　山深くさこそ心は通ふともすまで哀れは知らんものかは

　　⑭喜海其の座末に有りて聞き及びし任［まま］に之を注す。

　ここで問題となるのは、この歌論を西行が実際に語ったのかどうかである。当然のことながら、肯定否定様々な議論がある。この点に関しては、金任仲[*22]がこれまでの議論を整理してくれているので、それを参照しながら論じていこう。

　そもそも西行が実際に明恵に会って和歌について語る機会はあったのだろうか。

　西行は陸奥への旅から帰って弘川寺に入るまで、ほぼ洛外嵯峨の草庵にいたと考えられている。文治 3 年（1187）から文治 5 年（1189）の間である。一方、明恵は 9 歳で神護寺に入り、文治 4 年 16 歳で、叔父上覚（文覚の弟子）について出家している。嵯峨から高雄までさほどの距離ではない。よって 2 人の対面は可能である。しかも西行はこの時期に高雄の神護寺の法華会の「やすらひ祭」に行き、例の「たはぶれ歌」のうちの 1 首「高雄寺あはれなりけるつとめかなやすらひ花と鼓打つなり」（聞書 171）を詠んでいる。それが文治 4 年なら、西行 71 歳、明恵 16 歳、筆録者喜海 11 歳である。

　しかしながら、問題もある。第 1 に、歌論冒頭の①「西行上人常に来りて物語して」である。これは、当時、西行が神護寺の文覚の許にいた明恵のところに常に来て物語ったという意味であろうが、問題は、「常に」

―――――――――――――

22　金任仲「西行の和歌観について――華厳思想との関わりを中心に」（明治大学『文学研究論集』第 14 号、2001 年、所収）317-328 頁。

ということが果たして有りえたのか、である。西行と文覚との関係については、頓阿の『井蛙抄』第6に有名な説話がある。

　「心源上人語りて云はく、文覚上人は、西行を憎まれけり。その故は、遁世の身とならば、一すぢに仏道修行のほか他事あるべからず、数寄を立ててここかしこにうそぶきありく条、憎き法師なり、いづくにて見合いたらば頭を打ちわるべきよし、常のあらましにてありけり。」弟子たちは天下の大歌人西行を師の文覚が殴りでもしたら大変だと心配していたが、西行が「或時、高雄法華会に参りて、花の陰など眺めありきける」。弟子たちはこのことを師に知らせまいとしたが、よりにもよって庭の方から西行が入って来て、案内を乞う。両者はあっさり顔を合わせてしまった。しかも一夜の宿まで乞うた。師は手ぐすね引いて、望みが叶った様子で、明かり障子を開けて待っている。師はしばし見つめて、「入り給へ」と西行を内に入れて対面し、「何年も前からお噂はかねがね伺っており、お会いしたいと思っておりました」、などと丁重に話して食事などを差し上げ、翌朝も食事などを勧めて西行を帰した。弟子たちは冷や冷やしていたが、西行が無事に帰ったのを喜んで、「上人はさしも西行に見合ひたらば、頭打ちわらんなど、御あらまし（計画）候ひしに、ことに心閑かに御物語候ひつる事、日頃の仰せには違ひて候ふ」と、師の普段の言葉に矛盾している旨申し上げたところ、師は、「あらいふ甲斐なの法師どもや。あれは文覚に打たれんずる者の面やうか。文覚をこそ打たんずる者なれ」と言われたとか。

　西行が神護寺を訪れたのはこれが初めてだったようだが、これ以降、西行が文覚と親しくなったとすれば、「常に」神護寺を訪れ、華厳教学を学んでいる若き明恵に和歌の話をしたことも有りえたことになる。なお、西行と文覚との話を語ったとされる「心源上人」が実在し、明恵の弟子であったことは資料で確認されている。また、この説話にもまた「法華会」即ち「やすらひ祭」が出てくるとなれば、西行と明恵の対話も史実と見てよさそうだ[* 23]。

　第 2 に、歌論末尾にある⑭「喜海其の座末に有りて聞き及びし任〔まま〕に之を注す」という記述から派生する疑問である。確かに喜海は明恵の高弟で、建久 9 年（1198）以降は『明恵上人伝』に度々登場するようになるが、当時 11 歳ほどの喜海が、実際に座末で話を聞いていたとしても、それをどれだけ正しく記憶していたか、そしてそれをどれだけ正しく伝えることができたか。確かに疑問である。この部分は後世の付加・増補かもしれない。

　第 3 に、⑬「さて読みける」として挙げている「山深くさこそ心は通ふともすまで哀れは知らんものかは」の歌と西行歌論との関係の怪しさである。この歌が西行の家集類には見当たらず、『新古今和歌集』雑中に「題しらず」として収められていることも、この歌がここに置かれている不自然さを感じさせる。歌意は「山深き所での閑居にどれほど憧れても、実際

23　『明恵上人伝記』（講談社学術文庫、昭和 55 年）の訳注者、平泉洸は当該箇所の「参考」で次のように指摘している（176 頁）。(1)「『伝記』には、西行法師が常に来て明恵上人と物語して、自分の作る歌は、単に花鳥風月を詠むのではなく、皆これ真言なりといったとあるが、これはとうてい正しい史実ではあるまい」。(2) その根拠として、①西行と明恵との間にはかなりの年齢差があり、「西行のように、将軍頼朝をも問題にしないほどの人物が、十六、七歳の修行者を常に来訪することはあるまい」と思われること。②「喜海その座の末にありて聞き及びし」と明記してあるが、喜海は明恵より「五歳の年下である上に」、喜海が明恵の弟子になったのは「建久九年（1198）以後のこと」であるから、この話が「全く信じられないものであることは明瞭である」。(3) しかし、『井蛙抄』の西行と文覚との逸話と同様に、西行も明恵も「逸話の多い人」だったから、「訛伝となって『伝記』の中に採用されたのであろう」。その年代は「喜海の没後数十年のことと考えられる」。

　本文で論及するように、(2) ②と (3) はその通りであろうし、(1) の「これ真言なり」と言ったという部分に関してなら、恐らく西行の言葉ではないだろう。しかし、事実は小説よりも奇なり、とも言うように、訳注者が自分の経験に照らして、或いは推測で「あるまい」とか「明瞭である」と言われても、そう易々と応諾することは私にはできない。西行が「将軍頼朝をも問題にしない」とは、『吾妻鏡』の本文からの印象であろうが、西行は頼朝に対して卑屈な態度を取らなかったというだけで、頼朝を軽侮したり居丈高な態度で対談したわけでも、ましてや無視したわけではない。それはともかく訳注者が看過している問題は、喜海が筆録者ではないとしても、また真言云々の言葉は別としても、あの歌論は西行が語ったのではないとすると一体誰が語ったのか、ということであろう。この歌論はよほどの境涯にある者でないと語ることのできないものだというのが私の印象である。そもそもこの西行の言葉は、明恵の和歌の素晴らしさと和歌を詠むときの心構えについて述べた文脈で、そういえば昔、西行法師がこんなことを言っておられた、という逸話として載ったものである。だから、明恵上人は或る時こういうことも仰いました、と明恵が語ったことにしたとしても誰も疑わなかったはずなのだ。何もわざわざ西行の名を持ち出す必然性など無かったのである。だが現に西行が明恵に語った言葉として残った。これを 100% 創作・偽造だと断定できない以上、疑わしい部分を除いた残りは西行自身の言葉として取り扱うのが学問的態度ではなかろうか。

に住んでみなければその風流さを知ることはできない」ということだろう。これが歌論部分で展開された和歌即真言、和歌即仏像観と本当に繋がっているのだろうか。私には両者が必然的関係にあるとは到底思われない。金任仲は、歌だけを見れば、「すまで哀れは知らんものかは」は、山での厳しい仏道修行を通じて得られた宗教的境地を端的に示している、と記しているが[24]、これは仏道修行について述べたものではなく、金自身が『方丈記』と関連づけているように、明らかに「閑居」について述べたものである。よってこの歌と歌論部分とは何ら関係は無い。連続もしない。また、この歌の「すまで哀れは知らんものかは」の部分も、この歌を強く意識したと金の言う『方丈記』末尾近くの「住まずして誰かさとらむ」という表現も、『華厳経』の如心偈とはまるで無関係である[25]。無関係なものを繋いでいるからこそ、そこに後世の増補とその意図とを疑うべきなのである。事実、金自身が指摘しているように、この箇所は他の写本には存在しない。

　そこで伝記系諸本に見える西行歌論部分の異同を見ておく必要が出てくる。

　明恵の伝記は行状系と伝記系とに大別される。前者が根本資料として重視され、後者は後世の増補を含むため、比較的軽視される。行状系は更に仮名行状と漢文行状とに分かれ、前者は明恵の高弟喜海の撰、後者はこれを隆澄が漢訳し、更に高信が加筆したものである。

　一方、今問題になっている伝記系つまり『明恵上人伝』は行状系諸本を基に編集された説話色の強い伝記で、奥書に喜海の名こそあるものの明らかに喜海没後成立の説話をも含み、全面的に事実とは言いがたい。何か或る底本を改訂、増補したものと推測される。『栂尾明恵上人伝』には6種の写本の他に版本数種があるが、これについては省略する。

　さて、我々が今ここで用いている『明恵上人伝』は、それら6種の伝記系諸本の中で一番古いとされる康正2年（1456）成立の興福寺本だが、それと異なる本文をもつ慶長4年（1599）書写の奥書のある高山寺慶長本

24　金任仲、上掲論文、320頁。

25　同論文、同頁。金の同論文は創意に溢れていて基本的方向は正しいと思うが、牽強付会な例証と明らかな誤認がある。特に『大乗起信論』の引用に関してそれが著しい。

の場合、例の箇所は次のようになっている。

　　　①又西行上人常に来て云はく、我哥をよむは世の常に異なり、②花・郭公・月・雪万物の興にむかひても、凡そ所有相［あらゆるそう］皆是れ霊妄なる事眼に遮り耳に満てり。③【欠】④げに花をよめども花と思はず、月を詠ずれども誠に月とも存ぜず、只任縁随興でよみおくなり。⑤紅虹たなびけば虚空を色どるに似たり。⑥白日かゞやけば虚空明なるに似たり。⑦しかれども虚空は本あきらかなる物にもあらず、又色どれる物にも非ず。⑧我又此の霊空のごとくなる心のうへにをきて、種々の風情をいろどるといへども更に蹤跡もなし。⑨【欠】⑩【欠】⑪【欠】⑫もしここにいたらずしてこの哥をまなばゞ大いに邪路に入るべし。⑬【欠】⑭【欠】

　明らかに【欠】の部分が多い。その部分を次に掲げてみる。また、興福寺本の「虚妄」と「虚空」が、高山寺慶長本では圏点部分の2箇所だけが、それぞれ「霊妄」「霊空」となっている。単なる誤写か、原本の誤字を忠実に書写した結果か、判らない。

③又読み出す所の哥句は皆是れ真言に非ずや。
⑨此の哥即ち是れ如来の真の形躰なり。
⑩去れば一首詠み出でては一躰の尊像を造る思ひを成し、一句を思ひ続けては秘密の真言を唱ふるに同じ。
⑪我此の哥に依りて法を得る事有り。
⑬さて読みける、
　　　山深くさこそ心は通ふともすまで哀れは知らんものかは
⑭喜海其の座末に有りて聞き及びし任［まま］に之を注す。

　⑬⑭は、先に歌論部分との連続性から後世の増補が疑われた部分である。ただ、高山寺慶長本は抄録本とされるため、抄録・抜書きの際に省略されたとも当然考えられるが、そうだとすれば、かなり意図的との印象は拭い

がたい。むしろ注意すべきなのは、③⑨⑩⑪である。これらはそのまま和歌即真言観、和歌即仏像観に相当する部分であるだけに、これらの有無で歌論全体の印象が一変するからである。

　ところで、西行歌論は内容上、前半と後半との 2 部構成になっている。前半（①〜⑧）は、あらゆるものは虚妄であるという認識に始まって、虚空に基づいた事物の捉え方、歌の詠み方を語った部分であり、後半（⑨〜⑫）は和歌即真言観、和歌即仏像観を語った部分である。問題は前半部である。一切諸法の虚妄の認識から虚空の如くなる心の上に立った事物の捉え方・詠み方へと移行する途中で、唐突に③「又読み出す所の哥句は皆是れ真言に非ずや」という和歌即真言観が出てくる。この一文は文脈の流れを遮っている。試しに高山寺慶長本のように、この一文を括弧に入れて読んでみよう。すると前後の文脈が実に解りやすくなる。とすると改めて問題となるのは、これが高山寺慶長本による興福寺本の「省略」なのか、それとも新しい高山寺慶長本こそが実は古態本に近い写本であって、逆に古い興福寺本の方が古態本を「増補」したのか、であろう。もし後者なら、西行歌論＝和歌真言説という見方は根底から崩れることになる。諸本の系統の詳細な検討が必要になるだけでなく、なぜ和歌真言説・和歌仏像説が付加されたのかという問題も生ずるはずだ。だが、これは本当に西行歌論の基調と無縁な説なのだろうか。

　ともかく我々は、和歌即真言説は西行歌論の基調でない、と一応仮定して、西行歌論の典拠の解明へと進むことにしよう。

　従来、和歌即仏像、和歌即真言を西行晩年に到達した和歌観の究極の姿と見た論者は、その論拠を『大日経』と『大日経疏』の無相観に求めたようだが、西行歌論は真言宗の『大日経』と『大日経疏』だけでなく、華厳教学の「法界縁起」をも背景としているらしい[26]。

　法界縁起とは、空観に基づいて一切の現象の無礙自在なる相依相属の関係性全体を捉えようとするものである。法界縁起の内実は四種法界であり、「事法界」「理法界」「理事無礙法界」「事事無礙法界」をいう。これは生成

───────────

26　以下の記述は、金任仲の同論文、特に 323-326 頁による。

消滅する現実の個別的事象である「事」と、不生不滅の真理を意味する「理」との関係に基づく。「事法界」とは日常的現実、現象の世界であり、「理法界」とは空という真如・真理の世界である。『般若心経』で言えば「色即是空」に当たる。「理事無礙法界」とは、真理と現象とが相即無礙である有り方、『般若心経』にいう「空即是色」の思想的展開である。これは『大乗起信論』の「真如随縁」を根拠の1つとした、不生不滅の真如が随縁して諸法を成しているという有り方である。最後の「事事無礙法界」とは、現実の個物と個物とが円融無礙なる関係にあるということ。一切の諸法が相互に妨げ合うこと無しに関係し合い、一法が一切法を、一切法が一法を含む有り方をいう。

　さて、この四種法界思想が西行歌論にどのように反映しているのであろうか。

　先ず、②「花・郭公・月・雪都て万物の興〔に〕向ひても、凡そ所有相〔あらゆるそう〕皆是れ虚妄なる事眼に遮り耳に満てり」を論じよう。従来、現象界の差別相を「虚妄」と見るのは真言密教に基づくものとされ、『大日経疏』の「凡そ有相の者は、皆是れ虚妄なり。云何が能く無上菩提を見ん」が典拠とされてきたが、『金剛般若経』には「如来所説身相、即非身相。仏告須菩提、凡所有相皆是虚妄。若見諸相非相、則見如来」という全く同一の語句がある以上、これが典拠であることは明白である。しかも、「虚妄」と言えば『華厳経』「十地品」の有名な「三界虚妄、但是心作」が当然思い浮かぶし、いずれの「虚妄」も『金剛般若経』の「空」を指している。西行歌論のこの部分を華厳の法界縁起で言えば、歌の素材である「花・郭公・月・雪都て万物」は「事法界」に当たり、その差別相を「虚妄」・空つまり「理法界」と捉え、この無自性空の「理」が花・郭公・月・雪など万物の「事」を成していると捉え返して「読（＝詠）み出す」とき、③「読み出す所の哥句は皆是れ真言に非ずや」という構造になっている。つまり②理法界から③理事無礙法界へと移行するという構造である。ただし③は後世の増補の可能性があるため、この点については、②と④とが、たとえ③抜きでも実際に「理法界」から「理事無礙法界」へと繋がっていることを確認する必要があるが、我々は「真言」という唐突に現れた語に惑わされて真言密教を想像し、西行歌論自身の理路を見失ってしまっていたようである。

　それでは②と④とは繋がるのだろうか。西行歌論は実際に華厳の法界縁起を思想的基盤としているのだろうか。そう推定される根拠は、④「花を読むともげに花と思ふ事無く、月を詠ずれども実に月とも存ぜず、如是して縁に任せ興に随ひて読み置く所なり」という西行の言葉そのものにある。法界縁起によれば、絶えざる生滅のうちにある万物（事）は縁起の理法（理）によって成り立っており、実体性をもたない。無自性・空である。そうした無自性空の理法界が現象界の事と真如随縁して諸法を成している。これが理事無礙法界である。こうした「真如随縁」に基づいて、歌論の言葉で言えば「縁に任せ興に随ひて」花月を詠む。この場合、花は最早単なる花でなく、月も最早単なる月ではない。花は空・真如であり、月も空・真如である。花と月（事）に真如（理）が随縁して無礙相即なる理事無礙法界が顕現している。このように見ると、「花を読むともげに花と思ふ事無く、月を詠ずれども実に月とも存ぜず」という境界から人の発する言葉は、仏の発する言葉に等しいことになる。以上から、②と④とが「理法界」と「理事無礙法界」との関係にあることは明白であろう。

　ここで思い出すのは『吾妻鏡』のあの言葉、「詠歌は、花月に対して動感の折節、僅かに卅一字を作る許なり。全く奥旨を知らず。然れば、是彼報じ申さんと欲する所無しと云々」である。花と月に対して感興が起こるままに歌を詠むのだというこの言葉は、西行歌論の「如是して縁に任せ興に随ひて読み置く所なり」と全く同一の事柄を述べていたのだ。

　次に、⑤〜⑧の「紅虹たなびけば虚空いろどれるに似たり。白日嚇けば虚空明らかなるにに似たり。然れども虚空は本明らかなる物にも非ず、又いろどれる物にも非ず。我又此の虚空の如くなる心の上にをいて、種々の風情をいろどると雖も更に蹤跡無し」について。従来の見解では、この部分の典拠は『大日経』であり、しかも同経の「虚空相は是れ菩提なり」、「虚空相の心は、諸分別と無分別を離れたり」、「心と虚空界と菩提との三種は無二なり」の説示に極めて近いとされてきた。だがこれらを『華厳経』「夜摩天宮菩薩説偈品」の「如心偈」の次の偈と比較してみよう。優劣は明らかだと思う。

　「如虚空清浄、非色不可見、能現一切色、其性不可見」（虚空は清浄にして、色にあらざれば見るべからずして、能く一切の色を現ずるも、其の性見るべからざるが如し）。虚空はきれいさっぱりとして、「色」（「物質」の意）ではないから見えないが、光の当たり具合によってありとあらゆる色合いになる、しかし、その本来の性質は見えないのだ。「紅虹たなびけば虚空いろどれるに似たり。白日嚇けば虚空明らかなるに似たり。然れども虚空は本明らかなる物にも非ず、又いろどれる物にも非ず」に、ぴったり符合するではないか。

　それでは残りの「我又此の虚空の如くなる心の上にをいて、種々の風情をいろどると雖も更に蹤跡無し」はどうだろうか。これといった典拠は見当たらないが、『華厳経』の「三界唯一心」と、これもやはり同じ如心偈の「心如工画師、画種種五陰、一切世界中、無法而不造、如心仏亦爾、如仏衆生然、心仏及衆生、是三無差別」（心は工みなる画師の、種種の五陰を画くが如く、一切の世界の中に、法として造らざる無し。心の如く仏も亦た爾り。仏の如く衆生も然り。心と仏と及び衆生と、是の三に差別無し）とにおける「心」を、上掲の「虚空」と結びつけたとしたら、どうだろうか。「此の虚空の如くなる心の上にをいて」、まるで「工みなる画師の、種種の五陰を画くが如く」、心が「種々の風情をいろどる」と「雖も」、その心は一切の妄念を離れた「心と仏と及び衆生と、是の三に差別無し」の「心」であるから、「更に蹤跡無し」となるであろう。しかもこれは、華厳教学からすれば「事事無礙法界」の風光である。「紅色の虹がたなびけば空は彩られたように見え、白日が輝けば空が明るくなったように見える」というのは、事法界における世間一般の凡夫の眼に映る現象世界である。だが、西行は「然れども虚空は本明らかなる物にも非ず、又いろどれる物にも非ず」と言う。これは仏知見の世界、私の言葉で言うと全一的知覚風景である。表面上は全く変わらない。花は花、月は月である。花是花、月是月。だが次元が違う。理事無礙法界を踏まえて、更にその理のもつ悟り臭さ（花即空、月即空）をも捨て切った（「更に蹤跡無し」）、事事物物が己の本来の面目に輝いている（花是花、月是月）。西行は「我又此の虚空の如くなる心の上にをいて」

詠む歌は、仏知見によって詠まれたものであるから、「種々の風情をいろどると雖も更に蹤跡無し」と語ったことになる。そして、このように見たとき初めて、③「又読み出す所の哥句は皆是れ真言に非ずや」、及び和歌真言観・和歌仏像観を語った⑨～⑪「此の哥即ち是れ如来の真の形躰なり。去れば一首詠み出でては一躰の尊像を造る思ひを成し、一句を思ひ続けては秘密の真言を唱ふるに同じ。我此の哥に依りて法を得る事有り」の存在も不自然ではなくなる。誰が増補したかは勿論知らないが、わざわざ華厳を真言に読み替えたわけだ。「虚空の如くなる心」即ち仏心の上において和歌を詠み出すことは、そのまま「秘密の真言を唱ふる」ことであり、「一躰の尊像を造る」ことだからである。ただし、不可欠ではないし、それどころか折角「蹤跡無し」と語った後だけに蛇足の感は否めない。

　こう見てくると、「風になびく富士のけぶりの空に消えて行方も知らぬわが思ひかな」という歌を、なぜ西行が「これこそわが第一の自讃歌」と語ったか、最早明瞭だろう。更に蹤跡無き詠歌だからである。なお、この点に関して注目すべきは、西行が晩年に比叡山無動寺の慈円を訪れ、大乗院の放出で琵琶湖を眺めながら詠んだ例の歌である。歌僧西行の行き着いた究極の境涯がここにも現れている。大事な歌であるから、再び引用しておこう。

　　　　円位（＝西行）上人無動寺へ登りて、大乗院の放出に湖を見やりて
　　にほてるやなぎたる朝に見わたせば漕ぎゆく跡の浪だにもなし
　　　　帰りなんとて、朝のことにてほどもありしに、「今は歌と申すことは思ひ絶えたれど、結句をばこれにてこそつかうまつるべかりけれ」とよみたりしかば、（わたくし慈円は）ただに過ぎがたくて和し侍りし
　　ほのぼのとあふみの海を漕ぐ舟の跡なきかたにゆく心かな

　ところで、華厳仏教こそが西行の思想的基盤を成しているとすれば、西行はいつから華厳思想に親炙していたのだろうか。どうやら出家直後から

のようなのである。と言うのも『聞書集』には、『華厳経』の如心偈について詠んだ出家直後の作とされる歌が 2 首あるからである。

　　　　　三界唯一心　　心外無別法　　心仏及衆生　　是三無差別
　　ひとつねに心のたねのおひいで〻花さきみをばむすぶなりけり　（聞書集 40）
　　　　　若人欲了知　　三世一切仏　　応当如是観　　心造諸如来
　　しられけりつみを心のつくるにておもひか〻へさばさとるべしとは　（聞書集 41）

　歌題「三界唯一心、心外無別法、心仏及衆生、是三無差別」（三界は唯一心なり、心外に別法無し、心と仏と及び衆生と、是の三に差別無し）、「若人欲了知、三世一切仏、応当如是観、心造諸如来」（若し人、三世の一切の仏を了知せんと欲せば、応当に是の如く観ずべし、心は諸の如来を造ると）は、これもやはり『華厳経』の如心偈の一部であり、唯心縁起思想を端的に表している部分である。しかもこれは、西行歌論の「此の哥即ち是れ如来の真の形躰なり。去れば一首詠み出でては一躰の尊像を造る思ひを成し、一句を思ひ続けては秘密の真言を唱ふるに同じ」の和歌真言観・和歌仏像観の典拠ともなっているように思われる。特に注目すべき句は「心は諸の如来を造る」である。これは華厳仏教及び『大乗起信論』の「一心」思想を象徴する句であり、西行の歌（聞書集 41）から見ると、西行は、罪を造るのも如来を造るのも全てこの「一心」による、と考えている。今までは「心」を煩悩の因ほどにしか思っていなかったが、そうではなかった、一切はこの「一心」が造っているのだ、と華厳教学によってやっと悟ることができた、と感激している。それがこの「おもひかへさばさとるべしとは」という言葉なのである。とすると、例の増補もあながち蛇足とも断じえないのかもしれない。いずれ西行に心酔していた誰かの真剣な悪戯だったのだろう。

　以上述べてきたように、出家直後から最晩年まで、華厳思想は西行に決定的な影響を与えた。すると、西行の多用する「心」も華厳思想が背景にあると見て間違いない。

（3）『撰集抄』

　ここまで風狂の歌人西行を論じてきた。風狂と言えば、もう一人忘れてはならない人物がいる。歌人ではないが、捨て聖、空也の「捨ててこそ」という生き方を自らも身現し、財産はもとより妻子も経巻も一切を捨て果てて無一物のまま、北は陸奥から西は九州まで、諸国を遊行伝道の旅に生きた一遍（1234-1289）がその人である。西行と一遍、両者は繋がっているのだろうか。西行は華厳仏教の事事無礙法界観にまで行き着き、その点で因果一如へと徹底した。一遍もまた「南無阿弥陀仏が往生す」というトートロジーに行き着き、因果一如へと徹底した。なるほど両者はそこで繋がっている。それだけではない。無常を言葉にするのではなく、無常がそのまま言葉に成っているところも同じである。西行の場合は和歌に、一遍の場合は法語に。それは無常を観る立場の超脱であり、そこには最早「なぜ、何のために」は無い。自然に言葉が生まれ出るばかりである。計らいが無い、人為が無い、「蹤跡無し」である。意識の場では因果に則るべき言葉が空・無相へと超えられて、今度はその因果超脱の次元から因果の場へと還り、或いは和歌となり、或いは法語と成っている。

　さて、西行の没後、その見事な往生と、所々に姿を現しては強い印象を残したであろう彼の行動は、初めは断片的逸話として語られる程度だったが、やがてこうした一種の西行熱が昂じて、西行は『西行物語』の主人公へと仕立て上げられてゆく。その機縁となったのは、元久元年（1205）に成立した勅撰和歌集『新古今和歌集』であった。撰定の院宣を下し、自ら撰の中心に立った後鳥羽院の抜群の評価もあって、西行は 94 首もの多数が入集し、第 1 位を占めた。それは歌壇や宮廷の錚々たる歌人たちを抑えて、既に 15 年も前に没していた一介の遁世僧が異例の栄誉に浴したことを意味する。そしてここから様々な説話が生まれた。それらはやがて繋がり、説話集となった。『西行物語絵巻』や『西行物語』、そして『撰集抄』である。この『撰集抄』は、今日でこそ西行仮託の書と見なされているが、江戸時代までは誰もが西行自身の撰述だと信じて疑わなかった。『撰集抄』の後世への影響は大きく、松尾芭蕉の西行像もそれによって形成されたほどである。ところで、西行に『撰集抄』という著述があったという話の出所は、有ろうことか、他ならぬ一遍上人の『一遍上人語録』上巻「興願僧都、念仏の安心を尋ね申されけるに、書きてしめしたまふ御返事[*27]」なのである。

　　夫れ、念仏の行者用心のこと、しめすべきよし承り候。南無阿弥陀仏とまうす外、さらに用心もなく、此外に又示すべき安心もなし。諸の智者達の様々に立ておかるゝ法要どもの侍るも、皆諸惑に対したる仮初の要文なり。されば、念仏の行者は、かやうなことも打ち捨てゝ、念仏すべし。「むかし、空也上人へ、ある人、『念仏はいかゞ申すべきや』と問ひければ、『捨ててこそ』とばかりにて、なにとも仰せられず」と、西行法師の撰集抄に載せられたり。是誠に金言なり。念仏の行者は智恵をも愚癡をも捨てゝ、善悪の境界をもすて、貴賤高下の道理をもすて、地獄をおそるゝ心をもすて、極楽を願ふ心もすて、又諸宗の悟をもすて、一切の事をすてゝ申す念仏こそ、弥陀超世の本願にはかなひ候へ。かやうに打ちあげ打ちあげとなふれば、仏もなく我もなく、まして此内に兎角の道理もなし。善悪の境界皆浄土なり。外に求むべからず、厭ふべからず。よろづ生きとしいけるもの、山河草木、ふく風たつ浪の音までも、念仏ならずといふことなし。

　ところが不思議なことに、この話は現存本の『撰集抄』の中にはどこにも無く、却って『発心集』巻1「千観内供籠居の事」にある。一遍上人の勘違いだったのか、その他の理由による誤伝だったのか、それとも現存本に無くとも当時『撰集抄』の原型となる本があってそれには載っていたのか。いずれにせよ、「西行の書いた撰集抄に空也の金言が載っていると一遍上人が語った」という情報が当時既に成立していたことだけは確かであ

27　引用は、橘俊道・梅谷繁樹『一遍上人全集』（春秋社、1989年）220-222頁による。ただし、本文の「選集抄」は「撰集抄」に改め、送りがなも編者が補っている通り現在の形にした。

る[*28]。それだけでない。一遍上人の漂泊の歌僧西行に対する理解や共感を示すものとしても興味深い。

　こうして一遍上人によって西行撰述として権威づけられた『撰集抄』だが、これが西行自身の著述ではなく、仮託されただけだということになると話は変わってくる。西行の仏教理解が上述のような華厳の唯心・法界思想に基づいていたとすれば、『撰集抄』との関係はどうなるのだろうか。西行が因果超脱にまで突き抜けていたとすれば、『撰集抄』は因果応報にいかなる態度を取ったのであろうか[*29]。

　『撰集抄』も仏教説話集である以上は、生死輪廻する人の迷苦の深さを説き、因果応報・宿業の枠組を堅持していると言える。しかし同時に、因果応報・宿業に対して著しく冷淡であることも事実である。

　宿業に対する冷淡さとはこうである。例えば、西行に仮託された語り手は「前世の、遊女にてあるべき宿業」（巻 5、第 11「江口柱本ノ尼連歌ノ事」）と語りつつ、「しかれども、かの遊女の中に、多くの往生をとげ」た事例を思って、「前世の戒行」を否定し、「たゞ心によるべきにや」と述べている。ところが、他方では生死輪廻を強調し、その根底にある無明の闇をいかにして晴らしうるかという問題に関して、前世に、或いは「世々」を経て蓄えた善種の宿業つまり宿善という観念を重視している。その際、語り手は女性や年少者、漁師などの卑賤の者が世を厭い無常を悟る道心を、宿善の開発と見なしているのだが、それは、自分自身「此身をうけぬる時、いかにもはげみて、むかしの五戒十善のよき種をうるほすべき」（撰集抄跋）だった語り手にとって、彼ら劣機の宿善開発が自分の悟りの因縁をも証する大切な根拠だったからである。この限りで『撰集抄』は矛盾しているようにしか見えない。一体、何がどうなっているのか。

　ところが、問題は宿善開発の内実である。どうやら『撰集抄』の言う宿善開発は、『往生要集』の悪人往生のそれと全く別物らしいのである。『往

28　西尾光一校注『撰集抄』（岩波文庫、昭和 45 年）解説、335 頁。なお、『撰集抄』からの引用は同書に拠る。ただし、筆者の判断で、脚注に載る他の諸本の言葉を選択引用した場合もある。

29　本項は、山口眞琴「撰集抄――現世と来世をつなぐもの」（『日本文学と仏教 第 3 巻 霊地』岩波書店、1994 年）167-191 頁を参照する。

生要集』の場合、「是の如き等の類、多くは是れ前世に、浄土を欣求して
かの仏を念ぜし者の、宿善内に熟して、今開発するのみ」（大文第十「問
答料簡」第二「往生の階位」）と、一方では宿善開発によって因果応報の
理を堅持しながら、他方では、「たとひ宿善有りとも、若し十念すること
無くんば、定んで無間に堕ちて、苦を受くること窮りなからん。明らけし、
臨終の十念は是れ往生の勝縁なり」（同上）と、往生を決定するのは飽く
までも勝縁の臨終十念であるとして、因果の切断を述べている。これと比
べると、『撰集抄』の言う「縁」は、釣り上げて殺そうとした亀が両目に
紅の涙を流しているように見えて「たちまちに憂き世をこりはて」て発心
した漁師（巻4、第3「由浪ノ西道発心因縁ノ事」）や、「木々のもみぢの、
嵐にさそはれて庭につもり、時雨かき暮し、あられまじはりて、木々の
葉の上に散ると見ればかつ消え行くを見」て、「たちまちに無常を悟りて」
出家した13歳の少年（巻6、第3「柱懐僧都発心之事」）の場合のように、
偶然的出来事や体験にすぎない。『撰集抄』は縁さえあればいつでも開発
するような宿善を絶対視するのである。しかも『撰集抄』の言う「宿善」は、
最早単なる果報としての善業や善根ではなくて、実は悟りに直結する内な
る仏性を指していた。

　なぜそうだと言い切ることができるか。『撰集抄』は宿善を前世或いは
世々の「よき種」「善種」と呼び、「種」を重視している。そして「種」が
植ゑ、蓄へ、潤し、生ひ、開くなどを縁語とするように、宿善は根源的な
生成力として捉えられる。ここで種・種子が唯識仏教の基本的タームであ
ることに注意しなければならない。と言うのも、『撰集抄』は南都の法相
宗と密接な関係があるらしいからである。唯識法相宗の阿頼耶識縁起、つ
まり現行－熏習の種子論については『サンサーラ』第2部で詳述したとこ
ろであるが、ここで重要なのは、法相宗所依の『成唯識論』などが新熏種
子とともに阿頼耶識に本来内在する本有種子（有漏・無漏の2種）を認め
ており、その2種のうちの清浄な無漏種子の中に仏種などがある、とされ
ていることである。三乗・五性の別を立てはするものの、『撰集抄』が善
種と言う場合、先ずこのような法爾本有性が念頭にあったと思われる。と
ころで良遍（1194-1252）の『法相二巻抄』などによれば、本有の無漏種

子は容易に発現しない。煩悩に染まった皮に覆われているため、改めて
発心を契機として、教法を正しく聞く正聞熏習が必要となる。そしてこれ
を増上縁として阿頼耶識の中に眠る本有の無漏種子が萌して次第に増益し、
遂に無漏の智を開く。実はここに、『撰集抄』がなぜ五戒十善の功徳を称
揚したかの理由がある。つまり『撰集抄』は、本具の無漏種子が修行によっ
て生ずる、とする唯識の種子観に即した善種観の影響を受けている、と考
えられるからである。ところが、唯識法相宗のこのような無漏種子の法爾
本有説は、実は容易に本覚思想に傾く。つまり、無漏智の因が本有種子と
される以上、それは仏性・如来蔵思想と結びつき、更には本覚思想へと飛
躍するだろうからである。少なくとも『撰集抄』は善種をそのように捉え
ていた、と思われる。例えば、「泊瀬山ノ迎西聖人之事」（巻2、第8）に
はこうある。

　　悲しきかな、たまたま人界に生れ侍るとき、いかにもつとめは物
　うくてはせすぎ、さて思とおもふ事は、ことごとく流来生死の業を
　きざし、つみ集めてむかしの五戒十善のたねの行方もなくなしはて
　ぬる事を、悔ても甲斐なし。実には悔ざめり。衆罪は草露のごとく
　して、恵日は是をけす事はやし。恵日といへる、すなはち外にもと
　むべからず。我心これなり。恵日の心、しなじななるにあらず。た
　だ、道念の一門なり。されば、道心を発さば、無始よりつみ集め置
　ける罪の、さながらみな消えて、本有常住の月を胸の中にすまさん事、
　さらさら遠きにあらず。本覚の月すむならば、立波吹風も、みな妙
　なる御法にて侍るなるべし。

同様の思想は「実房ノ御事」（巻9、第9）にも見られ、法相唯識では、
見道において無漏種子から初めて起こる無分別智に相当する「深きさきら
（才智）」が「誰ももてる恵日」に言い換えられることで本覚思想に傾斜し
ている。実際に「本覚の月」という語も見える。
　このように『撰集抄』には本覚思想を示す表現が少なくない。中でも
「三十七尊住心城」（巻5、第4「永縁僧正歌ヲ好ミ発心ノ縁ト為ス事」、巻

9、第 7「宰相成頼入道ノ事」）は、天台本覚思想の代表的文献『本覚讃』の偈頌の一句であり、先に引用した「本有常住の月を胸の中にすまさん事」や「胸の月」（巻 3、第 7「瞻西聖人之事」、巻 5、第 3「内記入道保胤慈悲深キ事」）という表現もこれに由来する。『華厳経』の「心仏及衆生、是三無差別」（巻 9、第 7「宰相成頼入道ノ事」）や不二相即論を代表する「煩悩即菩提、生死即涅槃」（巻 7、第 2「経信卿西山ノ禅僧ニ逢フ事」）もまた、本覚思想の基礎を成す重要なタームである。後者を『撰集抄』の語り手は「理事即一の悟り」と置き換えて、更に「俗はすなはち真なり、真はやがて事なれば」と述べ、「谷の水をむすび、みねのたきゞをとり、手をうち足をはたらかす」という日常的行為である「事」を肯定する。これらは本覚思想が万象を真如や一心の顕現と捉え、凡聖一如、生仏一如を強調するのと一致する。

　しかし、本覚思想と一致するのはここまでであり、現実の絶対肯定である理顕本・事常住にまで進むことはない。『撰集抄』が日常的現実をも肯定するのは、飽くまでもそれが普遍的な理・真如と離れないからであって、その「事」は一旦日常的な現実としての事が空じられ尽して甦った真空妙有としての「事」なのである。換言すれば、『撰集抄』の言う「本覚」は真如にまで引き上げられることはなく、依然として内在的原理に留まっている。事の中に理を見出す悟りとしての本覚は、絶対的一元論の根本的原理ではありえなかった。天台本覚思想の場合、事常住を喩えて水月をそのまま天月と肯定して言うが、『撰集抄』の場合は「水の面の月をまことと思」う「妄の心」（序）を歎いている。この懸隔は『撰集抄』にとって極めて重要だった。この懸隔が消えてしまえば、聖なるもの、真なるものを希求する自己の営為の意味を見失うことになったからである。このことは、『撰集抄』を撰した動機を語る「序」冒頭に歴然と現れている。

　　　生死のながきねぶりいまださめやらで、夢にのみほだされつゝ、
　　水の面の月をまこと思ひ、鏡の中のかげを、げにとふかく思ひ入て、
　　あけくれは只妄の心のみ打つゞきて、生死の舟をよそへずして、屠
　　所の羊の歩みは、我身のほかにもてわすれ、鳥辺船岡のけぶりをよ

そに見て、過にしかた四十余年の霜をいたゞき、行末しらず、けふ
にしもあらん。

　天台本覚思想の影響は特に術語の上で確かに顕著ではあるが、しかしそ
の思想の基本は心性本浄・客塵煩悩や自性清浄心などの伝統的心性論にあ
る、と言える。それゆえ、「心だに澄みなば、いづれの所も浄土ぞかし」（巻
5、第 2「大瀬三郎近宗発心ノ事」）と述べて娑婆即寂光、己心の浄土、唯
心浄土に酷似した考え方を示しているとは言え、「しかはあれども、乱れ
やすき心の澄みがたさには、悪しきさかひ、悪しき友にあひなんには、何
とてか乱れざるべき」（同）と、娑婆即寂光を求めるにしても、やはり俗
縁多き人中にではなく、人里離れた静処や遥かな辺境の地にだったのであ
る。これは、場所によって心が澄むと考えていたからに他ならない。
　以上、『撰集抄』の仏教思想に論及した。『撰集抄』に登場する遁世出
家者の多くは浄土教徒だが、唯識法相系寺院（南都では山階寺（興福寺）、
北京では清水寺）出身の遁世者の多いのが特徴的である。しかも、法相宗
の玄賓僧都（734-818）を遁世者の理想として讃仰しているのも印象的で
ある。更に興味深いのは、彼ら隠遁僧の修行がいかなるものであったか、
ほとんど全く記述が無いということである。このことは何を意味するのだ
ろうか。坐禅の修行者に言及した「宇津ノ山奥ニ庵結ビ坐禅之僧之事」（巻
1、第 5）の中の、「詮はまことの道心侍らば、修行は何にても侍りなん。（中
略）いかなる善も、只心によるべきとぞ覚え侍り。」という言葉が、その
答を教えてくれているように思う。即ち『撰集抄』は汎仏教的だというこ
とである。真実の道心が有りさえすれば、修行は何でもよい。いかなる善
も心による。しかも神祇信仰及び神仏習合の色彩も強い。このように見て
くれば、『撰集抄』が西行に仮託されたのも故無しとしない。『撰集抄』の
編者は西行の核心を捉えた有眼の士だったことになるだろう。

第 6 巻 第 4 部 日本仏教と因果応報（下）に続く

Author: Akira Nitta

Born in Fukushima Prefecture, Japan, 1956.

PhD(Literature), Philosopher, Lecturer at Waseda University and Rissho University in Tokyo,

Well known as a researcher of Nietzsche.

著者：新田　章

1956 年福島県生まれ　早稲田大学大学院文学研究科博士課程修了

早稲田大学・立正大学講師　哲学者

主要著書
『ニーチェ解読』（共編著）早稲田大学出版部、1993
『ヨーロッパの仏陀―ニーチェの問い』理想社、1998
『サンサーラ 第 1 部 ギリシア・ローマの輪廻思想』テクネ、2014
『サンサーラ 第 2 部 インドの輪廻思想』テクネ、2014
『サンサーラ 第 3 部 中国仏教と輪廻転生』テクネ、2014
『そのつどの今』 悠光堂、2015
『サンサーラ 第 4 部 日本仏教と因果応報（上）』テクネ、2015
『サンサーラ 第 4 部 日本仏教と因果応報（中）』テクネ、2016

翻訳
ヨーゼフ・デアボラフ『ヨーロッパ倫理学の足跡』川原栄峰編（共訳）早稲田大学出版部、1984
『バイオエシックスの基礎―欧米の「生命倫理」論』加藤尚武・飯田亘之編（共訳）東海大学出版会、1988
エミール・ケッテリング『近さ―ハイデッガーの思惟』川原栄峰編（共訳）理想社、1989
リヒャルト・ヴィッサー『人間存在と問い 批判的・危機的・人間学』（共訳）南窓社、1994
ヴォルフガング・ミュラー＝ラウター『ニーチェ論攷』理想社、1999
その他

Myth of Samsara V　Japanese Buddhism and the theory of Karmic Retribution（2）
『サンサーラ―輪廻という神話 』第 5 巻　第 4 部　日本仏教と因果応報（中）

Hardcover Edition: Published on 10 February, 2020
Written by Akira Nitta（新田 章）
Printed by Ingram Spark
Published by Texnai, Inc.　e-mail: info@texnai.co.jp　http://www.texnai.co.jp/
3-5-24-406 Nakanoshima Tama-ku, Kawasaki-shi, Kanagawa-ken, Japan　Zip 214-0012
株式会社テクネ / 〒 214-0012　神奈川県川崎市多摩区中野島 3-5-24-406
　　　　　　Tel:044-863-9545　　　Fax:044-863-9597

ISBN 978-4-908381-568

第1巻　第1部　序説 霊魂と他界・ギリシア・ローマの輪廻思想（既刊）

…… 因果応報思想は、ひょっとした
ら妄説なのではなかろうか？　神も仏
も無い、善悪と幸不幸とは些かも対応
しない、というのがやはり唯一の現実
なのではなかろうか？本書はこの問題
を古今東西の哲学・宗教に亘り縦横無
尽に論じようというものである。応報
律・因果律の解体、要するにあらゆる
種類の「因果応報説」を解体しようと
いうわけである。ところが、ここには
大問題が控えている。先に因果応報は
人間の存在構造に根差した思想だ、と
述べたが、もしそうだとすれば因果を
想定することなくして私たちにはサス

A5版　378ページ　アマゾン定価￥3,629.－（送料・税込み）

ペンス小説を書くこともできないし、そもそも小説を書くことなどできないだろう。するとこ
れは、一切の散文的な（敢て、詩的な、とは言わないでおく）言語活動が不可能だということ
を意味するはずである。要するに、因果応報説の解体は言葉を用いる人間が自分の拠り所を破
壊することであるから、極めて危険で自殺的行為だとさえ言えるのである。しかし、幸いにも
先哲の中には因果応報説を乗り越えようとした人たちも少数ながらいる。彼らが言い止めよう
とした事柄を追究すること、これこそが本書最大のテーマになるはずである。（著者）

第2巻　第2部　インドの輪廻思想（既刊）

　第1部では古代ギリシア・ローマ
の輪廻思想を論じた。それでは古代イ
ンドではどうであったのか。──本書
第2部の扱う問題を要約すればこう
なる。
　さて、ギリシア人もインド人も遡れ
ばアーリャ人であり言語の起源も同じ
である。事実、ギリシアの原初的哲
人たちの言葉にはヴェーダやウパニ
シャッドの言葉に酷似したものも多
い。しかしながらソークラテースから
プラトーン、アリストテレースに至る
アテーナイ期の哲学が抽象概念の実在
性を重視する方向へ進み、後にキリス

A5版　274ページ　アマゾン定価￥2,803.－（送料・税込み）

ト教と結合してヨーロッパ的思惟を形成して行くのに対し、インド的思惟はギリシアとは同じ
道を辿らなかった。インド的思惟は実在性を具体的存在者の中に求めるのである（序文より）。

第3巻　第3部　中国仏教と輪廻転生（既刊）

　釈尊の出世に先立ち、輪廻転生の観念は既にインド思想共通の前提となっていた。しかし、釈尊は霊魂（アートマン）の不滅や死後の人間の運命、つまり前世や来世の存在については「無記」とし、要するに完全に沈黙を守った。彼が語ったと思われるのは、いわゆる四法印或いは四聖諦であった。釈尊は現実の生存の一切を苦と捉え、苦の根拠を執著に看取し、諸行無常・諸法無我の如実知見によって執著から離脱すべきことを説いた。ところが、その後間も無く仏教には業報に基づく輪廻転生という教説が流

A5 版　252 ページ　アマゾン定価￥2,624. ―（送料・税込み）

入した。これは明らかに釈尊の教えからの逸脱であった。この動向は、初期仏教の十二支縁起説の変質過程に容易に看取することができる。十二支が十二「有支」とも呼ばれるように、元来、十二支縁起とは、人間の迷える生存（有）を 12 の項目に分かち、老死等の苦が何に基づくかを解明するものであり、その根本因として渇愛、或いは無明を突き止め、それが滅することによって最終的に老死等の苦が滅する、と見なすものであった。（序文より）。

第4巻　第4部　日本仏教と因果応報・上（既刊）

奈良時代から平安時代までの、いわゆる古代文学における因果思想が最も明瞭に現れているのは仏教説話の類においてである。そもそも日本人が仏教に寄せた関心は、ブッダに成ることではなく現世安穏・後生安楽であった。日本人は前者を薬師などの仏像や密教僧・陰陽師・修験者などの呪術者に期待し、後者を阿弥陀如来や観音菩薩に期待した。これら仏教説話が諸国遍歴の聖（唱導僧・談義僧）たちによって民衆教化のための種本として用いられた以上、それらの中に現れた因果思想は、なる

A5 版　308 ページ　アマゾン定価￥3,078. ―（送料・税込み）

ほど仏教の世俗化としての現世中心主義という面を濃厚にもっている。だが事はそれほど簡単ではない。最初期の『日本霊異記』においてさえ、既に因果応報思想の日本化つまり変質や逸脱が生じているのである。（序文より）。

第6巻　第4部　日本仏教と因果応報・下（近刊）

　1998年から2004年にかけ、スペイン北部の旧石器洞窟美術の画像情報化作業がスペイン・カンタブリア大学とテクネの共同プロジェクトとして実施された。その成果はマルチメディア・データベースとして結実したが、本シリーズはそのＰＯＤ版である。

解説：カンタブリア大学　セサル・ゴンサーレス・サインス、ロベルト・カチョ・トカ
写真・文：深沢武雄　　日本語訳：吉川敦子　　監訳：関　雄二　　編集：平出教枝

スペイン北部の旧石器洞窟壁画・概説篇
四六判 412 ページ　アマゾン定価￥3,920.-（送料・税込み）

　スペイン北部の旧石器洞窟壁画をヨーロッパ南西部ならびにイベリア半島の旧石器洞窟美術の中に位置付け、バスク州、カンタブリア州、アストゥリアス州に開口する主要洞窟二十三ヶ所の洞窟壁画について概説する。

スペイン北部の旧石器洞窟壁画・図録集（上）カンタブリア篇
四六判 442 ページ　アマゾン定価￥4,082.-（送料・税込み）

スペイン北部旧石器洞窟壁画の図録集（上）カンタブリア篇。アルタミラやエル・カスティージョ、ラ・ガルマなどカンタブリア州の主要洞窟 13 箇所の壁画約 400 点の他に魚眼撮影を含む洞窟内景観、洞窟周辺景観の写真を多数収録、これに現地カンタブリア大学セサル・ゴンサーレス教授らの詳細な解説を付した。洞窟壁画の図録集としては資料性を重視し、普通は無視してしまうような些細な点や図形の痕跡もあえて収録した。各洞窟については現地撮影を担当した深沢が概説篇を補うかたちで実際に入洞した際の印象を記した。

スペイン北部の旧石器洞窟壁画・図録集（下）バスク・アストゥリアス篇
四六判 330 ページ　アマゾン定価￥3,256.-（送料・税込み）

スペイン北部旧石器洞窟壁画の図録集（下）アストゥリアス・バスク篇。エカイン、ティト・ブスティージョ、ピンダル、アレナサなどアストゥリアス州ならびにバスク州の主要洞窟 10 箇所の壁画約 300 点の他に魚眼撮影を含む洞窟内景観、洞窟周辺景観の写真を多数収録、これに現地カンタブリア大学セサル・ゴンサーレス教授らの詳細な解説を付した。各洞窟については現地撮影を担当した深沢が概説篇を補うかたちで実際に入洞した際の印象を記した。

スペイン北部の旧石器動産美術・概説・図録篇
四六判 426 ページ　アマゾン定価￥4,034.-（送料・税込み）

スペイン北部の旧石器動産美術の概説・図録集。カンタブリア州、アストゥリアス州、バスク州の主要旧石器洞窟 36 箇所から出土した装飾骨角器など動産美術約１５０点の写真・図版を収録、これに現地カンタブリア大学セサル・ゴンサーレス教授らの詳細な解説を付した。1998 年から 2004 年にかけ、スペイン北部の旧石器洞窟美術の画像情報化作業がスペインのカンタブリア大学とテクネの共同プロジェクトとして実施された。その成果はデータベースとして結実したが、本書はそのＰＯＤ版の第 4 巻動産美術の概説・図録篇である。

前野佳彦

魔術の文法学―記号論的エッセー―（既刊）

　西欧的人文研究の伝統上では、魔術論はおおむね科学史－思想史系統と文化人類学系統に二分される。前者の代表はソーンダイクとイエイツ（ブルーノ論）であり、後者の基軸はフランスの社会学的パラダイムが形成する（モース、レヴィ＝ブリュール、レヴィ＝ストロース他）。しかし両者は魔術を〈思考の未開的形式〉と捉える点では重合しており、これは例えば両者の伝統の中間に位置するフレイザーの魔術論（『金枝篇』の基本的パラダイム）が、ちょうど科学史と社会学を媒介する論理を展開していることによっても確認される。これらの西洋－ロゴス的分析の特性は、魔術の操作性を前・ロゴス的、前・合理的なものと捉えつつも、なおほとんど無意識的に、魔術の普遍性を操作する個の普遍性と等置する点にある。つまり彼らは魔術師を科学者の未完成型、先駆型と考える。このロゴス的伝統の欠如態は呪術的伝統（共同体的呪術儀礼）の希薄さにある。東洋における魔術的なものは早くから共同体的な呪術と重合し、複雑な個⇔共同性の弁証法を展開するのに対して、西欧においては魔術がほぼ全面的に古代的呪術を統合摂取し、魔術師は当初から操作する個としてのアウラを発し続けている。これは語彙そのものにおいても、東洋は呪と魔を弁別するのに対し（もちろん内部での重合はつねに生じる）、西欧においては呪が魔の操作的範疇にほぼ統合され、独立した範疇性を示さない。つまり、「呪術文化は共同体文化だった。対して魔術文化、科学文化はアトム化された個の志向である。マクロに通観すれば、東洋の文化的基調は共同体志向的であり、したがって呪術文化が制度にも神話にも言語にも浸透している。それとは反対に西洋の文化的基調は魔術から科学への連続性によって最も範例的に特徴付けることができる。」（本書〈結び〉より。しかしこのマクロ文化的伝統の二項対立を概観することのみが、本書の目的ではない。われわれの呪術文化においても、また彼らの魔術文化においても、本源的な個⇔共同体の弁証法は反照され、内部で複雑かつ豊饒な文化複合を産み続けている。足元の日本の精神史においても、戦後焼跡のカオスに醸し出された科学的アヴァンギャルドの吶喊精神は、呪術的共同性に魔術的操作性が移植された大きな最近の例であった（『月光仮面』、『鉄腕アトム』、『火の鳥』はこの移植の習合を示す文化複合体だと考えられる）。こうした地場の現象をも一瞥しつつ、本書は新たな魔術論への展望を得ようとするものである。

前野佳彦

抒情的オカルティズムと内的共同体――メタ宗教の記号学――（既刊）

　オカルティズムは洋の東西を問わず、また時代の先後にもひとまず関係なく、散発的かつ局地的に現象する普遍的な文化現象である。しかしこの普遍性にもかかわらず、これまでの人文研究の基調の範囲では、オカルティズムはほぼ例外なく一種の病理現象だと考えられてきた。この病理を診断してきたのは、「健全な」共同体パラダイムであり、これもまたつねに見られた人文的軽侮の構図である。しかしこの軽侮にも例外がある。その最大の実例は、ルネサンス研究には欠かせない要因であることが長く認知されてきた（少なくともワールブルク派の図像学的研究の成果以来）、ヘルメティズムの伝統である。しかし興味深いことに、その実体は、当時の歴史的文脈においても表の（ハレの）「健全な」制度常識（強権的傭兵隊長たちの地方政権およびカトリック教会の強権主義）からすれば、強い疑いの念を持って見られ、時には弾圧の対象ともなるサブ・カルチャーだった。そして彼らの生産するテクスト、図像は著しい秘教性、秘匿性とともに、大きな共通の倍音を伴っていた。それは汎・世界観的な拡がりを見せる抒情性であり、これもまた本源のヘルメティズムに内在するジャンル原理であった。つまり文化史的に認知されたほぼ唯一のオカルティズムであるルネサンス期のヘルメティズムは、そのモデルである古代末期のヘルメティズムと同じ記号的シンタクス性を、その秘教性、加入礼性、世界観性、そしてなによりもその脱自的抒情性によって示している。著者は特にこの最後の要因、オカルティズムに内在する本源的抒情性こそが、オカルティズムという特殊な、しかしまた普遍的に現象する（しうる）内的共同性理念の記号的核心である、と考え、その見地からヘルメティズムの共同体理念をシンタクス分析によってモデル化することを試みた。このシンタクス構造のオカルティズムにおける普遍性を検証する、西洋外の伝統として、元末の白蓮教運動、鎌倉期初頭の時宗運動を選び、その共根性と地域的、時代的偏差を分析しつつ、新たな共同体理論構築の前哨を目指した。